기회 포착의 리더십
Opportunity Leadership

KB190294

이 소중한 책을

특별히 _____님께

드립니다.

Edited by Ashleigh Slater
Interior design: Ragont Design
Cover design:
Cover image:

All websites listed herein are accurate at the time of publication but may change in the future or cease to exist. The listing of website references and resources does not imply publisher endorsement of the site's entire contents. Groups and organizations are listed for informational purposes, and listing does not imply publisher endorsement of their activities.

ISBN: 978-0-8024-2321-4

Originally delivered by fleets of horse-drawn wagons, the affordable paperbacks from D. L. Moody's publishing house resourced the church and served everyday people. Now, after more than 125 years of publishing and ministry, Moody Publishers' mission remains the same— even if our delivery systems have changed a bit. For more information on other books (and resources) created from a biblical perspective, go to www.moodypublishers.com or write to:

Moody Publishers
820 N. LaSalle Boulevard
Chicago, IL 60610

1 3 5 7 9 10 8 6 4 2

Printed in the United States of America

이 책은 무디출판사(Moody Publishers)의 허락을 받아 출판합니다.

계획을 멈추고 / 결과를 위해 행동하라!

기회 포착의 리더십

로저 패럿(Roger Parrott) 지음

Opportunity
Leadership

나침반

많은 리더들에게 영감과 도전을 기대하며

제가 평소 존경하고 사랑하는 로저 패럿 총장이 쓴 기회 포착의 리더십이란 책을 소개할 수 있게 되어 기쁘게 생각합니다.

다소 낯설고, 생소한 리더십 이론처럼 느껴질 수도 있겠지만 전통적인 방식으로서의 계획 수립이 아닌 하나님께서 주신 기회를 포착하는 일의 중요성을 이야기하고 있습니다.

생각해 보면 저도 지나간 수많은 사역들을 돌아봤을 때 하나님께서 주신 기회에 순종함으로 놀라운 역사가 나타났던 것을 알 수 있었습니다.

이 책이 많은 리더들에게 영감과 도전을 주고, 이를 통해 한국교회와 사회에 새로운 영적 도약이 일어나길 기대합니다. 감사합니다.

김장환 목사(극동방송 이사장)

헌사

사랑하는 나의 아내 메리루(MaryLou)에게

하나님이 보내주신 은혜의 바람이 불자
마냥 거칠기만 했던 우리의 꿈에 기회가 찾아왔소.

하나님이 인도해 주시고 보호해 주신다는 믿음으로
우리는 두려움 없이 미지의 바다를 항해했소.

우리가 함께 했던 그 신나는 모험에서
당신은 순풍을 타는 펄럭이는 돛이었고,
폭풍우에도 중심을 잡아주는 무게추였고,
망망대해에서 길을 잃지 않게 도와주는 나침반이었소.
당신은 항해 내내 기쁨을 주는 소중한 보물이었소.

하나님이 내게 주신 최고의 기회는
당신을 만나 부부로 맺어지고
인생이란 항해를 함께 하는 것이었소.

만약 당신이 없었다면,
이 책은 단 한 줄도 쓰이지 못했을 것이오.
바다가 아닌 모래사장에 나 혼자 묻혀
여행은 시작도 못했을 것이니 말이오.

목차

제1부 기회 포착의 리더십이 모든 것을 변화시킨다

제2부 기회를 포착하는 리더의 여섯 가지 재능

감사의 말

리더십을 주제로 책을 쓰는 저자들은 대부분 은퇴한 지도자, 학자, 강연자, 혹은 고문 등이다. 삶의 현장에서 리더십을 발휘하는 위치에 있는 사람들은 오히려 리더십을 주제로 글을 쓰지 않는다. 그들은 사람들의 수준을 가장 높은 곳까지 끌어올려야 할 사명감을 다하느라 글을 쓸 여력이 없기 때문이다.

15년 전, 나는 우선적으로 처리할 일들을 제쳐두고 리더십 책 한 권을 썼다. 그 책 한 권이면 충분하다고 생각했고 그 외 다른 리더십 책은 쓸 계획이 없었다. 그런데 하나님의 특별한 섭리 가운데 예기치 않은 기회로 이 책을 쓰게 되었다.

그날 나는 조금 늦게 예배당에 도착했다.
학장이 주관하는 특강이라서인지 평소와는 다르게 강연에 대한 홍보물이 없었다. 학장이 초청한 강사는 작가 에이미 심슨(Amy Simpson)이었다. 심슨은 '사람들의 정신 건강을 위해 교회가 감당해야 할 책임이 무엇인가?'에 대해 학생들에게 유익한 강연을 했다.

쉬는 시간이 되자 우리는 함께 커피를 마시며 이야기를 나 눴고 나는 심슨이 작가 겸 무디 출판사의 원고 검토 담당자라 는 사실을 알게 됐다. 그 자리에서 심슨은 내게 "책을 써보는 게 어떠세요?"라고 물었다. 나는 이미 책을 낸 적이 있고, 더욱 이 지금은 너무 바빠서 새 책을 쓸 시간이 없다고 답했다.

그러자 그녀가 다시 물었다.

"만약에 책을 쓴다면 리더십에서 가장 중요한 건 무엇일 까요?"

나는 그 자리에서 혼자서, 줄기차게, 열정적으로 '기회 포 착의 리더십'에 대해 이야기했다. 내 이야기는 심슨이 다음 강 연을 위해 자리를 뜨기 전까지 계속됐다. 그럼에도 나는 새 책을 쓰는 것은 원하지 않는다고 분명히 말했다. 하지만 심슨 은 며칠 후 이메일을 보냈고 여러 차례 전화를 걸어 나를 설득 했다. 결국 나는 출판을 계약했다.

심슨의 노력 덕분에 나는 새 원고를 쓰며 기회의 리더십의 개념, 우선순위 및 내용을 구체화할 수 있었다. 그렇게 하도록 도움을 준 에이미 심슨에게 감사하고 무디 출판사의 많은 직 원들에게도 감사의 마음을 전한다.

이 책을 통해 우리가 공유하게 된 여러 유형의 기회 포착 의 리더십은 하나님이 마련하신 선물이라고 생각한다. 우리는 하나님이 마련하신 최선의 미래를 발견하기 위해 훌륭한 대학교에서 계획을 수립하는 전통적인 방식으로 재고도 하고, 포기도 하고, 늘여도 보고, 끌어당겨도 보고, 키워도 보고, 적응도 해보았다. 그러면서 하나님이 우리에게 참 많은 복을 주셨음을 깨달았다.

- 우리 대학교 이사회에는 거의 30년 동안 함께 사역(일)하며 변함없는 지지와 꾸준한 신뢰를 보여준 네 명의 이사장이 있다. 스튜어트 어비(Stuart Irby), 찰스 캐나다(Charles Cannada), 칼 웰스(Cal Wells), 그리고 지미 후드(Jimmy Hood). 이들은 중요한 때마다 공동 경영자로서 필요한 일들을 감당해줬다. 나는 이들에게 영원한 빚을 졌다.

- 우리 대학교의 교수진은 하나님께서 말씀하셨다면 기꺼이 전통적인 교육 구조도 버릴 만한 분들이다. 그분들의 경건한 섬김의 정신이 없었다면, 우리 학교는 기존의 교육 방식을 따르려 했을 뿐, 여러 기회를 모색하는 일은 꿈도 꾸지 못했을 것이다.

- 행정을 담당하는 직원들은 여러 가지 기회에 민감하게 반응했을 뿐만 아니라 대처 또한 빨랐던 능력자들이었다. 그래서 항상 기회 포착의 리더십 최전선에서 우리 학교가 열린 기회들을 얻을 수 있도록 했다. 다른 사람이 불가능하다고 생각하는 일들을 이들은 번번이 해내곤

했다.

매일 나와 함께 일하는 네 명의 이사들은 열정적이고 상상력이 풍부하며 행동력 또한 탁월한 최고의 전문가들이다. 특히 좋은 기회를 순간적으로 잡아야 하는 요즘 같은 시대에는 그들의 협동심과 친밀함이 무엇과도 바꿀 수 없을 만큼 소중하다. 이들에게 얼마나 감사한지 모른다.

위에 열거한 많은 사람들 그리고 이밖의 수많은 동료들과 어울릴 수 있는 기회를 하나님이 주셨기에, 더욱 하나님을 의지하며 구태의연한 방식에서 탈피해 주목할만한 리더십의 변화에 동참하는 영광을 누릴 수 있었다. 이 모든 영광을 하나님께 돌린다.

많은 사람들이 책을 쓰는 일은 외로운 싸움이라고 말한다. 하지만 나는 이 의견에 눈곱만큼도 동의하지 않는다. 나에게는 고맙게도 지혜롭고 현명한 아내 메리루가 있기 때문이다. 그녀는 항상 내 곁에서 나를 단련케 한다. 마치 무딘 철을 두드려 날카로운 칼을 만들 듯이 말이다. 그녀는 내게 지혜를 줄 뿐만 아니라 투박한 글을 매끄럽게 다듬기도 하고 솔직한 평가와 날카로운 지적도 잊지 않는다. 아내의 도움이 없었다면 결코 이루지 못할 집필이었다.

아내와 함께한 수십 년 동안 그녀는 나를 사람답게, 그리고 지도자답게 만들었다. 젊은 풋내기 목사 시절부터 대학교 총장에 이르기까지, 우리 부부는 항상 한 팀이었다. 꼼꼼함과 통찰력을 지닌 아내가 넓은 사랑으로 품어주지 않았다면, 나는 지도자는커녕 일찍이 실패자가 되었을지도 모른다.

이 책이 나오기까지 안팎으로 애를 쓴 나의 사랑하는 두 아들에게 고마운 마음을 전한다. 아버지가 되는 일은 대학 총장이 되는 것보다 훨씬 더 어려운 일이었다. 이제 20대 청년인 그레이디(Grady)와 매디슨(Madison)이 우리 부부에게 선물한 사랑, 관심, 웃음, 신기함, 놀라움 등은 해가 지날수록 나를 더 유쾌하게 만든다.

끝으로, 무엇보다 나에게 지도력을 발휘하며 섬길 기회를 주신 하나님께 감사한다. 하나님은 우리를 영화롭게 하시어, 매번 캠퍼스 부속 예배당에서 암송했던 복된 약속이 현실에서 실현되는 놀라운 광경을 보게 하셨다.

"하나님이 자기를 사랑하는 자들을 위하여
예비하신 모든 것은
눈으로 보지 못하고 귀로도 듣지 못하고
사람의 마음으로도 생각지 못하였다 함과 같으니라"
(고린도전서 2:9)

– 로저 패럿(Roger Parrott)

제1부

기회 포착의 리더십이
모든 것을 변화시킨다

"여호와(하나님)의 말씀에
내 생각은 너희 생각과 다르며 내 길은 너희 길과 달라서
하늘이 땅보다 높음 같이 내 길은 너희 길보다 높으며
내 생각은 너희 생각보다 높으니라"
— 이사야 55:8~9 —

제1장

사역을 위한 리더십의 새로운 모델

다음은 기독교 대학교 총장으로서 내가 결코 계획하지 않았지만 주님께서 우리 학교에 해주신 일들이다.

- 준비 없이 급하게 시작한 「전미 대학 체육 협회」(NCAA) 미식축구 프로그램
- 무너진 낡은 본관에서 시작한 간호 학교
- 세계 최고의 기독교 예술 대학교로의 성장
- 몇 년 뒤 대부분 폐교될 대학들과 미국 남부 전역을 잇는 분교 캠퍼스 네트워크 구축
- 중국 최대 규모의 온라인 기독교 대학교 경영학 석사(MBA) 프로그램 창설
- 미국 최 남동부 지역에서 인종 간 화해의 지표가 되는 캠퍼스 공동체 발족

위의 일들은 계획과 노력 없이는 시도할 수도, 이룰 수도 없는 놀라운 일들이다. 하지만 나는 사역 중 단 한 번도 결정적인 전환점이 될 획기적인 발전 계획을 세운 적이 없다. 이 책을 읽다 보면 당신도 내 말의 뜻을 이해할 것이다.

2002년에 나는, 우리 대학교의 모든 리더들에게 현재 목표로 삼고 있거나 확고부동하게 붙잡고 있으려고 애쓰는 계획들에서 손을 떼라고 말했다. 이후 우리 학교에서 계획을 세우는 것 대신에 기회를 포착하는 문화가 완전히 자리 잡는 데는 10년의 세월이 걸렸다. 그마저도 고군분투로 이루어낸 성과였다.

모순처럼 들릴지 모르지만, 계획 세우기를 포기한 것은 전문 사역자인 내 인생에서 가장 잘한 일인 동시에 가장 두려운 일이었다. 이 일을 실행하는 데는 제법 오랜 시간이 걸렸지만 생각보다 많은 것들이 하룻밤 사이에 바뀌었다. 계획에 의존하던 일상에서 벗어났더니 더 가치 있는 발전이 가능했다. 이런 전환으로 '성장, 정확한 예측, 그리고 사역'이 세워졌다. 만약 내가 틀에 박힌 계획 중심의 리더십에 머물러 있었다면 상상조차 하지 못했을 일들이다. 또한 기존의 리더십을 통해서는 생각할 수 없었던 개인적인 즐거움과 자유로움은 보너스로 더해졌다.

'계획을 세우는 리더십'이 아닌 '기회를 포착하는 리더십'은 경험하지 못한 이들에게는 당혹스럽게 느끼는 이론이다. 그래서 사람들은 내게 종종 이렇게 질문한다.

- 미래에 대한 계획 없이 어떻게 리더십을 발휘할 수 있는가?
- 체계적인 계획을 보여줘야 이해관계자들로부터 투자를 받을 수 있는 것 아닌가?
- 계획이 있어야 당신이 어디를 향하고 있는지, 일은 효과적으로 잘하고 있는지, 다음 단계는 무엇인지 알고 동의할 것 아닌가?

내 경험에 의하면 이들을 이해시키는 유일한 방법은 결과를 보여주는 것뿐이다.

코로나19는 전통적인 계획 수립 방법이 왜 쓸모없는 것인지를 보여주는 가장 확실한 예이다.

코로나19는 누군가의 계획이었던가? 물론 아니다!

그렇지만 우리 모두는 코로나19를 상대했고, 신속하게 대응해 급기야 우리의 '정상적인 사역'을 회복할 방법들을 찾아냈다. 사역자 중 단 한 명도 자신들이 세운 5개년 계획에 세계적인 팬데믹을 끼워 넣지 않았는데도 말이다.

바이러스가 창궐하자, 기존에 설정한 모든 장기 계획들은 쓰레기통에 던져질 위기에 처했다. 우리는 기댈 수 없게 된 이전의 계획 대신 기회를 포착하는 리더십을 더 강력하게 추구해야 했다. 오히려 '위기가 낳은 새로운 기회'는 우리에게 현 상황을 돌파하기 위해 기회 포착 리더십을 발휘하라고 촉구했고, 지금도 촉구하고 있다. 우리는 미래를 위해, 신중하게 공들여서 만든 계획에 의존하기보다는 하나님을 간절히 의지해야 한다는 가장 중요한 사실을 깨달았다.

코로나19 기간 동안 우리가 세운 대응들은 '기회 포착의 리더십'의 중심에 용기 있게 발을 들여놓는 계기가 되었다. 사역자에게 이 리더십은 하나님을 전적으로 신뢰함으로 모든 일을 시작하고 끝을 맺는 새로운 모델이다. 미래는 전적으로 하나님 손에 달렸기에, 우리는 단단히 잡았던 운전대를 놓아야 한다는 뜻이다. 이를 받아들이는 지도자들은 사역에 있어서 최선의 것을 결정해야 한다는 엄청난 부담에서 해방될 것이다. 성과를 내기 위해 억지로 사람을 부리거나 미리 정해놓은 도달점에 이르기 위해 상황을 짜 맞춰 강요하는 일도 없을 것이다.

하나님이 주신 기회가 우리의 사명, 은사, 그리고 부르심과 자연스럽게 맞물려 발전하도록 기다리는 것이 기회 포착 리더십의 중심 내용이다.

기회 포착의 리더십은 하나님이 주신 기회를 발전시키는 것이기에 하나님의 뜻을 기대하며, 하나님의 때를 기다려야 한다. 또한 우리의 사명, 은사, 그리고 능력과 잘 맞물려있기에 하나님이 정하신 목적지로 우리를 나아가게 한다.

그 결과, 하나님이 보내주시는 기회의 바람을 민감하게 감지하는 법을 배움으로 새로운 기회에 빠르고 자연스럽게 대응하는 창조적인 리더가 될 것이다.

기회 포착의 리더십이 효과가 있다는 증거

기존의 리더십 교육을 받은 사람이라면 "계획 없이 리더십을 발휘할 수 있다"라는 말에 의심부터 할 것이다. 내용을 이어나가기 위해서는 먼저 계획을 하지 말라는 주제에 대한 의심부터 풀어야 한다. 그런 다음, 기회를 포착하는 리더십이 왜 우수한 것인지에 대해 입증할 것이다.

사역을 이끄는 대다수 리더들이 따르는 조직의 방식은 원래 기업체에서 개발한 것들이다. 너무나도 익숙해져 있는 사람들은 새로운 개념과 맞닥뜨리면 마치 낯선 외국어를 대하는 것처럼 불편해한다. 하지만 가장 관료적인 단체에 속한 리더일지라도 새로운 모델의 작은 부분들은 얼마든지 실현할 수 있을 것이다. '기회 포착의 리더십'을 향해 마음을 조금만 바꾸어도 사역이 더 좋은 방향으로 흘러간다는 것을 느낄 수 있을 것이다.

나는 리더로 활동할 때도 애써 세운 계획이 떨어져 나갔다고 해서 어둠 속에서 길을 잃고 헤매지 않았다. 지금부터 내가 경험한 이 새로운 리더십의 유익한 점을 이야기하려 한다. 먼저, 현장에서 오랫동안의 시행착오를 거쳐 개발한 기회 포착의 리더십 모델을 누가, 왜, 어떻게 구현해야 하는지 그 개요를 설명하겠다.

기회 포착의 리더십을 받아들이기 위해서는 새로운 방식으로 단체를 이끌겠다는 과감한 결단 그리고 서서히 진행되는 변화들을 기다리는 여유로움이 필요하다. 극적으로 속도를 높이거나 갑자기 방향을 바꾸면 오히려 최악의 상태를 초래할 수도 있다. 당신이 미래를 구상하는데 도움이 되고자 그동안 내가 경험했던 좋았던 일과 나빴던 일들을 나누고자 한다.

기회 포착의 리더십이 어떻게 실현되는지 알기 위해서는 최전선에서 실전을 치른 우리 같은 리더들의 경험이 꼭 필요하다. 그런데 한 가지 주의할 사항이 있다.
현재 당신이 맡고 있는 리더 역할에 기회 포착의 리더십을 어떻게 적용해야 할지에 대한 명확한 답을 찾으려고 고민하지 말라는 것이다. 이것 또한 계획이다. 그 대신, 앞선 경험자들의 모델 중에서 쉽게 달성할 수 있는 목표가 보이거든 그것을 기회 포착의 첫 번째 모델로 삼아 시작하라. 나머지는 시간이 해결하게 하는 것, 그것이 바로 기회를 포착하는 리더십이다.

이제 기회 포착의 리더십 모델이 실제로 작동한다는 증거를 살펴볼 차례이다.

나는 대학교를 설립하고 몇 년간 이 리더십의 원리에 따라 학교를 운영했다. 그러던 중 재단에 보조금을 신청하기 위해 서류를 작성하다가 큰 충격을 받았다.

신청서에는 지난 5년 동안의 중요한 성과들을 요약해 적어야 했다. 나는 별생각 없이, 기억나는 대로 잘한 일들을 짧게 짧게 적었다. 그런데 하나님이 이루신 모든 일들이 적혀있는 것을 보고는 압도당하는 기분을 느꼈다. 내가 상상할 수도 없었던 놀라운 일들이었다. 나는 하나님이 행하신 이 놀라운 축복들을 이사진들과 함께 나누어야겠다고 생각해 곧바로 실행했다. 그리고 이를 축하하기 위한 특별 행사를 열어야겠다고 마음먹었다.

당시의 일을 조금 더 자세히 설명한다.

이사회에서는 수년간 내가 말한 새로운 리더십 모델을 100% 지지해 주었다. 막상 우리 대학교를 위한 5개년의 공격적인 종합 기획으로 보이는 것을 이사회에 처음 제시했을 때는 현장에 모인 사람들의 표정이 혼란스러워 보였다. 이전까지는 무슨 일을 하든 계획부터 수립하는 것이 모범적인 리더십의 모습이었다. 문서에는 다섯 가지의 중요 핵심 목표를 세워야 했고 72개의 세부 사항을 덧붙이는 것이 일반적인 관행이었다.

대다수 대학교의 이사회는 '미래, 우리 학교에 어떤 일이 일어날까?'라는 기대감으로 서류를 검토한다. 그리고 총장과 협의하여 새로운 목적과 목표의 목록을 다듬고 의견을 수렴하여 모든 분야에서 이해관계자들의 승인을 얻기 위해 18개월에 걸쳐 토론을 시작할 준비를 한다.

> 기회 포착의 리더십은 기회를 만드는 것이 아니라, 기회가 생겼을 때 놓치지 않음으로써 우리의 사명을 성취하는 예술이다.

우리 대학교의 이사진들은 그들을 어리둥절하게 만든 문서부터 꼼꼼히 살폈다. 내가 '도착지를 정해 놓은 계획'을 신뢰하거나 공감하지 않는다는 것을 그들은 이미 알고 있었다. 나는 우리 학교의 발전을 위해 장기간의 목표를 계획하고 이끌어가는 기존의 리더십 모델을 단호하게 타파하기로 결심했다.

나는 이사진들에게 반복해서 지난 몇 년 동안 하나님이 우리에게 주신 것들이 무엇인지에 대해 설명했다. '하나님만이 아시는 도착지'를 우리가 멋대로 계획하는 일을 멈추기 위해 반드시 필요한 설명이었다. 대신 하나님이 일으켜주시는 바람(the wind of God)에 민감하게 반응하며, 그 바람이 불 때 재빨리 기회를 포착하도록 신앙과 철학을 갖춘 팀을 구축하는 일이 필요했다. 지난 몇 년 동안 이룬 우리 학교의 놀라운 성과는 기회 포착의 리더십으로 이룬 결과이자 우리가 만들어낸 품질 보증 마크였다.

이사진들의 의아스러운 표정에도 불구하고 나는 발표를 강행했다. 사람들의 시선에도 아랑곳하지 않고 '5개년 목표'를 큰 소리로 읽어 내려갔다. 물론, 침묵하는 가운데 보인 몇몇 이사진들의 반응은 나에게 경종을 울리는 듯한 느낌이었다.

■ 벨헤이븐(Belhaven University) 대학교 5개년 목표

1. 등록률 43% 증가

   일반적인 생각으로는 불가능한 일이다. 하지만 이 일이 일어난다면 우리는 미국에서 가장 빠르게 성장하는 대학교 중 하나가 될 수 있다.

2. 모금액 2,100만 달러

   마찬가지로 5년 안에 모금하기에는 너무도 엄청난 금액이다. 실현 가능성에 대해 연구할 필요가 있다.

3. 신축 건물과 건물 개조 공사 비용 3,200만 달러

   감당하지 못할 일이기도 하다. 앞으로 이사회는 공사의 진행 속도를 늦춰야 할 수도 있다.

4. 간호학, 컴퓨터 과학, 영화 및 사회 복지학과를 포함한 7개 학과 추가

   간호학과만으로도 벅차다. 2~3개의 학과만 추가하고

나머지에 대해서는 어떻게 할지 지켜보면 어떨까?

5. 무용, 교육, 리더십 등 8개 대학원 학위 과정 추가
   교수진이 너무 많은 업무를 맡아 실패를 경험하고 좌
   절하지 않도록 줄일 필요가 있다.

처음 두 개의 목표를 읽자, 혼란스러워하던 이사진들의 표
정이 이내 고통과 불안에 휩싸였다. 세 번째 목표를 읽자, 나
의 의도를 알아챈 장기근속 이사들 중 몇 사람의 얼굴에서 미
소가 보이기 시작했다. 그리고 다섯 번째 목표를 발표하자 신
임 이사를 제외한 모든 이사들이 무슨 일이 벌어지고 있는지
깨달았다.

내가 이사회에서 발표한 내용은 향후 5년에 대한 계획이
아니었다. 이것은 지난 5년 동안 우리가 이룬 성과였다. 그 기
간 동안 우리는 아무런 계획이 없었다. 그저 기회를 잡는데만
집중하면서 학교를 운영했다.

기회 포착의 리더십은 우리 대학교를 싹 다 바꿔놨다.

만일 지난 5년 동안 이룬 성과를, 이루어야 할 계획이라는
이름으로 이사회에 제안했다면 어땠을까?

전통적인 방식으로 계획을 수립해 그 계획서를 이사회에
제출했다면 십중팔구 그들은 다음과 같이 반응했을 것이다.

1. 계획이 너무도 야심만만하기에 지도자로서의 내 능력을 의심부터 했을 것이다. 이런 대담한 것들을 목표랍시고 내놓는 나를 어리석거나 순진하다고 여기면서 의심스럽게 쳐다봤을 것이다.

2. 이사회는 5개년 목표를 거의 절반으로 잘랐을 것이다. 그래서 최선의 결과라고 해도 우리가 5년간 성취했던 것의 절반 정도만을 이루었을 것이다.

게다가, 누가 봐도 뻔한 달성 가능한 것들만 계획했을 것이다. 오직 하나님만이 하실 수 있는 그 놀라운 일을 결코 경험하지 못했을 것이다. 그리고 대학교 안내 소책자에 '하나님의 도우심으로'라는 문구를 집어넣는 일은 절대로 일어나지 않았을 것이다.

이룰 수 없다고 여겨졌던 지난 5년 동안의 성과를 발표하자 사람들은 전통적인 방식의 계획 세우기를 포기했다. 앞으로 우리의 목표가 무엇일는지 알 수 없지만, 우리에게 온갖 기회를 가져다주실 하나님을 신뢰하면서 힘써 앞으로 나아가야 한다는 결의에 찬 마음이 더욱 견고해졌다.

우리는 5년간의 검증 시간이 지난 후 놀라운 사실을 깨달았다.

우리가 기회를 포착하는 새로운 리더십에 헌신했을 때, 주님께서 우리가 가는 길에 여러 가지 기회를 본격적으로 가져다주시기 시작했다는 것이다. 그러니 이론에 불과한 리더십 원칙은 제쳐두고 용기를 내어 갇혔던 틀을 깨야 한다. 이제 당신은 나와 함께 걸으며 변화를 창조하기보다 하나님이 주신 기회를 포착하는 일을 시작해야 한다.

이 책은 생생하게 살아 있는 기회 포착의 리더십에 관한 이야기로써 당신이 기회를 포착하는 리더로 변화하는데 도움을 줄 것이다. 이 책에는 리더십에 대한 장황한 이론적인 내용만 담겨 있지 않고 실제 상황에서 입증된 새로운 방식의 리더십이 담겨있다.

이 책은 꽉 막힌 기존 방식의 '계획 세우기'에서 벗어나게 해 줄 것이다. 또한 하나님이 바람처럼 불어넣어 주시는 기회들을 포착하는 기쁨도 알게 할 것이고, 주님께서 우리의 계획을 뛰어넘는 기회도 주시고 성과도 얻게 하신다는 것을 믿을 수 있도록 인도할 것이다.

이제 더 많은 크리스천 리더들이 계획 세우기를 중단하고 믿지 못할 정도의 풍성한 열매를 맺는 새로운 리더십 모델을 시작할 때이다.

제2장

당신은 시늉만 하는가?

어느 월요일 아침, 나는 다른 대학교 총장 비서에게 전화를 걸었다.

두 대학교가 긴밀하게 협력하여 신입생을 뽑는다면 상당한 액수의 새로운 수입원이 생길 수 있었다. 그 제휴 가능성을 타진해 보기 위해 만남 약속을 잡으려 했다. 우리 학교만 이익을 보자는 것이 아니라는 것과 총장직을 맡은 동료로서 선의의 뜻이라는 확신을 주기 위해 몇 가지 설명을 한 뒤에야 총장 비서로부터 답변을 받을 수 있었다,

"우리 총장님의 일정상 만남을 위해서는 2주 정도는 기다려야 합니다."

나는 이번 기회는 매우 긴급한, 흔치 않은 기회임을 강조했다.

"앞으로 이틀 안에 아무 때든지 총장을 만나 20분만 대화하면 됩니다."

기회를 놓칠 수 없었던 나는 이 사실을 재차 강조했다.

내가 원했던 것은 상대 대학의 총장 의견을 듣고 싶은 것이었다. 비서는 "종합 계획을 짜는 중이라서 총장님의 일정이 회의로 꽉 차 있는데… 정 만나시겠다면 금요일 오후 늦게 잠깐 시간을 낼 수 있습니다"라고 말한다.

전화를 끊은 나는 바로 다른 대학의 총장 비서실로 전화를 걸었다.

이번에는 총장과 바로 연결이 되었다. 이번 총장은 기꺼이 제휴하겠다며 기회를 놓치지 않았다. 이후 그 대학은 학생 수가 늘기 시작했고, 연간 100만 달러 이상의 새로운 수입원이 생겨 재정에도 여유가 생겨 신바람이 났다.

첫 번째 총장 비서와의 사례에서 기존 방식으로 계획을 세우는 과정이 얼마나 소모적인지 그리고 계획이 그저 계획 자체로만 끝나는지를 잘 알 수 있다. 그것은 리더들을 바쁘게만 만들고 유의미한 결과는 끌어내지 못한다. 그럼에도 너무도 많은 사람들이 이런 식으로 계획 세우기를 실무에 활용한다.

- 팀원들이 매일 모여서 지루한 회의를 많이 한다.
- 관리자들은 그다지 필요하지 않은 엄청난 양의 자료를 수집한다.
- 지분에 따라 집단 전체를 좌지우지할 수 있는 사람들의 승인을 얻기 위해 최고로 그럴듯한 계획을 꾸미려 한다.

만약에 성공의 잣대가 새로운 목표를 향한 창조적 자극이 아니라, 그저 '위원회를 통과하는 것'이라면 계획을 세우는 방식에 있어서 그 「에토스」(ethos, 특정 집단·사회의 정신)와 체계 모두에 문제가 있는 것이다.

우리의 눈에 열심히, 부지런히 일하는 리더들 중 많은 사람들이 그저 지도력을 발휘하는 시늉만 한다. 그래서 결과가 영신통치 않다. 그들은 기준을 최저점으로 낮춰 많은 사람들의 의견을 하나로 모으고, 관리하기 쉽고, 가장 안전한 방법들을 추린 후 이것이 최적화한 미래의 찬란한 비전이라고 내놓는다. 이런 리더들은 밤낮으로 계획만 짜다가 능률이 오르지 않으면 좌절하기 마련이다.

그럼에도 이들이 계획 세우기에 집요하게 매달리는 것은 지도자로서 그들 자신의 '부가가치'를 인정받기 위한 다른 대안을 모르기 때문이다. 그들은 그렇게 몰두라도 하지 않으면 지도자로서 자신들의 역할을 포기하는 것처럼 보일지도 모른다는 두려움 때문에 구태의연한 리더십 모델을 유지한다.

결과적으로 그들은 하루 일정을 꽉 채운 시간표에 따라 끊임없이 움직이면서 고되게 일하는 것으로써 제 역할을 잘하고 있다고 느끼지만, 여전히 제대로 된 성과는 올리지 못한다. 그리고 그 계획이라는 것이 큰 차이가 없다는 것을 느끼면서도 '이는 잘 짜인 중요한 계획'이라고 스스로를 속이며 일단 밀어붙인다.

공허한 계획을 수립하느라 시간을 허비하는 이유

어떤 사람은 방금 내가 언급한 리더의 예시가 남의 일 같지 않다고 느낄 수도 있다.

부단히 노력하면서 좀 색다르게 사역하고 싶은 마음은 굴뚝인데, 시늉만 하는 것 같이 느껴질 때도 많고…. 그러면서도 기존에 해오던 방식대로 되지도 않는 계획을 세우는 이유는 무엇일까?

우리가 기존의 방법을 충실히 따르는 데에는 많은 이유가 있다. 뒤돌아보면, 하나님을 의지한다면서 우리가 하는 일은 고작 기획 회의에서 개회 기도를 하거나, 계획한 대로 일을 잘 끝나게 해달라고 복을 빌거나, 혹은 계획이 틀어졌을 때 가슴 치며 깊이 뉘우치는 정도이다. 별 필요가 없는데도 자꾸 틀에 박힌 계획 세우기를 하도록 만드는 10가지 요소는 다음과 같다.

1. 계획을 세워야 경영진을 기쁘게 할 수 있다고 생각한다.

현실적으로 살펴볼 때, 실무를 맡은 지도자들이 복합적으로 계획을 세우는 이유는 일상적인 기업 문화에 익숙한 임원들의 공감을 얻기 위해서이다. 이사회는 체계적으로 잘 짜인 계획서를 볼 때 마음을 놓으면서 리더가 그대로 해내리라 기대한다. 이것이 임원들의 세계에서는 일반적이다. 이사회 임원들은 '고용자' 지위에 있는 사람들이다. 그래서 그들은 리더의 실무에는 깊이 관여하지 못한다. 공식화된 계획만이 임원들이 해당 조직에 대한 통제권을 행사할 수 있는 실질적인 방법이다.

2. 계획이 곧 리더십이라고 오해한다.

크리스천 리더들이 주입받는 잘못된 전제는 '계획이 곧 리더십'이라는 것이다. 물론 우리는 '리더'라는 단어 그대로 앞장서서 어딘가로 사역을 이끌어야 할 책임이 있다. 그러나 나는 우리의 중요한 역할은 미래의 목적지를 예시하기보다 우리가 이미 알고 있는 가야 할 방향으로 수월하게 나아가며 탁월한 성과를 내는데 있다고 주장한다.

우리에게 미래의 일을 제대로 계획할 능력이 있는지 진정으로 검토해 본다면, 그토록 완벽하다고 여겼던 우리의 계획이 과녁에서 얼마나 멀리 벗어나 있는지가 백일하에 드러난다면, 리더들 중 대다수는 처참할 정도의 낙제점을 면치 못할 것이다. 그런데도 우리는 지속적으로, 왜, 미래에 대한 계획을 리더십의 핵심 항목에 두고 싶어 할까?

3. 하나님이 분명하게 말씀하실 것을 기대한다.

영적 지도자들 사이에는 어떤 방향으로 사역해야 하는지

하나님께서 독특한 방법으로 자신들에게 분명하게 말씀하실 것이라는 확신이 있다. 그래서 상당수의 사역자는 한 치의 오차도 없이 정확하게 미래를 예측하면서 구석구석까지 살필 수 있는 뛰어난 영적 통찰력을 발휘하는 지도자가 되게 해달라고 하나님께 조목조목 아뢰며 기다린다. 그리고 일부 전통적인 신학 전통에서는 그러한 특성으로 공공연하게 목회자의 지도력을 평가한다.

물론, 영적인 통찰력은 지도자에게 필요한 은사이다. 그리고 영적 지도력은 우리가 하는 일에서 명백한 품질 보증 마크인 것도 맞다. 하지만 대부분의 날카로운 영적 통찰력은 계획을 잘 세웠을 때 나타나는 것이 아니라 하나님과 우리가 맺고 있는 관계를 통해서 발휘된다.

4. '명령하고, 구성하고, 형평성을 유지하고, 과정을 처리하는 일'
이 리더의 역할이라고 믿는다.

우리는 마치 열을 맞춰 벽돌을 차곡차곡 쌓아올리 듯 계획한 데로 일이 순서대로 진행되어야 리더십이 순조롭게 발휘되고 있다고 믿는다. 그러나 사역 진척 과정에서 관련된 일들이 복잡하게 얽히면서 종종 깔끔하게 진행되지 않는 것처럼 보일 수도 있음을 고려해야 한다. 인력의 강점과 약점, 자원의 우선 배분, 돌출 변수, 편견 또는 사각지대, 상충하는 우선순위 등. 안건을 내놓으면 발의한 사람, 혹은 권한이 가장 센 사람이 누구인지에 따라서 상황이 얼마든지 바뀔 수 있기에 말단 부서의 실무자들이 최종안을 결정할 수는 없다.

회의 참석자들 중에는 후원 그룹이 있는 경우가 있어 '우리 식구 챙기기식'으로 후원 그룹을 옹호하는 안건을 상정하기도 한다. 그런 안건에는 유용한 해결책이 없을 수도 있다. 또한 '우리 식구 챙기기식'의 안건이기에 오해가 생기는 것을 미연에 방지하려고 위험 요소를 미리 제거한다. 때문에 이런 부류의 기획안은 밋밋할 수밖에 없다.

5. 리더십과 행정을 다른 것으로 여기는 그릇된 이분법에 빠져 있다.

종종 다른 리더들로부터 "나는 리더이지 행정가가 아니다"라는 얼빠진 소리를 듣는다.

행정가의 일보다 리더의 일이 더 고상하다는 뜻인가?

가장 똑똑한 사람이 지도하고 나머지는 행정을 해야 한다는 의미인가?

타의 추종을 불허하며 탁월하게 직무를 수행하는 최고경영자들은 기껏해야 업무 시간의 10% 정도만 '순수 리더십'을 발휘하는 데 쓰고, 나머지는 행정에 관련된 일을 하는 데 전력을 기울인다. 지도력과 행정력은 우열이 따로 없다. 이 둘은 떼려야 뗄 수 없는 리더십의 필수 요소이다.

행정력이 부재한 리더십으로는 실행시킬 수 있는 일이 아무 것도 없다. 결정적인 전환점은 지도자가 무언가를 결정하는 순간에 발생한다. 높은 비율의 최고경영자들이 한 해에 약 10여 차례 정도 결정을 내리거나 철회한다. 아무리 유능한 경영자라 해도 밑바닥 행정 업무부터 겪으며 터득한 통찰력 없이는 지도력을 발휘할 수 있는 지혜를 가질 수 없다.

리더십이란 '지도력의 시계'를 한 번 툭 치고, '행정력의 시계'를 한 번 툭 친다고 해서 생기는 것이 아니다. 두 시계를 손목에 차고 늘 준비하고 있다가 하나님이 울리시는 종소리를 듣는 사람이 발휘하는 것이다.

> 리더십이란 '지도력의 시계'를 한 번 툭 치고, '행정력의 시계'를 한 번 툭 친다고 해서 생기는 것이 아니라 늘 준비하고 있다가 종소리를 듣는 사람이 발휘하는 것이다.

6. 계획 수립 과정에서 모든 이해관계자의 승인을 얻어야 한다고 생각한다.

일반적인 리더들은, 부서 간의 업무 협력 시 계획 수립 과정에서부터 핵심 이해관계자 모두가 참여하면 좋겠다고 생각한다. 하지만 이는 잘못된 생각이다. 만일 기획하는 자리에 앉아 있어야만 발언권이 생기는 조직이라면, 피상적인 계획을 세우기에 앞서 내부의 상황부터 꼼꼼히 검토하는 것이 먼저다. 정보의 투명성이 보장된 풍토, 결재권자를 쉽게 만날 수 있는 접근성, 그리고 과감한 탈위계식 문화는 조직의 모든 사람들이 아이디어를 공유하고 탐색하는 분위기를 조성한다. 이런 분위기는 구성원들이 주인 의식을 갖게 하고, 부서 간의 소통을 원활하게 해 모든 부서원들이 같은 문제에 대한 통찰력을 갖게 한다.

7. "계획에는 당연히 오랜 시간이 필요하다"라고 생각한다.

"계획하는 데 시간이 걸린다"라는 생각은 리더들의 중요한 착각 중 하나이다. 내가 방향만 정하기 위해 관여한 일 중 일부는 아이디어가 떠오른지 몇 주 만에 실행되기도 했다. 기회란 잠깐 열렸다 닫히는 창문 같아서 머뭇거리며 주저하다가는 놓쳐 버리기 일쑤다. 때문에 내 경우에는, 생각난 것을 짧게는 몇 시간 만에 실현시킨 적도 있다.

조직 안에 바람직한 환경이 조성되어 있다면, 기획안을 짜거나 회의하는 일이 더 이상 리더들의 주요 활동일 필요가 없다. 이보다는 문화의 질을 높이고 사람들에게 권한을 배분하는 일이 지도자의 우선순위가 되어야 한다.

8. 리더십을 보여줄 방법이 계획뿐이라고 단정한다.

일부 리더들은 눈에 띄게 통솔력을 발휘하지 못하면 자신의 자리를 잃게 된다는 잘못된 생각에 빠져 잠시라도 공백이 생기는 꼴을 못 본다. 기회 포착의 리더십은 계획 그 자체를 폐지하라는 것이 아니다. 색다른 시각에서 계획에 접근하라는 뜻이다. 위원들이 회의 시간에 자리에 앉아 화이트보드에 뭔가 쓰기만 하는 것이 아니라, 기획에 관련한 중요한 사안들과 세부 내용 등을 두루 살피면서 새로운 통찰력과 해결책 그리고 기회를 찾아내어 포착하는 식으로 접근하라는 뜻이다. 이는 비단 최고경영자에게만 해당하는 말이 아니다.

당신은 리더로서 안건으로 상정된 아이디어가 이로운 것인지 해로운 것인지를 가려내고, 시간과 에너지의 우선순위를 분배하고, 업무적으로 어려운 점, 문제점 또는 부서 이기주의 및 과도한 소유욕 등을 타파해야 할 책임이 있다. 그래야 수준 높은 추진력이 생기기 때문이다.

9. 계획이 있어야 결과를 측정할 수 있다고 가정한다.

리더십을 연구하는 학자 중 일부는 우리가 조직적으로 하는 모든 일은 반드시 측정해야 한다고 주장한다. 이들은 계획을 세울 때 결과에 대한 평가까지 고려해야 한다고 한다. 그러나 이런 접근 방식에는 두 가지 문제점이 있다.

- 첫째, 그렇게까지 하는 이들은 거의 없다는 것이다. 우리는 달 착륙을 약속하는 과학자처럼 딱 부러진 계획을 보고하지만, 그 계획이 취소될 경우에는 실패의 원인에 대한 어떤 보고서도 주지 않는다.

- 둘째, 측정이 우선순위가 된다면, 사역의 가장 유의미한 측면은 놓아두고 그 언저리만 맴돌며 허송세월하게 된다.

이제는 장황하게 널브러진 자료들이나 도표들로 가득 채운 파워포인트로 창작력을 보이는 데 급급해하지 말고 낡은 리더십의 소품들을 싹 다 치워야 한다. 그리고 크리스천 리더십의 성공 여부를 진정으로 측정하고 싶다면, 우리의 기준을 오직 하나님의 뜻을 반영한 영원한 영적 가치에 터를 잡아야 한다. 좀 더 단도직입적으로 말해서, 아모스 5장 21~24절의 「하나님이 자기 백성을 책망하신 말씀」을 숙고해야 한다.

"내가 너희 절기들을 미워하여 멸시하며

너희 성회들을 기뻐하지 아니하나니

너희가 내게 번제나 소제를 드릴지라도

내가 받지 아니할 것이요

너희의 살진 희생의 화목제도 내가 돌아보지 아니하리라

네 노랫소리를 내 앞에서 그칠지어다

네 비파 소리도 내가 듣지 아니하리라

오직 정의를 물 같이, 공의를 마르지 않는 강 같이

흐르게 할지어다

이스라엘 족속아 너희가 사십 년 동안 광야에서

희생과 소제물을 내게 드렸느냐"

뜻을 분명하게 전달하기 위해서 '메시지 성경'의 번역도 인용한다.

> "나는 너희의 종교 회의를 질색한다.
> 나는 너희의 각종 협의회와 대회에 신물이 난다.
> 나는 너희의 신앙 계획, 너희의 과시적인 구호와
> 목표와 무관하다.
> 나는 너희의 기금 모금 시책,
> 너희의 홍보 활동과 이미지 연출에 넌더리가 난다.
> 너희의 시끄러운 이기적인 음악, 들을 만큼 들었다.
> 너희가 나를 위해 마지막으로 노래한 때가 언제냐?
> 내가 원하는 바가 무엇인지 너희는 아느냐?
> 나는 정의를 원한다 – 그것의 바다를.
> 나는 공평을 원한다 – 그것의 강들을.
> 그것이 바로 내가 원하는 바이다.
> 그것이 내가 바라는 전부이다."

지난 몇 년 동안 벨헤이븐 대학교를 이끌며 지낸 시간들을 돌아보았다.

자신들의 인생에서 하나님이 선물하신 가장 좋은 기회를 포착해 극적인 변화를 이룬 학생들이 먼저 떠올랐다. 그리고 통찰력 있게 세상을 바라보는 사고력을 계발하고 그리스도를 닮은 멘토링과 은혜를 베푸는 일에 온 힘을 다하는 교수들이 보였다.

이들을 보면서 나 또한 보람을 느꼈다.

이제 나는, 예배 시간마다 주님께서 우리 모두에게 크신 은혜 가운데 말씀을 주시고, 각종 운동부와 기숙사 생활을 통해 인격을 함양토록 하고, 하나님을 중심에 모시고 서로 다른 인종 간에도 진실된 교류를 하며 화목하게 지내는 모습들을 바라본다. 이러한 성공은 굳이 도표나 명세표로 설명하지 않더라도, 이미 하나님이 너무나 잘 알고 계시는 우리 대학교의 가치이다.

> 이제는 장황하게 계속되는 자료들이나 장기 추정 도표들로 꽉 채운 파워포인트로 창작력을 선보이는 데 급급해하지 말고 낡은 리더십의 소품들을 싹 다 치워야 한다.

10. 실패는 계획의 실패에서 온다고 믿는다.

자문 위원들에게 하도 많이 들어서 이제는 그러려니 하는 말이 하나 있다.

"계획에 실패한 자는 실패를 계획해서 그런 것이다."

나는 이 말에 절대로 동의하지 않는다. 앞을 향해 나아가려는 사람이 계획에 기대면 기댈수록, 지혜의 근원에서는 점점 더 멀어진다. 분주하게 계획 세우는 일을 멈추고 뒤로 한 발짝 물러서려면 하나님을 엄청나게 의지해야만 한다.

"우리가 내린 결정에 복을 주세요"라든지 "현재의 위기에서 벗어나게 해주세요"라는 기도로는 어림도 없다. 사적이든지, 공적이든지, 우리의 미래를 위해서는 전폭적으로 주님만을 의지해야 한다. 이것은 대다수의 기독교 지도자들이 너무나도 무서워하는 단계이다.

우리는 일부 세부적인 계획 수립을 보여주는 성경의 모습에 집착한다.

예수님께서 제자들에게 최후의 만찬을 준비하라고 지시하신 것이나 예루살렘 성벽을 재건하라는 느헤미야에 나오는 성경 구절 몇 개가 대표적인 예이다. 그와 동시에, 우리는 하나님께서 더없이 큰 이상을 자기 백성에게 주실 때는 얼마나 자주 꿈을 사용하셨는지는 너무도 쉽게 간과한다. 요셉, 야곱, 그리고 아브라함, 그리스도를 찾아온 동방의 박사들, 밧모섬에 유배 중이던 요한 등에게 그러셨다.

크리스천 리더로서 우리는 화이트보드에 우리를 위한 하나님의 최선이 무엇인지 억지 설계도를 그리느라 힘을 빼기보다는 우리 사역의 미래를 위하여 하나님이 정해 두신 목적지를 발견하기 위해 경청하고, 꿈을 꾸고, 기도하며 보내는데 수고해야 한다.

자석처럼 끌어당기는 계획 세우기에서 벗어나기

리더십에 대한 소명과 책임 의식은 너무도 소중하기에, 우리는 그냥 시늉만 하면서 살 수는 없다. '계획 세우기'는 마치 자석처럼 우리를 끌어당기는 힘이 있어 억지로 떼어내지 않으면 그 압도적인 힘이 우리의 소중한 생산성, 우선순위, 그리고 명성 등을 통제한다.

솔직한 마음으로 우리의 지난 달력을 되돌아보자. 멀리 갈 필요도 없이 지난해 우리는 계획을 세우느라 얼마나 많은 시간을 초 단위, 분 단위로 아껴가며 온 힘을 쏟았는가?

진지하게 날짜, 거리, 회의, 열람, 기록 등을 생각해 보자. 안 됐지만, 애써 답변을 감추려 들 필요는 없다. 나는 수백 개의 부서에서 거창한 계획을 다량으로 양산한 후, 실망스러운 결과를 초래하는 소모성 계획 방식을 오랜 기간 봐왔다. 우리는 전통적으로 해오던 계획 세우기 방식에서 벗어나서 하나님이 우리를 위해 쌓아두신 미래를 발견해야 한다.

지도자로서 도착지를 정해야 하는 역할, 그에 부합하는 직위, 전문 지식, 부가 가치성 및 보수(돈)를 놓고 걱정하는 것을 멈춘다면, 바로 그때 하나님께서는 우리가 결코 꿈도 꾸지 못했던 미래로 향하는 문들이 열리는 기회를 주실 것이다.

제3장

가장 중요한 개념
- 범선 대 동력선 -

복합적인 생각을 간단하게 전달하는 능력은 유능한 리더가 갖춰야 할 가장 기본적인 소양이다. 유능한 리더라면 새로운 청자를 만났을 때 가장 크고 중요한 개념을 이해가 될 때까지 한 번이든 천 번이든 반복적이고 열정적으로 전달할 수 있는 기본적인 소양을 키워야 한다.

만일 가장 중요한 개념을 쉽게 동화시키거나 실행에 옮기지 못한다면, 유능한 리더에게 필요한 소양은 뿌리도 내리지 못하고 시들어 버릴 것이다. 기회 포착의 리더십에서 가장 중요한 개념은 실제 생활에서 경험하지 않고서는 이해가 잘 되지 않는다. 오히려 이런저런 말로 포장해도 번잡스럽기만 할 것이다. 만약 어떤 리더가 사람들에게 이런 제안을 한다고 가정해보자.

"우리가 정상에 오르기 위해 오랫동안 공략해 오던 전략 계획을 이제는 끝냅시다. 모든 위원회를 해산하고, 5개년 또는 10개년을 목표로 돌진하던 과거의 모습을 멈춥시다. 대신 가만히 앉아 하나님이 우리에게 가져다주실 기회를 기다립시다."

이런 말을 하면서 자리에 앉아 있는 이해관계자들의 호응을 기대한다면 돌아오는 것은 혼란뿐이다. 그렇게 해서는 날아오를 수가 없다. 사람들이 당신의 이상을 '볼 수 있도록' 당신은 그것을 간단하게 설명할 수 있어야 한다.

나는 기존의 전략적인 계획을 수립하는 낡은 리더십과 기회 포착에 중점을 두는 새로운 리더십 사이의 극적인 차이를 범선과 동력선의 차이로 설명한다.

'동력선'은 모터로 스스로 힘을 내서 간다.

바람의 인도, 해류의 방향과는 상관 없이 자기가 원하는 곳으로, 즉 계획을 세운 대로 가려고 한다.

그러나 바람으로 가는 '범선'은 오직 바람과 해류를 따라 움직일 수 있다. 일반적인 생각으로는 동력선이 우리가 생각하는 '리더십'에 어울리는 모습일 것이다. 그러나 바람을 주시고, 해류로 인도하시는 분이 하나님이시라면?

내 힘대로 계획을 세우는 동력선이 되어야 할까?

아니면 하나님의 바람에 모든 것을 맡기는 범선이 되어야 할까?

사역의 자리에서 리더십을 발휘하기 위해서 우리는 먼저 하나님의 바람을 따르는 리더십을 선택 해야 한다. 그런데 말은 쉽지만 실제로 적용하는 일은 쉬운 일이 아니다. 그럴 땐 두 가지 생각을 떠올려보자.

1. 정통한 정보를 수집하면서 떠올렸던 최고의 프로그램, 구조, 판단 기준, 그리고 미래를 창조하기 위해 세운 그 야심 찬 목표에 도달하기 위해 사역이라는 동력선의 엔진을 힘차게 구동해야 하는 것이 정답일까?

2. 하나님이 일으켜주시는 바람을 포착하여 오직 그 바람이 우리를 이끌도록 돛을 활짝 펴고 대기하고 있는 범선에 오르는 것이 정답일까?

우리가 원하는 대답은 분명히 2번이다.

크고 세련미 넘치게 잘 만들어진 동력선은 보기에는 뿌듯하다. 하지만, 작고, 부실하기 짝이 없고, 낡아 빠진 범선에게 매번 추월 당할 것이다. 이유는 오로지 범선만이 하나님의 바람을 탈 수 있기 때문이다.

그럼에도 우리는 사역의 방향을 전적으로 우리가 만들어내는 동력과 가고 싶어하는 최상의 경로에 달린 것처럼 여긴다. 그렇게 계획도 세우고, 행동도 하고, 이끌기도 한다.

사역이라는 크고 세련미 넘치게 잘 만들어진 동력선은 보기에는 뿌듯하다. 하지만, 작고, 부실하기 짝이 없고, 낡아 빠진 범선에게 매번 추월 당할 것이다. 오로지 범선만이 하나님의 바람을 탈 수 있기 때문이다.

이것이 내가 주장하는 새로운 리더십의 가장 중요한 메시지다. 나머지는 모두 세부적인 사항일 뿐이다.

우리 대학교에서 만나는 아무 직원한테나 학교의 계획에 대해 물어보면, 누구나(아마도 제목까지는 붙이지 않아도) 동력선 대 범선의 모양을 묘사하면서 내가 말한 리더십의 핵심 개념을 똑같이 설명할 것이다.

순풍을 맞은 범선을 탄 항해는 큰 재미를 느끼며 아주 멀리까지 갈 수 있지만, 동력선은 갈 수 있는 범위도 한정되어 있고 신뢰성도 떨어진다는 점을 마치 눈앞에 그림을 펼쳐놓듯이 강조할 것이다.

게다가 산들바람이 불기 시작하면 하나님의 바람을 포착하기 위해 준비하는 과정이 얼마나 힘든지도 얘기할 것이고, 그에 비하여 기름으로 가는 동력선은 편리하지만, 그 구조상 하나님의 바람이 우리를 인도하려는 곳에 쉽게 당도할 수 없다고도 말할 것이다.

캠퍼스 운영단부터 이사회에 이르기까지 모든 인원들이 기회 포착의 리더십이라는 큰 개념을 숙지하고 있기 때문이다. 하지만 처음부터 그랬던 것은 아니다.

동력선에서 범선으로 갈아타기

각 부서에서 일하는 리더들과 대다수의 임원들은 복잡한 계획을 산더미처럼 세워야 직성이 풀린다. 마치 온갖 종류의 산해진미에 달콤한 후식까지 곁들인 잘 차린 밥상처럼 말이다. 나 역시 리더 역할을 오랫동안 맡으면서 그런 무리 속에 있었고, 나의 리더십을 보여주기 위해 전통적인 계획 수립 모델에 매달렸다.

나는 대학원 과정에서 고등 교육 행정을 전공했고, 이후 단과대학과 종합대학교를 경영하면서 실무에 가장 좋은 방법을 구상했다. 그때 떠오른 아이디어를 적용한 것이 바로 기회 포착의 리더십이다. 그 전의 리더십은 우리의 갈 바를 지시하고, 이해관계자들의 마음을 사며, 기부자들의 동기를 유발할 수 있는 선명한 미래를 반영한, 멋드러진 5개년 또는 10개년 계획이 있어야만 사역이 충분히 앞으로 나아갈 수 있다고 생각했다. 나는 그런 신념을 가진 지도자들 무리에 끼어 그들과 발을 맞추어 걸었다.

전통적으로, 기획부서 출범 발표부터 완성된 기획안이 나오기까지는 대략 1년 반 정도가 걸린다. 치열하고, 다양하고, 복합적인 노력이 필요하다. 이런 과정은 대부분 '가장 실력 좋은 위원회'가 맡아 여러 분과위원회와 함께 일하기에 이해관계자 집단이 바라는 목표들이 하나씩 추가된다. 이런 구조 때문에 단체와 얽혀있는 관계자들 모두가 최소한 사과를 한 입씩 골고루 베어 먹을 수 있는 절충안들로 계획은 채워진다.

마무리 단계에서 계획은 항상 주제별로, 조항마다, 같은 글자로 시작하는 단어로, 일목요연하게 요약되어 작성된다. 이 절충안의 목적은 극적인 성공을 예견할 수 있도록 하는 것이다. 최종 문서로 작성된 소책자에는 새로운 중요 기획을 담아 이해관계자들이 자신들의 우선 요구 사항이 포함되어 있다는 사실을 확인해 만족하도록 만든다.

그렇게 탄생한 다섯 또는 열 개의 달성 목표에 기부자들은 감동하고, 이사회는 만족한다. 자신들이 품위를 해치지 않고 감독할 수 있는 충분한 미래의 모습이 이 목표에 나타나 있다고 생각한다. 또한 최고경영자는 (실제 보고한 역사가 없지만) 기대에 부응하는 결과를 내겠다고 약속한다. 끝으로, 미래에 계획한 대로 일이 잘 실현되지 않으면 또 다른 최고 수준의 기획위원회를 임명하여 얼마든지 다시 시작할 수 있다고도 덧붙인다.

나는 정말 진심으로 하는 말이다. 우리가 훌륭한 리더라면 동력선에 의존하는 기존의 계획 수립 방식을 타파하고 하나님의 바람이 인도하는 곳으로 어디든 갈 준비가 되어있는 범선에 믿음으로 올라타야 한다.

전통적 계획 수립 방식은 잘 된다 해도 사람의 잠재력을 심각하게 제한할 뿐이고 최악의 경우는 각 부서의 에너지를 고갈시킨다. 우리가 상상할 수 있는 가장 확실한 단계의 계획 실행은 미래를 조종하려고 꽉 움켜쥔 손을 느슨하게 푸는 것이다. 하나님이 우리를 인도하시는 목적지에서 새어 나오는 그 희미한 불빛에서만 우리의 배는 움직인다.

이야기를 더 진행하기 전에 이쯤에서 두 가지 리더십의 차이점을 확실하게 정리 해두는 것이 좋겠다.

동력선식 리더십은 너무나 많은 시간, 에너지, 그리고 집중력을 소진하는 「목적지 확정형 계획」(destination planning)이다. 나는 조직이 미래를 예측하여 계획하는 일은 그만두어야 한다고 생각한다. 대신 「실행 중심형 계획」(implementation planning)에 훨씬 더 많은 심혈을 기울여 매진해야 한다고 권면한다.

이렇게 완전히 다른 초점은 현재 우리가 처한 상황에서 최대한의 에너지를 얻게 만든다. 그다음에 우리가 할 일은 오직 하나님의 바람에 의지하여 낯선 목적지를 향해 범선을 타고 항해하는 것이다.

범선과 동력선의 차이

한때 나는 맥그리거 보트(McGregor boat)를 사고 싶었다.

맥그리거 보트는 동력선 기능이 있는 보트 중에서 시중에서 구입할 수 있는 유일한 바다용 선박이다. 나는 바람이 부는 것과 상관없이 내가 원할 때는 언제나 항해할 수 있기를 원했다. 게다가 얕은 물에서 낚시도 하고 싶었다. 시간이 날 때마다 그런 일이 가능한 보트의 사진들을 보고 제원을 살피며 연구했다. 판매자에게 전화로 문의도 했고, 심지어 한 가지 제품을 보기 위해 여러 주를 여행하기도 했다.

실제 선원들과 이야기도 했다.

그러면서 나의 꿈은 산산조각이 났다.

추측 항법 기능이 있는 동력선 구조의 보트의 경우, 그 선박을 범선처럼 사용하면 반응 속도가 극히 더뎌진다고 한다. 그리고 설상가상으로 바람의 흐름에 따라 자연스럽게 항해하려고 해도, 기동 제한 기능이 걸려 있어서 얕은 물에 있는 물고기는 구경조차 할 수 없다고 한다. 달리 말해, 나는 범선 아니면 동력선을 사야 하는 처지였다. 두 가지의 장점을 지닌 선박은 세상에 존재하지 않았다. 무조건 하나를 포기해야 했다.

많은 부서가 각 배에 양다리를 걸치고 운영하려 든다.

한쪽으로는 하나님을 온전히 신뢰하려 하고, 다른 한쪽으로는 기존의 계획 수립 모델에 따라 산출한 결과로 우리의 미래를 제한하려 한다. 하지만 하나만 골라야 한다. 선박과 마찬가지로 두 모델의 장점만 취하려 든다면 오히려 상충되는 단점 때문에 한 가지 모델의 장점도 활용하지 못하게 된다.

'동력선이냐? 범선이냐?'의 비유를 조금 더 구체화해 생생하게 묘사한다면, '기회 포착의 리더십' 대 '전통적 전략 계획 수립'으로 극명하게 대조할 수 있다. 기존의 내 저서인 「길게 보기: 떠오르는 지도자를 위한 영속 전략」(The Longview: Lasting Strategies for Rising Leaders)에서 나는 이 차이를 훨씬 더 광범위하게 여섯 가지 성격으로 상세히 설명했다.[1]

동력선과 범선의 차이점을 이해하기 위한 출발선에 서 있는 당신을 위해 요점을 다시 한번 7개로 정리했다. 각 주요 요점을 설명하며, 나는 당신에게 한층 더 강력하게 한쪽 배는 선택하고, 다른 쪽 배는 버리라고 촉구할 것이다. 우리가 미래에 접근하는 방법 중 유독 극적으로 차이 나는 점을 중점적으로 피력했다.

1. 신뢰

범선이나 동력선을 선택하는 가장 중요한 요인 중 하나는 신뢰성이다.

범선으로 항해할 때는 우리를 인도할 바람의 추진력을 신뢰해야 한다. 그래서 항상 바람의 방향, 강도, 지속성을 봐가며 속도를 조절해야 한다.

이와는 대조적으로 동력선에서는 모터의 출력, 회전력, 튼튼함을 봐야 한다. 이런 조건들이 만들어내는 마력이 바람을 따라 순항할 수도 있고 때로는 맞바람을 맞으며 항해할 수도 있게 한다.

안타깝게도 예측할 수 없는 혼란 속에서 모든 것을 잃고 나서야 비로소 오직 그리스도를 신뢰하는 것만이 우리의 전부란 것을 깨닫는다. 그러니 사역하면서, 기능을 수행하거나 운영을 하기에 앞서 생각의 중심에 무엇을 두어야 할지부터 정해야 한다.

2. 집중해야 할 요소

범선은 주변에서 일어나는 모든 일에 온갖 신경을 다 써야 하지만, 동력선은 주로 배 내부에 있는 계기판에만 집중하면 된다.

범선은 단지 바람 부는 방향을 안다고 해서 운항할 수 있는 것이 아니다. 바람 소리도 유의해서 들어야 하고, 배가 바람을 따라 어떻게 반응하는지도 지켜봐야 한다. 게다가 범선에는 배 전체의 효과적인 작동을 위해 축을 중심으로 회전하는 피보탈(pivotal) 기능까지 있어 늘 휘청거린다. 그래서 배를 모는 선원들은 항상 정신을 바짝 차리고 집중해야 했다. 연신 위도 보고 앞도 봐야 한다.

동력선에서는 모터 돌아가는 소리가 요란하게 들린다.

모터의 출력이 넉넉하고 엔진만 튼튼하다면 바람이 불든 말든 우리가 원하는 목적지로 갈 수 있다. 동력선이 전속력을 낼 때, 우리가 집중할 곳은 하늘 위도 바다 앞도 아닌 배 안이다. 내부에 고출력을 내는 발동기가 돌고 있기에 우리는 최적의 속도와 안정성을 찾는 일에만 집중하면 된다.

3. 준비성

끊임없이 예의주시해야 하는 것이 범선이고, 순양함처럼 빠른 기동력을 갖춘 것이 동력선이다.

범선 운항은 매우 복잡하다. 기상 조건에 맞춰 제대로 운항하기 위해서는 훈련을 받아야 하고, 엄청나게 많은 연습을 통해 경험도 쌓아야 한다. 또한 범선은 만약의 사태에 대비해야 하기 때문에 평소에도 유지 보수를 철저히 해야 한다. 항해 경험이 많은 선원들은 범선의 상태 점검을 위해 가장 많은 시간을 할애한다. 그렇게 빈틈없이 준비해야 바다에서 최고 속도를 낼 수 있기 때문이다.

이와는 대조적으로 뛰어난 기동력을 갖춘 동력선은 최대 속도로 올리기 위해 연료를 넉넉히 채워 넣기만 하면 된다. 서로 맞물려 연동해야 하는 부위가 거의 없으며, 엔진만 충분히 강하다면, 다른 결함에도 불구하고 계속 움직일 수 있다.

4. 운전

대형 범선을 운항하기 위해서는 배를 잘 알고 있는 여러 분야의 기술자들이 협동해야 하지만, 동력선은 혼자서도 운항할 수 있다.

경주용 소형 범선으로 하는 요트 경기는 상당히 매력적인 스포츠다. 고도의 훈련을 받은 선수들이 서로 호흡을 맞춰 능숙하게 조정하면서도 최고 속력을 유지한다. 팀원들은 선체의 각 주요 부위를 마치 제 몸 다루듯 조작하며 기상 조건, 돌발 사태, 풍속 등에 적응하도록 기민하게 협력한다.

그에 반해 동력선은 선장 혼자서 모든 것을 다 할 수 있다. 초대형 동력선조차 한 사람이 항로도 정하고 방향도 바꾸고 속도도 조정할 수 있다. 그런 것이 가능할 뿐 아니라, 오히려 효율적인 면에서 나 홀로 운항을 권장한다.

5. 방향

범선의 항로는 바람의 방향과 세기로 결정되지만, 동력선은 키를 잡은 손으로 항로를 결정한다.

범선은 맞바람만 없다면 한 방향으로 끝도 없이 갈 수 있다.

'바람이 가져다 주는 변화'에 반응하면서 범선은 매우 먼 곳까지 긴 노선을 항해할 수 있다. 그렇지만 바람의 변화에 따라 방향을 바꾸거나 조정할 준비가 항상 되어있어야 한다. 키를 잡고서 배를 운항할 권한은 선장에게 있지만 그 조정은 바람에 맞춰서 해야 한다. 도를 넘을 정도로 바람에 맞서다가는 대부분 처참한 결과를 맞이하게 된다.

한편, 동력선의 속도는 그야말로 감동 그 자체다.

연료가 바닥나기 전까지는 엄청난 힘을 뿜어내지만, 그것을 지속하는 데는 한계가 있다. 동력선은 엄청난 기동력이 있지만 유지하기 위해서는 항상 동력원이 있어야만 한다.

6. 관계

범선의 우아함과 웅장함은 종종 사람들이 넋을 놓고 보게 하지만, 동력선은 눈살을 찌푸리게 한다.

100m 전방에 보이는 바다에 유유히 떠있는 범선 한 척은 해변을 찾은 모든 사람들의 시선을 사로잡는다. 어떤 사람은 그 배를 타고 평화롭고 잔잔하게 항해하는 장면을 상상하기도 할 것이다.

범선은 우아하게 물살을 가르며 지나가면서 사람들의 관심과 흥미를 끌고 상상력을 유발시킨다. 그리고 다른 배를 탄 사람이나 바다 생물에게 피해를 주는 오염물질이나 항적을 남기지 않기에 많은 사람들로부터 환영을 받는다.

반면, 동력선에서 배출되는 공해, 소음, 혼란 등은 사람들을 얼마든지 화나게 할 수 있다. 쾌속정이 지나가면서 남긴 여

파로 한바탕 소동을 겪어야 하기에 저마다 화가 치밀어 오를 수밖에 없다. 일단 사람들은 소음에 분노할 것이고, 이동하는 동력선은 물속에 오염 물질들을 계속 배출할 것이다.

7. 필요한 노력

범선의 항해자는 물 위에서 게으름을 피울 새 없이 온 힘을 다해야 하지만, 동력선의 항해자는 힘들여 일하지 않아도 선원 행세를 하며 편히 노닐 수 있다.

돛에 바람을 받아 물 위를 항해하는 것은 까다롭고, 빠듯하며, 예측불허한 일이기에 진짜 선원이 되려고 노력하는 사람 외에는 시도조차 힘들다. 효과적인 항해를 위해서는 높은 수준의 학습, 통찰력, 경험, 직감 및 세부적인 것에 관한 관심까지 필요한 노력이 많다. 성공적인 항해를 위해 끊임없는 준비는 기본이고 바람과 배, 그리고 이 둘이 어떻게 상호작용하는지를 통달해야만 새로운 목적지에 도달할 수 있다.

그러나 동력선은 누구라도 갑자기 뛰어올라 스스로를 선원이라고 부를 수 있다. 항해를 위해서는 대단한 교육, 경험, 계획, 또는 눈썰미가 없어도 된다. 엄청나게 수고하거나 궁리하지 않아도 간단한 조작법만 알면 강력하게 작동하는 엔진 덕분에, 연료만 가득하다면 누구나 목적지를 향해 나아갈 수 있다.

흔들린다 하더라도 - 범선에 타라

이제, 나의 배 선택 이야기를 매듭지으려 한다.

나는 멕시코 연안 지역의 내륙 대수로에서 낚시를 하기 위해 5.8m 크기의 소형 동력선을 샀다. 몇 달간 연구한 결과 범선을 타기에는 내 인내심이 턱도 없이 부족하다고 판단했기 때문이다. 범선은 출항 준비를 하는데도 여러 날이 걸리는데 도저히 작업할 엄두가 나지 않았다.

동력선 대신 범선을 선택한다면 항해에 필요한 여러 가지 요구 사항을 진행하느라 힘들어질 수 있다는 현실을 고려해야 한다. 마찬가지로, 전통적인 방식의 전략적 계획 수립 리더십에서 기회를 포착하는 리더십으로 옮기고, 항로를 하나님께 전적으로 신뢰한다고 해서 우리의 과업이 더 쉬워지지는 않는다. 이제 막 항해를 배우기 시작한 초보 때처럼 어려운 점이 한둘이 아닐 것이다. 그럼에도 우리는 처음 하나님께 헌신을 서원한 그 마음을 고수해야 하고, 예전부터 조직에서 해오던 관행으로 되돌아가려는 유혹을 뿌리쳐야 한다.

기회 포착의 리더십이야말로 성경이 말하는 리더십의 모델이다.

나는 이 새로운 리더십이 놀라운 성과를 내는 것을 계속해서 목격하고 있다. 그리고 목적지를 예측할 때가 아니라 기회를 포착할 때, 배의 키를 쥔 것이라는 사실을 깨달았다. 이때 우리의 영향권 안에 있는 모든 사람들은 바다 위를 유유히 항해하는 멋진 범선을 보는 해변가의 사람들처럼, 가던 길을 멈추고 눈을 들어 간절한 마음으로 우리의 사역을 향해 다가올 것이다.

가는 곳을 예측하는 대신
기회를 포착할 때,
우리는 배의 키를 쥔 셈이다.
이때 우리의 영향권
안에 있는 모든 사람들은
가던 길을 멈추고,
눈을 들어 간절한 마음으로
우리의 사역을 향해
다가올 것이다.

제4장

배에 익숙해지기 vs 뱃멀미하기

사람들로부터 자주 받는 질문이 있다.

"향후 5년이나 10년 뒤에는 대학교가 어떻게 될 것 같습니까?"

우리 사회는, 리더라면 당연히 미래에 대한 '전망'을 갖고 있을 것이라고 기대한다. 그래서 어떤 최고경영자에게든 이런 질문을 던지는 건 매우 자연스러운 일이다. 또한 대부분의 사람들은 학창 시절 "미래에 대한 전망과 결과를 측정이 가능하도록 체계화해 또박또박 잘 말해야 한다"라고 배웠다.

위와 같은 질문을 받았을 때 나의 대답은 이렇다. 이 대답은 텔레비전 뉴스 인터뷰에서도 똑같이 밝힌 바 있다.

"나는 모릅니다. 그러나 우리가 회의를 통해 만들어 낸 최선의 계획이라도 하나님이 우리를 위해 예비하신 계획에 비하면 새 발의 피라는 것만은 압니다."

솔직히 말해서 우리 대학교의 미래가 어떨지는 아무도 모른다. 앞으로 5년이나 10년 후에 학생 수가 훨씬 더 많을 수도 있고 적을 수도 있다. 신설 학과가 생길 수도 있고 안 생길 수도 있다. 새로운 캠퍼스를 설립할 수도 있고 몇 개는 닫을 수도 있다.

나는 미래를 계획하지 않는다.

우리의 목적지는 전적으로 우리에게 기회를 주시는 하나님께 달렸다. 그래서 나는 미래를 계획하지 않을 뿐 아니라 한 걸음 더 나아가 그것에 대해 걱정하지 않는다.

역사와 문화 그리고 시장 원리의 흐름을 바탕으로 다가올 미래의 모습을 골똘히 생각해 보는 것은 그리 어렵지 않다. 그러나 어느 시점의 미래를 특정해 계획하거나, 구체적인 성장 목표를 정해놓고 그것을 달성하려고 애쓰지는 않는다.

수년간 기회 포착의 리더십을 실행하면서 깨달은 것은, 지금의 현실이 5년 또는 10년 전에 내가 상상할 수 있었던 미래와는 딴판일 수도 있다는 사실이다.

어디로 갈지 목적지를 계획하는 대신에 우리가 정말 잘 짜야 하는 것은 주어진 안건을 어떻게 실행할지에 대한 구체적인 방안이다.

우리 대학교에서는 영문학도 가르치고, 채플도 드리고, 축구도 하고, 식당도 운영하고, 공과금도 낸다. 캠퍼스 안에 있는 작은 도시가 원활하게 돌아가는데 필요한 그 외의 다른 많은 기능들도 모두 갖추었다. 이런 활동이 확실하고, 활기차고, 능률적이고, 원활하게 보장될 수 있는 방법을 우리는 열심히 연구한다. 우리가 책임져야 할 일을 파악해서 방안을 잘 세우는 것은 선한 청지기 정신이다. 나는 우리의 명세표에 올라있는 일을 잘 감당하지 않으면, 하나님께서 우리에게 더는 일을 맡기지 않으신다고 믿는다.

이행 방안에 대한 계획은 해당 사업을 실행하는 실무진들이 '이차적'으로 수립해야 한다. 반면, '광범위적이고 공상적인 계획'은 이사회, 최고경영진, 그리고 전략팀이 계획한다. 이런 구조 때문에 리더들은 계획 수립 후에도 몇 개월 또는 몇 년 동안 좌절하며 허송한다. '광범위하고 공상적인 계획'을 수립한 이들이 구상한 대로 실무진이 매끄럽게 일을 추진하는 것이 불가능하기 때문이다.

규격에 맞춰 정형화하는 계획 수립 방식은 동력선의 정밀 기계 설계도 안에서 미래를 찾으려는 것과 같다. 그렇다면 차라리 배 전체가 고유한 역할을 하는, 각 부품에 의존하며 유연하게 움직이는 범선의 예를 따르는 게 나을 것이다.

범선은 주 돛, 앞 돛, 큰 삼각형 돛, 방향타로 이뤄져 있으며 키의 손잡이는 각각의 밧줄, 뱃전, 밧줄 걸이 등 그 외 수십 개의 다른 부품들과 맞물려 서로 긴밀하게 의존한다. 완벽하게 서로 연결한 상태가 됐을 때, 강하고 튼튼한 배가 되어 하나님의 바람을 포착할 준비를 마치게 된다.

지도자로서 우리는 전통적 계획 수립 방식에서 벗어날 때 진정한 소명을 발견할 수 있다. 그리하여 범선처럼 각 주요 부분이 원활하게 작동하도록 주의를 기울이고, 서로의 상황을 알리고, 일어나는 상황에 따라 유연하게 대처하는데 집중해야 한다. 유능한 지도자는 밧줄이 엉켜 돛이 꼬이거나, 중요한 부품이 부식되거나 마모되어도 수리 또는 교체해야 할 시기와 방법을 알고 있다.

목적지를 계획할 때 따라오는 의도하지 않은 결과

우리의 초점은 동력선을 보고 큰 감동을 받아 선박 제조법을 배우는 것도 아니고 새로운 목적지를 찾는 것도 아니라, 항해의 질에 맞춰져 있어야 한다. 목적지에 대한 체계적인 계획은 우리가 달성할 수 있는 것을 제한할 뿐만 아니라 조직 문화를 오염시키는 다섯 가지 부산물을 만든다.

1. 목적지를 계획하는 부서가 대단히 중요한 성과를 내는 사역은 거의 없다.

지난 10년간의 일을 돌아보자.
우리 조직, 단체가 이룬 가장 중요한 성과는 무엇인가?

이는 그 성과를 내기 위해 잘 짜여진 신축 건물 건설 기획안이나 새로운 중요 사업 계획 덕분인가? 성과를 세운 직원이 그렇게 하도록 당신이 미리 구상한 것인가?

기부자들에게 상당히 많은 후원을 받을 수 있었던 것은 계획 덕분인가?

몇 달 또는 몇 년 전부터 계획했기 때문에 새로운 사역 영역이 생긴 것인가? 아니면 예상치 못한 기회로 그 문이 열린 것인가?

특별한 경우가 아니라면, 틀에 박힌 계획 설정으로는 뭔가 의미심장한 것이 마음에 그려지지 않는다. 만일 당신이 "계획을 잘 세워서 기대했던 대로 성과를 올린 것"이라고 답변했다면 감히 말하건대, 당신은 동력선에 타고 있다. 당신은 지금 당신을 향해 불어오는 하나님의 바람을 놓치고 있다. 동력선에 타고 있기에 하나님이 당신한테만 주시려고 했던 기막히게 좋은 것들을 놓친 것이다.

2. 목적지를 계획할 때 당신의 장점들은 밋밋하고 평범해진다.

계획 수립 과정의 대상은 당연히 모든 사람을 포함해야 한다. 하지만 사역과 관련한 특별한 능력이 있는 사람마저 다른 사람들과 똑같이 취급한다면, 하나님이 우리에게 주신 소명과 은사의 취지를 놓치는 것이다. 하나님께서는 우리 대학교에 예술 분야의 선도자가 될 기회를 열어주셨다(이 이야기는 나중에 더 자세히 나온다).

대학교 설립 초창기에는 한숨만 나올 정도로 부족한 것 천지였다.

그럼에도 기독교 계열의 다른 대학교에는 무용과가 없던 시절이었기에 우리는 우수한 무용 프로그램을 개발하고자 노력했다. 우리는 그 강점을 살려 홍보도 하고, 자금도 지원하고, 직원도 배치하고, 최상의 시설도 지었다. 그와 동시에 우리 대학교 풋볼팀은 고등학교 운동장을 빌려 경기를 했고, STEM(과학, 기술, 공학, 수학 상호 연결 응용 교육) 프로그램은 구식 설비를 활용했다.

만일 우리 학교의 미래를 전통적인 전략 기획에 의지했다면, 다른 주요 학과의 인력과 자금이 비참할 정도로 부족한 상황에서 무용과에 그토록 아낌없는 지원을 할 수는 없었을 것이다. 그러나 하나님께서는 무용과 외의 다른 분야에는 기회를 주지 않으셨다. 하나님의 바람은 기독교 대학교에서 무용과를 발전시키는 방향으로 불고 있었다. 그 순간을 우리의 초라한 돛단배가 포착했다. 무용과로 인해 우리 대학교에 대한 지명도가 국내는 물론 국제적으로도 높아졌다. 무용과에 대한 강점 키우기에 집중하다 보니 무용과의 명성이 자자해지면서 학교 전체가 성장할 수 있었다. 그야말로 바람에 이끌려

'배가 통째로' 출항했다.

3. 대부분의 계획은 결함에 초점을 두고 있다.

기획 구조에 당신의 강점을 정렬시키는 스왓 분석(SWOT, 기업 내·외의 환경 요인을 파악하여 마케팅 전략을 수립하는 기법)을 포함할 수도 있다. 그러나 계획 수립의 특성상 주로 성취한 것을 축하하기보다는 이루지 못한 일에 초점을 맞추게 된다.

기회 포착의 리더십이란 우리의 잡다한 계획이 산더미처럼 쌓여있는 책상을 싹 다 밀어버리고 하나님이 불게 하신 바람으로 생기는 변화에 관심을 쏟는 것이다. 그와 동시에 이제부터는 하나님이 의도하신 다른 필요들이 채워지는 것을 바라보며 흡족해하는 법을 배워가는 일이다.

계획은 받은 축복을 누리며 즐거워하는 대신, 부족한 점들을 부각시키고 불평하게 만든다. 때문에 범위를 확장하거나 성장을 기대하는 문화를 창조하지도 못하고, 사역을 확장해 주신 주님께 감사하며 하나님께 영광 돌리지도 못하게 만든다. '결함 집중형 계획 수립'을 '기회 포착 집중형 기대'로 바꾸려면 빌립보서 4장에서 바울이 한 증언을 두 가지 차원에서 숙지해야 한다.

• 첫째, 구조상 '온갖 걱정거리가 뒤범벅되는 계획'이라는

덫에 절대로 빠져서는 안 된다.

"아무것도 염려하지 말고 오직 모든 일에 기도와 간구로,

너희 구할 것을 감사함으로 하나님께 아뢰라

그리하면 모든 지각에 뛰어난 하나님의 평강이

그리스도 예수 안에서 너희 마음과 생각을 지키시리라"

(빌립보서 4:6~7)

- 둘째, 사역을 위해 하나님이 이미 맡기신 은사의 가치를 떨어뜨리는 등의 계획 수립은 반드시 막아야 한다.

  "무슨 덕이 있든지 무슨 기림이 있든지 이것들을 생각하라

  …내가 비천에 처할 줄도 알고 풍부에 처할 줄도 알아

  모든 일에 배부르며 배고픔과 풍부와 궁핍에도

  일체의 비결을 배웠노라

  내게 능력 주시는 자 안에서

  내가 모든 것을 할 수 있느니라"

  (빌립보서 4:8,12~13)

4. 목적지 계획은 결정을 지연시키고, 긴장을 조성하고, 대화를 제한하고, 현실성 없는 기대를 하게 한다.

우리 대학교와 자매결연을 한 한 기독교 대학교도 우리와 똑같은 문제를 갖고 있었다. 우리는 거의 같은 날 문제의 해결을 도모했다. 우리 대학교는 문제를 해결할 기회가 무엇인지

찾아보기로 했고, 그 학교는 전통적인 방식으로 기획 위원회를 발족했다. 우리는 45일 만에 해결책을 찾았고, 그들은 15개월이 지나고 나서야 해법을 찾았다. 우리의 방법은 효과적이었고 지금도 유용하게 사용되고 있다. 그러나 불행히도 그들은 어렵게 찾은 해법을 4년 후 백지화하고 처음부터 다시 해결 방안을 찾기 시작했다.

전통적인 계획 수립 방식은 의미없는 도전과 과도한 긴장으로 진을 빼고, 마치 모든 요구가 충족될 거라는 미래에 대한 비현실적인 환상을 자아낸다. 아주 냉정하게 말해서, 현실은 결코 몽상가의 그림대로 되는 법이 없기에 계획은 대부분 실망스러울 수밖에 없다.

전통적인 계획 수립 방식은 관련이 없는 사소한 부분의 결정까지도 지연시킨다. 기획 위원회가 작업을 마무리하기까지 모든 것이 중단되기에 기간이 길어질수록 긴장감은 고조된다. 또한 기획 위원회 내부에서 오가는 모든 대화는 비밀을 보장해야 하기에 함부로 논의할 수도 없다. 무엇보다도 나쁜 점은 그렇게 애를 써서 상상해 낸 미래가 결코 현실에 부응할 수 없기에 짧은 희망 사항에 불과하다는 점이다.

나는 수년 동안 학교의 많은 건물을 지으며 중요한 사실을 깨달았다. 조감도를 액면 그대로 믿어서는 안 된다는 것이다. 조감도는 그리는 비용이 비싸기도 하지만, 조감도만큼 완벽한 건물이 완성되지 않는다는 점이 더욱 실망스러웠다. 나는 돈보다 더 혹독한 값을 치렀다.

5. 목적지를 계획할 때 대부분 억지로 꾸민 듯한 유치한 숫자놀음을 하게 된다.

2029년이나 2031년 대신 2030년에 목표를 달성해야 할 이유가 무엇인가?

기획한 예산이 구체적인 숫자 대신 어째서 항상 100만 달러, 500만 달러, 1,000만 달러 등으로 딱딱 떨어지게 되어있는가?

복음 전도를 위한 대형 집회를 기획하면서 왜 항상 초청할 군중의 숫자를 끝자리가 000으로 끝나게 하는가?

굵은 서체의 어림수(계산)로 표시한 목표는 계획의 특징이 아니라 선전용일 뿐이다. 이것이 단지 뜻을 전달하려는 목적으로 후원자 단체에 장래에 대한 전망을 알리는 것이라면 괜찮다. 그러나 굵은 서체의 어림수와 유의미한 계획을 혼동하지는 말아야 한다.

나는 사역 현장의 리더들이 사역을 발전시키려는 열망으로 일을 성취하는 데 전념하기보다는 전통적인 계획 수립 과정에서 발생한 문제들을 처리하느라 많은 시간을 허비하고 있다고 확신한다. 범선은 항해 내내 꾸준히 나아가지만, 우리가 항해하는 바다를 더럽히는 오염 물질을 흘리지는 않는다. 계획 수립에 매달리면 우리를 지치게 하는 여러 가지 부산물들이 끊임 없이 흘러나온다.

하나님이 가져다 주실 기회

우리 대학교에서 개발한 기회 포착의 리더십을 실험적으로 적용한 지 약 4년 만에 나는 「로잔 운동」(Lausanne Movement)이 후원하는 「2004년 세계 복음화 포럼」(2004 Forum for World Evangelization)에서 기조 연설로 '범선 대 동력선 이론'을 발표하는 특권을 누렸다.

영향력 있는 재단의 이사인 친구 롭 마틴(Rob Martin)도 그 자리에 참석했다. 그는 이 개념에 매료되었고, 이후 그의 저서 「선교에서 돈의 흐름 : 21세기의 모금과 기부」에 우리가 태국에서 토론했던 내용을 수록했다.(1)

회의가 끝난 후, 롭은 "열두 명의 지도자를 잭슨(Jackson)으로 데려가 사흘 동안 기회 포착의 리더십을 어떻게 현장에 적용하고 있는지 연구해도 돼?"라고 물었다. 나는 세계 각국에서 온 그의 친구들을 즐겁게 맞이했다. 그리고 여러 날 동안 우리는 철이 철을 날카롭게 하는 것 같은 건설적인 토론을 했다. 촌철살인의 질문과 다양한 의견들은 미래를 준비하는 리더들을 위해 내가 가진 생각과 개념들을 더욱 발전시켰다.

모두가 모인 마지막 날 저녁은 나에게 매우 획기적인 순간이었다. 질주하는 동력선보다 범선을 선택하는 것이 왜 탁월한 선택인지를 분명히 깨닫게 하는 계기가 되었기 때문이다.

늦은 밤, 하루를 정리할 시간이었다. 다들 할 말을 다해 더는 대화도 없었다. 방은 침묵 속에 고요했다. 그때 갑자기 침묵을 깨고, 차분하고 경건한 어조로, 남미에서 온 한 사역자가 나를 쳐다보며 그간의 모든 토론을 요약하듯 통찰력 있는 한마디를 했다.

"결국 당신은 하나님이 기회를 가져다주실 것을 정말로 기대하고 있다는 거죠? 맞나요?"

바로 그거였다!

'탁' 소리가 날 정도로 한 대 맞은 것 같이 큰 충격을 받았다.

나는 그렇다고 답했다. 이어서 대화의 화제는 주님이 우리에게 가져다주실 기회들을 어떻게 기대할 수 있는지로 돌아갔다. 그날 밤 이후 나는 하나님의 바람이 부는 방향이 아닌 다른 쪽은 쳐다보지도 않았다.

여러 해 동안 기회 포착의
리더십을 실감하면서
지내왔기에 요즘은 학기가
시작될 무렵이면 사무실에
앉아 골똘히 생각한다.
"올해는 무엇을 하게 될까?"
나는 진짜로
아는 게 별로 없다.

여러 해 동안 기회 포착의 리더십을 실감하면서 지내왔기에 요즘은 학기가 시작될 무렵이면 사무실에 앉아 골똘히 생각한다.

"올해는 무엇을 하게 될까?"

나는 진짜로 아는 게 별로 없다.

이 글을 쓰는 동안에도 당장 처리해야 할 우선순위 목록에 적힌 일들도 일 년 전에는 생각지도 못했던 일들이다. 우리가 동력선에서 내릴 때, 하나님의 바람이 얼마나 극적으로 불어올지 우리는 알지 못한다.

범선의 갑판 위에서 맞는 하나님의 바람은 언제나 상쾌하다. 그분이 우리를 새로운 목적지로 인도하실 것을 믿고 언제나 반응할 채비를 하라. 지금은 아무 바람이 불지 않을지라도 인내하며 기다리면 곧 순풍이 불 것이다.

제5장

기회 포착의
리더십으로 전환하기

　　좋은 쪽이든 나쁜 쪽이든 변화가 생기면 조직 내부에 불확실성이 생겨나기 마련이다. 전면적인 개편에서부터 최소한의 개편에 이르기까지 어느 정도의 긴장감이 생긴다. 이러한 변화를 축소판으로 맛보고 싶다면, 모든 사람이 쓰고 있던 복사기를 다른 위치로 옮겨보자. 생각보다 큰 변화가 일어난다는 사실에 놀랄 것이다.

- 작은 것이라도 변화가 일어나면 행동양식을 바꿔야 하므로 통제력을 상실한다.
  새로운 장소에 옮겨 놓은 복사기로 인해 일부 직원은 불편함을 느낀다. 또한 이동한 복사기 근처에서 일하는 직원들은 소음 때문에 민감해질 수도 있다.

- 작은 변화도 모든 사람이 더 많은 일을 하게 만든다.

복사기를 옮기면 어떤 직원은 더 멀리까지 걸어야 한다. 복사를 하며 나누는 잡담 때문에 어떤 직원은 평소에 겪지 않았던 소음까지 감수해야 한다.

- 그동안 쌓였던 불만이 겉으로 드러난다.
복사기와 가까운 곳에서 일하는 직원들은 "사람들이 큰 소리로 불만 사항을 떠들어 댄다"라고 말하곤 한다. 다른 직원들이 그들의 불만사항을 모를 수가 없을 정도로 크고 분명하게!

- 새로운 불안감이 생겨난다.
복사기를 옮기다니 부서의 축소 혹은 확장을 준비하는 것인가?
아니면 최신 기술 도입으로 일자리를 잃는 것인가?
그것도 아니면 구조조정이 있는 것인가?

아무리 뛰어난 사람도 변화의 시기를 겪을 때는 내적으로 두려움을 느끼고, 공격적이며, 비판적인 경향을 보인다. 이 중 까다로운 직원들은 그러한 기색을 겉으로 드러낸다. 수많은 부서가 변화로 생긴 긴장에 대처하는 모습을 지켜보면서, 나는 대부분의 사람들은 확실하지도 않은 변화에 매달려 고군분투하기보다는, 하던 대로 평범하게 지내고 싶어 한다는 것을 깨달았다.

단순히 복사기를 옮겨 놓은 일에서도 그렇고, 계획을 수립하는 기존의 방식에서 기회 포착의 리더십으로 전환하는 복잡한 일에서도 그렇다. 어떤 사역 단체나 조직에 큰 변화의 바람을 일으키려면 당신이 먼저 분명한 목적의식을 갖고 있어야 한다. 철저히 준비되어야 하고, 잘 참아야 하고, 인격을 갖춰야 한다. 만일 너무 갑작스럽게 전환하겠다고 고집을 부린다면 머지않아 사람들은 당신의 능력과 사명감을 의심할 것이다.

유일한 방법

기존의 리더십 모델에서 기회 포착 위주의 새로운 모델로 전환하는 당연하고 보편적인 공식은 존재하지 않는다.

화이트보드에 절차를 적어가며 계획하는 일은 전통적인 기획 방식을 가장 잘 나타내는 본보기이다. 그러나 각 부서는 자기들이 고유하게 계획할 수 있는 범주 안에서, 한쪽으로는 통제권을 꽉 움켜쥐더라도 다른 쪽으로는 가능한 모든 방법을 잡을 수 있도록 손바닥을 쫙 펴는 전환을 시작해야 한다.

이제부터 당신은 나름의 독특한 요소들, 즉 부서의 사명과 우선순위, 지도력의 유형과 경력, 그리고 주요 직원의 전문성에, 당신 직원이 보유한 저력, 조직의 규모와 범위 및 자원 등을 더해야 한다. 여기에 이사회의 구조와 참여 수준까지 포함한 모든 것을 잘 연결해야 리더십 모델의 성공적인 전환을 이룰 수 있다.

다음의 세 가지 사실을 반드시 기억하라.
1. 계획 수립에 목을 매는 기존의 리더십 방식과 기회 포착을 우선적으로 두는 새로운 리더십 모델의 차이가 무엇인지, 고위 임원진이 그 기본 개념을 정확히 이해하고 있는지 확인하라.

2. 기회를 포착할 줄 아는 리더가 필요한 여섯 가지 역량을 고려하여, 당신의 은사와 리더십 방식을 평가하라.

3. 연구에만 끝나는 것이 아니라, 당신이 '보고, 느끼고, 내 것으로 만들기까지'는 섣불리 전환하지 말라.

위의 개념이 먼저 내재화되었다면 새로운 전망에 쉽게 공감할 수 있는 사람들에게 집중하라. 이해관계에 있는 사람들과 토론할 채비를 해야 한다. 저항하는 사람들은 아직 걱정할 필요가 없다. 다만 이것은 죽느냐 사느냐의 문제가 아니라는 확신을 줄 필요는 있다. 그래야 사람들이 당신이 하는 이야기에 수긍하면서 의견을 받아들인다. 작은 부분에서부터 동의를 얻어내기 시작하면서, 그런 이 작은 기회가 구체적인 성과를 낼 수 있다는 것을 목격한 사람들은 그 마음이 점점 새로운 리더십 쪽으로 기운다. 계속해서 작은 성공을 이루어가면 사람들은 저절로 모이기 마련이다.

이러한 초기 단계가 지나면, 예상치 못했던 기회들이 늘어나고 점점 지경이 확장되는 모습에 깜짝 놀랄 것이다. 그리고 그런 변화들은 당신이 부서를 이끌 리더가 될 구실을 만들어준다. 그렇게 되면 작은 성공에도 빠르게 탄력이 붙는다. 당신은 내세울 만한 성공을 이룰 때까지 참을성 있게 기다렸다가 사람들이 기존의 리더십의 한계에서 벗어나 기회를 탐색하는 일을 시작하도록 챙겨주고, 필요한 권한도 줘야 한다. 이때 가장 중요한 것은 직원들, 이해관계자들, 기부자들이 광범위한 영역에서 실제로 기회 포착의 리더십을 수용하도록 하는 신학 사상을 주지시키는 일종의 '사역'을 하는 것이다.

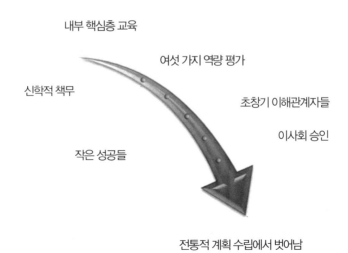

내부 핵심층 교육

여섯 가지 역량 평가

신학적 책무

초창기 이해관계자들

이사회 승인

작은 성공들

전통적 계획 수립에서 벗어남

이것이 핵심이다. 기회 포착의 리더십 모델로 단체를 이끌어가기 위해서는 내부에서부터 뿌리를 내려야 한다.

- 이 전환을 당신의 개인 일정과 목적에 맞춰 바꾸려 하지 말라.
- 기존의 전통적 계획 수립 모델에 적용했던 것처럼 철저히 원칙을 고수하라.
- 새롭게 바뀐 시각으로 사역을 하기 위해, 하나님이 주신 새로운 기회들을 알아보는 감지 능력을 키우는데 촉각을 곤두세우라.
- 핵심층 내부에서 기회를 포착하는 일에 대한 신뢰를 쌓아 모험을 떠날 준비를 도모하라.
- 처음부터 하나님이 당신에게 가져다주실 기회를 기대하라. 범선에 올라 탔다면 기회의 바람은 반드시 불어온다.

이미 모든 조직에 깊이 뿌리내려 있는 계획 수립과 리더십 모델의 전환은 쉬운 일이 아니며 시간도 많이 걸린다. 이 여정을 준비하는 사람은 아무리 길이 험해도 전통적인 방식으로 돌아가고픈 유혹에 넘어가지 않도록 조심해야 한다. 눈으로는 대략적으로 표시한 로드맵이 간단해 보일 수 있다. 하지만 그 여정은 생각보다 험난할 것이고 또 충분히 그럴만한 가치가 있을 것이다.

> 하나님이
> 당신에게 가져다주실
> 기회를 기대하라.
> 기회는 반드시 찾아온다.

기회를 포착하게 만드는 철저한 신앙

빌리 그레이엄(Billy Graham) 목사님의 누이인 진 포드(Jean Ford)는 나의 사랑하는 오랜 벗이다. 나는 「레이튼 포드 미니스트리」(Leighton Ford Ministries)의 이사장직을 맡게 되어 진과 그녀의 남편인 레이튼(Leighton)과 더불어 로잔 운동을 함께하는 기쁨을 누렸다. 그들은 한때 비극적인 일로 사역을 멈추기도 했다. 그러나 지혜롭게 극복하고 여전히 젊은 세대의 복음주의 리더들에게 힘을 실어 주는 엄청난 일을 감당하고 있다.

포드와 레이튼은 정말로 힘든 일을 겪었다.

다재다능하며 하나님을 경외하던 아들 샌디(Sandy)가 스물한 살의 나이에 심장 수술을 받다가 사망한 것이다. 대학에 다니던 앞날이 창창한 아들을 하루아침에 잃은 부모라면 누구도 제정신을 차릴 수 없을 것이다. 포드 부부 역시 마찬가지였지만 이 비극을 바라보는 진의 시각은 숨이 막힐 정도로 놀랍고 아름다웠다.

어느 날 오후 나는 아내 메리루와 함께 노스캐롤라이나(North Carolina)에 있는 진의 집을 방문했다. 우리는 베란다에서 진과 함께 삶의 모든 영역에 배어 있는 하나님의 인도하심에 대해 이야기했다. 대화 중 진은 나의 신학적 근간이 흔들릴 만큼 매우 통찰력 있는 심오한 말을 해주었다. 일찍 사별한 그들의 아들 샌디를 회상하면서 그녀는 이렇게 말했다.

"하나님을 모든 일의 주권자로 인정할 것인지, 아니면 아예 손도 대시지 못하게 할 것인지, 결정은 우리가 해야 해요. 중간 지대는 없어요."

물론 나는 하나님을 절대적으로 신뢰한다. 많은 사람들도 그렇다고 대답할 것이다. 하나님이 만사의 주권자이심을 믿기는 참 쉽다. 그러나 우리의 상황과 필요에 따라 말을 바꾸지 않고 항상 신실한 신앙을 유지하는 일은 결코 쉽지 않다.

- 주님이 우리를 최상의 결과로 인도하실 줄 믿는다면서, 어째서 하나님이 정하셔야 하는 우리 사역의 목적지를 우리가 계획하려 드는가?
- 하나님이 언제 우리 사역의 미래에 대한 결정권을 인간에게 위임한 적이 있으셨던가?
- 하나님은 "예스"(Yes)라고 하실 때도, "노"(No)라고 하실 때도 항상 좋은 분이심을 인정하는가?
- 하나님이 막으셔서 내가 추진했던 일이 틀어졌다면, 도리어 축하할 일이 아닌가?
- 하나님이 주신 기회를 포착하는 리더십은 공적인 일이나 사적인 일 모두 하나님의 주권을 온전하고 철저하게 의지해야 한다는 신학적 이론의 기반에서 나온다.

내가 사역을 시작한 초창기 때 아버지는 "결코 한 가지 일에만 마음을 빼앗기지 말라"라고 조언하셨다. 아버지 말씀이 옳았다. 일이 뜻한 대로 되지 않자 하루 아침에 아무 짝에도 쓸모없는 사람처럼 넋이 나가버린 유능한 리더의 모습을 한두 번 본 게 아니다. 그래서 나는 그런 유혹에 넘어가지 않도록 항상 조심한다. 물론 나에게도 딱 한 번 예외가 있었다.

미국에서 가장 오래되고, 대단히 중요한 사역을 하는, 뉴욕에 있는 「미국 성경 학회」(American Bible Society 이후 ABS)의 회장직 면접을 봤을 때였다.

나는 전 세계에 미치는 그들의 영향력과 순수하게 성경에만 집중하는 사역 활동이 너무도 좋았다. 내가 진정으로 원하던 일이었다.

스카우트 과정에서 몇 차례의 면접과 토론을 마친 후, 최종적으로 두 명의 후보가 결정되었다. 나는 그곳에서 요구하는 모든 역량에 가장 잘 어울리는 경력을 이미 쌓은 바 있기에 ABS 회장직 물망에 오른 것이 너무도 기뻤다. 그들의 국제적인 영향력은 내가 헌신하고 있는 세계 복음화의 사명을 그대로 반영하고 있었고, ABS의 교육적 구성 요소는 대학교 총장 지위에 부합했다. 그 외에도 그들은 5억 달러 규모의 기금과 방대한 후원자 단체를 확보하고 있었다. 또한 ABS에서 일한다는 것은 세계에서 가장 흥미진진한 도시에서 지낼 수 있다는 것을 의미했다.

마지막 면접 날 아침, 뉴욕 애슬레틱 클럽(New York Athletic Club)의 꼭대기 층 식당에서 센트럴 파크가 내려다보이는 창가에 앉아 혼자 아침 식사를 했다. 나는 뉴욕에서 지낼 생각으로 ABS에 관한 나의 꿈을 하나님께 아뢰며 지혜를 달라고 기도했다. 이런 중대한 일을 주도할 수 있는 영광을 허락해 주셨으면 좋겠다고 하나님께 간구했다. 감사하게도 면접은 더 좋을 수 없을 정도로 잘 풀렸고, 귓속말로 회장직 제안이 곧 갈 거라고 이야기한 사람도 있었다. 나는 가슴이 설레 잠을 이루지 못할 정도였다.

이틀 뒤, 미시시피(Mississippi)에 있는 우리 대학교 사무실을 나와 집을 향해 운전 중이었다. 그때 스카우트 회사로부터 전화가 걸려왔다. 나는 기쁜 소식을 들을 준비가 되어있었기에 집중하기 위해 길 한쪽에 차를 세웠다. 그러나 이사회에서 나 대신 다른 후보자를 선정했다는 이야기를 들었다. 나는 멍하니 넋을 놓고 말았다.

하나님께서 "아니오"라고 하셨으니 내가 해야 하는 유일한 일은 이 소식을 감사히 받아들이는 것뿐이었다. 그러나 실망의 눈물이 나의 눈을 채웠고, 내 심령에는 슬픔이 가득했다. 사실 나는 그 일이 나를 위해 하나님이 예비하신 평생의 내 일이라고 생각했다.

하지만, 하나님의 계획은 절대 틀리는 법이 없다.

만일 우리 가족이 뉴욕으로 이사했더라면 큰일 날 뻔한 것이다. 2년 후 주식 시장은 폭락했고, 그 바람에 ABS 기금의 가치는 반 토막이 났다. ABS는 직원 상당수를 해고했고, 나머지 직원들의 임금도 삭감했다. 수년간 ABS는 힘든 시기를 보냈고 나와 함께 면접을 봤던 신임 회장은 임기도 채우지 못하고 사임했다.

그리고 이보다 훨씬 더 중요한 일이 내가 ABS에서 퇴짜를 맞자마자 거의 동시에 일어났다. 하나님께서 내가 총장으로 일하는 벨헤이븐 대학교에 문호 개방이라는 놀라운 기회를 불바람처럼 일으키신 것이다. 대학교 등록 인원이 갑절로 늘었고, 많은 건물을 신축했고, 새로운 학위 과정들을 신설했다. 국내뿐 아니라 국제적으로 우리 대학교의 영향력이 감격적일 정도로 확장됐다. 나의 계획에 있어서는 하나님의 "예스"보다, "노"가 훨씬 좋았다. 이 일로 인해 나를 위해 하나님이 예비하신 평생의 내 역할을 하나님의 거절로 찾게 됐다는 사실을 깨달았다.

사적으로나 공적으로 나의 미래는 하나님이 계획하신다.
이미 입증했듯이 기회 포착의 리더십은 우리를 위해 하나님이 정해놓으신 방향을 확인만 하면 되기에 맞지도 않는 것을 억지로 끼워 맞출 필요가 없다. 대신에 신학적으로, 또한 감정적으로 우리의 가장 좋은 미래는 하나님이 주신다는 사실을 전적으로 믿어야 한다. 하나님이 주신 길을 따라가기만 하면 된다는 확신을 100% 가져야 한다. 우리의 마음과 행동은 이런 신학적 기본 원리를 단단한 기반으로 두어야 한다.

> 기회 포착의 리더십은 공적인 일이나 사적인 일 모두 하나님의 주권을 온전하고 철저하게 의지하는 데서 나온다.

하나님을 신뢰한다고 하면서도 내가 바라는 안건을 단단히 붙들고 늘어지면 기회 포착의 리더십은 작동하지 않는다. 하나님을 믿으면서도 될지 안 될지도 모르는 미래의 일을 지나치게 걱정하면 기회 포착의 리더십은 혼란만 가중시킬 뿐이다. 진 포드가 나의 정곡을 찌른 것처럼 우리의 삶에서 하나님은 주권자이실 수도 있고 아무것도 아닌 분일 수도 있다.

당신이 하는 사역에 미래를 선사할 기회를 주는 곳은 계획을 짜는 회의용 탁자가 아니라 십자가 아래다. 우리의 리더십 에토스(정신) 중심에 이러한 바른 신학 사상이 자리하지 않는다면 나머지는 들여다볼 필요도 없다.

이처럼 하나님의 주권을 철두철미하게 수용하는지가 기회를 포착하는 리더십의 가장 중요한 관건이다. 만일 앞뒤 안 가리고 무조건적인 순종으로 기회 포착의 리더십이라는 다리를 건넌다면 그다음 이어지는 삶의 행보는 매우 흥미롭고, 재미있고, 만족스러울 것이다. 만약 전통적인 계획 수립 리더십 모델에서의 전환은 불가능하다고 결론짓고, 이 책을 여기서 덮고 책꽂이 구석에 꽂는다해도 주님은 여전히 당신을 사랑하시며 당신의 행동을 존중하신다. 하지만 당신의 계획을 포기하지도 않고, 하나님이 주시는 기회에 익숙해지는 법도 모른다면, 하나님이 당신의 사역을 통해 이루실 일의 극히 일부만 누릴 수 있을 것이 분명하다.

당신이 하는 사역에 미래를 선사할 기회를 주는 곳은 계획을 짜는 회의용 탁자가 아니라 십자가 아래다. 우리의 리더십 에토스(정신) 중심에 이러한 바른 신학 사상이 자리하지 않는다면 나머지는 들여다볼 필요도 없다.

계획을 포기하고 기회를 찾아라

기회 포착의 리더십은 '중요한 시점에는 얼마든지 그 과정과 인원을 발 빠르게 움직일 수 있다'라는 중심 축이 내부에 조성되어 있어야 자리를 잡을 수 있다. 그러나 이런 문화는 서두른다고 되는 것이 아니라 참을성 있게 기다려야 만들어진다. 냉철한 시선으로 조직 문화를 바라본다면. 계획 수립에 집중하는 부서보다는 기회 포착 리더십을 추구하는 부서에서 나오는 견해들에 사람들이 눈길이 머문다는 것을 알 수 있다.

사역 단체의 문화 특성을 열한 가지로 나누어 구분해 보면 전통적인 방식으로 계획을 수립하는 리더십과 기회 포착 리더십의 차이가 여실히 드러난다. 이 도표는 정확한 수치를 제공하지 않는다. 그래서 다양하게 펼쳐진 계획의 범주에서 현재 어디에 해당하는지 확인하거나, 몇 점 정도인지는 이 도표로는 알 수 없다. 그래도 흥미로운 통찰력을 얻을 수 있다. 도표의 항목마다 나와 있는 각 특성 중에 당신의 사역 단체나 부서의 문화를 가장 잘 설명하는 곳에 동그라미를 쳐보자. 두 개의 주제 중에서 항목별로 하나씩만 선택할 수 있다.

사역단체의 문화 특성	전통적 계획 수립	기회 포착의 리더십
초기 대응	아마 안 될 거다	아마도 가능하다
미래 전망	경고와 분석	확신과 기대
사역의 경계	역사와 구조	선교와 능력
성경적 이미지	느헤미야의 성벽	들에 핀 백합
논의 과정	신중하고 완고함	즉각 반응하고 유연함
팀의 성격	전문성과 집중	다재다능함과 민첩성
리더십 의제	체계적, 포괄적	공격적 권한 부여
변화의 속도	미리 알리고 느릿하고	꾸준하고 종잡을 수 없고
이사회의 초점	상세한 설명과 권위	지침과 신뢰
소통	결정과 성취	반성과 발전
실패 위험	골칫거리	견딜만함

이어지는 뒷장에서는 열한 가지의 문화적 특성을 비교, 대조, 혼합할 것이다. 요약하자면, 기회를 포착하는 리더십의 문화를 수용하는 사람들은 단체 내의 문화가 자유롭게 흐르고, 덜 구조화하고, 사명에 따라 움직이고, 빠르게 진행되며, 흥미진진하다는 것을 알 수 있다. 이와는 대조적으로, 전통적인 계획 수립 문화는 정확히 조정하고, 심의하고, 규제하고, 체계화하고, 보수적이다.

두 모델을 다년간 경험한 내 경험에 따르면, 가장 두드러진 차이점은 열한 가지 특성 중 첫 번째 특성인 '초기 대응'에서 여실히 드러난다. 기회를 포착할 줄 아는 리더들은 대체로 새로운 아이디어에 대해 개방적이다. 어떤 아이디어가 나오더라도 크게 이상이 없는 한 "아니오"라고 말하지 않는다. 새로운 아이디어는 누구나, 언제나 자유롭게 말할 수 있다. 이런 리더들은 정말로 크고 새로운 모험을 할 때나 회의를 한다.

반면, 전통적인 계획 수립 방식의 리더들은 일반적으로 신중하게 시작한다. 평가하는 과정에서 단계별로 여러 번 논의를 거쳐야 마음이 편안해지므로, 심사숙고 끝에 고려할 범위를 넓힌 후에야 새로운 아이디어를 진정성 있게 받아들인다. 누군가 사석에서 '끝내주는' 아이디어를 말해도 그 자리에서 받아들이는 경우는 거의 없고 어떤 아이디어라도 위의 모든 단계를 거친 후에야 받아들인다.

물론 기회 포착의 리더십이 모든 사역 리더들에게 이상적으로 딱 들어맞는 것은 아니다. 그러나 적어도 이 리더십을 수용한 리더들은 책임 소재가 확실하기에 자유롭고 개운하다. 혁신과 발 빠른 대처 방식을 방해하는 조직 내부의 관행과 씨름하는 대신 하나님이 지시하는 방향으로 줄기차게 달려가기만 하면 된다.

　이러한 전반적인 차이점을 염두에 두고, 이제 기회 포착의 리더십의 기초부터 살펴보자. 먼저 이런 리더십을 가진 사람들이 가져야 할 여섯 가지 재능이 무엇인지를 찾기 위해 항해를 떠나보자.

기회를 포착하는 리더의 여섯 가지 재능

팀으로 구성된 운동을 하는 선수라면 팀 전체가 성공적으로 경기를 치르기 위해서는 선수 개개인이 기술을 갈고 닦아야 한다는 것을 알고 있다. 예를 들어 농구선수가 드리블, 패스, 슛을 이론으로만 이해하거나 한 가지만 연습하고 나머지는 다른 선수에게 맡겨서는 안 된다. 모든 선수가 끊임없이 기본기를 연습해야 좋은 팀이 될 수 있다. 같은 목적의식을 갖고 개별적으로 꾸준히 기술을 연습해야 좋은 팀을 이룰 수 있다.

제2부에서는 기회를 포착하는 리더에게 필요한 여섯 가지 재능을 설명한다. 이것들은 팀에 효과적으로 이바지하기 위해 운동선수들이 끈질기게 길러야 하는 능력들과 마찬가지로 리더들에게 꼭 필요한 재능들이다.

그다음 부분에서는 기회의 리더십을 적용한 사역 단체에 성취와 성공을 가져다줄 여섯 가지 성향을 알아보겠다.

이 새로운 리더십의 목적처럼 하나님이 주시는 기회를 포착하려면 하나님을 향한 새로운 차원의 의지와 믿음이 필요하다. 이 모델로 사역 단체와 조직을 이끌어 나가기 위해서 무엇보다 절대적으로 필요한 요소는 영적 지도력이다. 리더들은 영적 지도력과 조직 운영력을 동일 선상에 올려놓고 이에 필요한 기술과 경험을 쌓으며 성장해야 한다. 영적인 차원과 조직 운영적인 차원을 연결하는 새로운 단계와 방법을 찾아보는 일은 큰 도전이 될 것이다.

이왕 새로운 리더십에 필요한 재능에 집중하려고 마음을 먹었다면 이미 배운 리더십의 잔해들은 완전히 잊어버리라고 권유하고 싶다. 설령 과거의 모델이 꽤 성공적이었다고 해도 말이다. 전형적인 리더십 기술에 관한 많은 속설, 연구들은 기회 포착의 리더십으로 사역하는 리더들에게도 대단히 중요하다.

'접근성, 경청, 권한 부여, 동기 부여' 등 이미 리더들의 기본 자질로 알려진 여러 가지들이 있다. 그러나 하나님이 이끄시는 기회를 포착하기 위해서는 대표적인 경영 잡지 「하버드 비즈니스 리뷰」(Harvard Business Review)에 올라온 리더십의 속성 목록을 넘어설 수 있어야 한다. 기회 포착의 리더십을 위해서는 다음의 여섯 가지 재능이 더 필요하다.

제6장

계획 없이
이끄는 것이 계획이다

미국의 경제 전문지 「포춘」(Fortune)이 선정한 400대 기업의 최고경영자 중 한 분이 당당한 모습으로 뉴욕 시티 호텔 연회장 단상에 올랐다. 정기주주총회 개회를 선언하자 현장에 모인 투자자, 주식 중개인, 언론인, 경쟁사 사이에 침묵이 흘렀다. 곧 발표될 다음 해 계획에 수십억 달러가 걸려 있기에 모두 초조하게 기다리고 있었다.

그 최고경영자는 이미 과감하고 주목할 만한 목표를 깜짝 발표한 전력이 있었다. 이번에도 소문으로만 돌던 경쟁사 인수, 신제품 출시, 지역 상권 진출 등을 발표 가능성이 클 것이라고 사람들은 예상했다. 사실 해마다 이맘때면 발표되는 목표였지만 그때마다 투자자들은 "확실하게 달라진 미래로 가는 전환점이 될 수 있다"라고 믿었다. 때문에 매번 흥분된 분위기가 조성됐다. 하지만 야심 차게 발표한 목표는 그동안 달성된 적이 없었고 주가, 시장 점유율 및 직원 임금은 수년 동안 제자리걸음이었다.

　드디어 최고경영자가 말문을 열었다.

　"신사 숙녀 여러분. 올해는 다를 것입니다. 해마다 화면에 띄워놓고 새로운 목표의 개요를 보여주던 파워포인트 발표도 없습니다. 그런 것을 기대하시는 분들도 계시겠지만 이제부터 제가 하는 얘기를 듣는다면 우리 회사의 미래에 대해 훨씬 더 많은 흥미를 느끼실 것입니다.

　올해는 솔직하게 말하고 싶습니다.

　내년 이맘때쯤 고객이 늘어나 있을지 줄어들어 있을지, 저는 모릅니다. 그러나 고객들에게 좀 더 나은 서비스를 제공하려는 마음은 한결같습니다. 일 년 뒤의 일을 어림짐작하여 직원을 늘려야 할지, 조직을 축소해야 할지도 저는 모릅니다. 이는 닥쳐봐야 아는 일이라서 상황과 형편을 우리 마음대로 통제할 수 없기 때문입니다. 미래에 할 일들도 따져봤지만, 대박을 터트릴 것 같은 흥미로운 여러 가지 아이디어가 있기는 해도, 막상 무슨 제품을 출시해야 할는지는 불투명합니다.

　어떻게 찾아올지 모르는 기회를 포착하자는 것이 내년도 우리 회사의 계획이며, 발전시킬 적절한 기회를 기다리는 것 이외에 다른 계획은 없습니다. 일 년 뒤에 우리 회사가 어떻게 되어 있을지 모르지만, 제가 확실하게 아는 것을 말씀드리겠습니다. 회의 테이블에 둘러앉아 우리가 짜낸 계획이 아무리

좋더라도 하나님이 우리를 위해서 갖고 계신 계획에 비하면 아무 것도 아닙니다. 저는 우리 미래의 통제권을 하나님의 인도하심에 맡기려고 합니다. 그분이 우리의 강점에 잘 맞고 우리의 사명에 밀접한 관련이 있는 올바른 기회를 주실 줄 믿습니다."

SNS를 통해 첫 트윗(tweet)이 공개된 지 몇 분 만에 주가가 폭락했다. 그리고 주요 직원들이 연이어 사임했다. 이사회는 긴급회의를 소집하고 현 최고경영자에게 더는 경영을 맡길 수 없다며 새 최고경영자를 임명했다.

세상의 일반적인 회사들이 경영에 기회 포착의 리더십을 적용한다면 아마도 이런 참사가 일어날 것이다.

세상은 항상 예측 가능한 포괄적이고 당찬 계획을 기대한다. 그리고 매년 사람들을 놀라게 할 새로운 목표가 필요하다. 하지만 하나님 나라의 일은 세상의 일과 같지 않다. 심지어 엇비슷하지도 않다.

세상과는 반대인 하나님 나라의 리더십

기독교 리더십 안에 있어야 할 우리가 왜, 세상에 속한 사람들처럼 움직여야 하는가? 물론 훨씬 더 큰 무대를 위해 최고 수준의 리더십 도구와 경험을 이용할 필요는 있다. 그러나 하나님 나라의 일은 전혀 다르다.

세상의 방법은 하나님의 방법이 아니다. 그런데도 우리는 하나님 나라의 구조 안에 세상의 방법을 거침없이 도입한다. 그건 큰 잘못이다. 이상적인 사명, 정책, 원칙 등에 대해 안건을 제시하는 것은 타당하지만, 그런 꿈같은 계획이 견디기 어려운 결과로 바뀔 때 우리는 밑 빠진 독 같은 상태를 경험하게 된다. 힘을 다해 계획했던 그 거창한 목표로는 꿈에 그리던 미래에 도달할 수 없음을 발견할 뿐이다. 이래서는 아무것도 이룰 수 없다.

세상의 방법으로 시작해놓고 하나님께 복을 달라고 구하는 대신, 처음부터 하나님의 방법으로 시작하고 하나님 나라의 관점에서 리더십의 원칙을 적용해 나가면 어떨까?

하나님 나라의 일은 세상의 방식과는 항상 반대다.

도널드 크레이빌(Donald Kraybill)은 그의 명저 「거꾸로 된 왕국」(The Upside-Down Kingdom)에서 이 개념을 이렇게 주장했다.

"…하나님의 나라 왕국(Kingdom)은 널리 유행하고 있는 사회질서와 대조를 이루는 정반대, 또는 거꾸로인 생활 방식을 지향한다."(1)

리더십이라고 뭐 다를 게 있을까?

목적지를 예상하며 분명하게 묘사하는 것은 세속에서나 통한다(물론 나는 그곳에서도 그리 잘 통하지 않는다고 생각한다). 지지자들은 잘 짜인 계획을 기대하고 리더들은 기본적으로 다른 선택지가 없다. 모든 세상이 그렇다. 정치, 비즈니스, 교육, 스포츠, 심지어 비영리 분야(사역 단체 이외의 분야)에서조차 당찬 미래의 목표를 똑똑히 말해주는 지도자를 원한다.

정치인이 선거 유세를 하며 발표했던 공약이 완벽하게 지켜진 것을 본 적이 있는가? 물론 없다! 그러나 유권자의 선택을 받아 당선되려면 미래에 대한 자세한 계획을 내놓아야 한다. 그것이 세상의 방식이다.

그리스도인으로서 살다 보면 인생의 모든 측면에서 흔히 겪는 일이 있다. 세상이 추구하는 일반적인 사상은 성경적인 기독교 리더십을 유별나게 오랫동안 공격했다는 사실이다. 그런 와중에 세상의 방법이 스며들어 고착되었다.

목회 리더십 개념도 세속의 리더십 이론과 상당히 깊게 맞물려 있다. 우리는 쫓아가면 안 되는 사람이 누구인지를 알아차리지도 못한 채 저들의 모양새를 맹목적으로 닮아가려고만 한다. 세상에 하나님의 나라가 세워진 곳은 그곳이 어디든 격전장이나 다름없다. 색다른 방법을 주실 하나님을 전적으로 신뢰하며 용기와 책임을 져야 한다. 세상적 접근 방식이 스며들지 않도록 튼튼한 방책을 세워야 한다.

예수님은 고대 이스라엘의 관행이었던 조직화된 리더십을 답습하지 않으셨다.

• 주님은 위계질서 대신에 포괄적으로 전체를 품으셨다.

- 주님은 자신의 계획대로 밀고 나가지 않으셨다. 말씀 중에도 사람들이 자유롭게 끼어들도록 허락하셨다.
- 주님은 계획, 목적, 신분을 따지지 않고 '일꾼을 고용'하셨다.

리더십에 대한 예수님의 비정통적인 접근 방식이 성경에서 가장 잘 드러나는 부분은 세례(침례) 요한을 보내신 부분이다. 주님이 오심을 선포하는 일에 요한은 최악의 인물이었다. 사람들에게 전혀 호감을 얻지 못했기 때문이다. 만약 우리가 홍보를 위해 그런 인물을 고용했다면 당장 해고될 것이다.

처음부터 예수님은 하늘나라의 리더십은 다르다는 것을 보여주셨다. 약간만 다른 게 아니라 완전히 달랐다. 이런 종류의 일이 하늘나라의 방식을 따라 이루어지는 사역이다.

"모든 골짜기가 메워지고 모든 산과 작은 산이 낮아지고 굽은 것이 곧아지고 험한 길이 평탄하여질 것이요" (누가복음 3:5)

예수님은 공생애 내내 우리가 기대한 대로 일이 이뤄지지 않는다는 사실을 분명히 밝히셨다. 예수님의 리더십 모델은 주님이 행하신 거의 모든 일에서 볼 수 있듯이 '완전히 반대로 하는 것'이었다.

잠시 화제를 돌려보자.

기회 포착의 리더십을 수용하려는 많은 사람들이 세속적인 기존의 리더십 모델을 철석같이 믿는 사람들의 반대로 좌절하고는 한다. 나는 세상적인 기준의 리더십에서도 배울 점이 있다고 굳게 믿고 있다. 또한 그 이론들이 쓸모없다고 주장하지도 않는다. 그러나 리더십을 조금만 공부해도 최고 수준의 비즈니스 기법 가운데 일부는 성경의 가르침에 기초한 섯임을 알 수 있다.

좀 더 구체적으로 말하면, 짐 콜린스(Jim Collins)는 알찬 내용으로 가득한 「좋은 기업을 넘어 위대한 기업으로」(Good to Great)라는 책에 성경에 확고하게 기반한 리더십 원리를 채워넣었다. 그가 순수 학문적 연구를 통해 발견한 레벨 5 수준의 리더의 자격을 보면, 마치 갈라디아서 5장 22~23절(성령의 열매) 말씀을 강해해 놓은 듯하다.

- 레벨 5의 지도자들은 두 가지 품성을 동시에 지닌 완벽한 본보기이다 : 겸허함과 단호함, 겸손과 용기.(2)

- 레벨 5의 지도자들은 자아의 욕구를 자신을 위해서가 아니라 멋진 단체를 이루려는 목표를 향하게 한다. 레벨 5의 지도자는 자존심이나 사리사욕을 버려야 하는 자가 아니다. 그들은 야심가이다. 그러나 그들의 야망은 자기 자신을 위하지 않고 그 무엇보다 가장 먼저 단체를 위한다.(3)

- 위대한 지도자가 된 이들과 함께 일했거나 그들에 관한 글을 쓴 사람들이 자주 쓰는 단어는 '조용하다. 은혜롭

다. 온화하다. 자기를 내세우지 않는다. 이해심이 있다. 자신의 토막 지식에 의존하지 않는다' 등이다.(4)

- 우리가 연구해 보니, '좋다'를 넘어 '위대하다'로 바뀌는 레벨 5의 지도자는 개인의 영감보다 더 정확한 다른 기준에서 에너지를 얻는다.(5)

기회 포착의 리더십으로 옮긴다 해도 성경에 기반한 세상의 기존 리더십 중에서 버리지 말아야 할 것이 있다.
- 계획을 세우며 습득했던 경험 중에서 최선의 것은 잊지 말아라.
- 이미 익힌 재능은 새로운 방향을 위해 하나님을 의지하는 믿음으로, 하나님이 일으키시는 센바람과 산들바람에 제대로 반응하는 재능이 되게 하라.

주님이 주시는 기회는 온라인으로 주문한 상품이 택배 상자에 담겨 현관 앞에 도착하는 방식으로 찾아오지 않는다. 하나님은 우리의 영감, 지혜, 직관, 경험을 사용해 자신의 가야 할 방향을 비춰 주신다. 하나님은 수시로 바뀌는 환경 속에서 예기치 않은 대화, 새 친구, '우연한' 만남을 이용하신다. 이 모든 것이 상상도 못 했던 놀라

> 하나님은 우리의 영감, 지혜, 직관, 경험을 사용하신다. 그분은 수시로 바뀌는 환경 속에서 예기치 않은 대화, 새로 사귄 친구, '우연한' 만남을 이용하신다. 그리고 이 모든 것이 상상도 못 했던 놀라운 일을 촉발한다.

운 일을 촉발한다.

리더십 도구를 사용해 하나님이 주신 기회를 포착하는 것과 전략적 계획 수립으로 세운 목표를 달성하려고 각고의 노력을 기울이는 것은 완전히 다르다.

실제 적용 사례

이 차이를 분명하게 실감하려면 두 모델이 현실에서 어떻게 작동하는지를 보면 된다.

십여 년 전, 친한 친구가 자신의 친구를 나에게 소개했다. 소개받은 친구는 나처럼 교육계 종사자였다. 우리는 해마다 만났고, 그때마다 각자의 기발한 아이디어를 적어 놓은 노트를 서로 비교했다.

십 년 후, 소개받은 친구가 그의 비즈니스와 관련된 친구를 나에게 소개했다. 그리고 일 년 뒤, 그 두 친구와 만난 자리에서 그들과 협업하는 또 다른 친구 한 사람과 안면을 텄다. 친구 한 명으로 알게 된 사람이 어느새 총 5명이 되었다. 이들은 우리 대학교의 경영학 석사(MBA) 과정이 기독교 고등 교육계에서 가장 역동적인 프로그램으로 발전하도록 해준 친구들이다.

기회 포착의 리더십을 위한 비결 : 모든 우정은 리더십에서

모든 우정은 리더십에서 중요하다. 상대편에 어떤 기회가 있을지 모를 일이니 인연을 끊지 말라.

중요하다. 상대편에 어떤 기회가 있을지 모르니 인연을 끊지 말라.

이 연결 고리의 마지막에 등장한 친구는 「내일의 스타벅스를 찾아라」(Finding the Next Starbucks)의 저자이며, 글로벌 실리콘 밸리(Global Silicon Valley)의 대표인 마이클 모(Michael Moe)이다. 월스트리트 저널은 교육 분야 신생 기업 가운데 가장 영향력 있는 실력자로 마이클을 선정했다. 특히 그는 코세라(Coursera), 체그(Chegg), 플루럴사이트(Pluralsight), 2U, 코스히어로(CourseHero) 등에 처음부터 관여해 성공시키는 실적을 쌓았다.

마이클은 젊은 기업가들을 위해 헌신적으로 활동하며 미국에서 가장 영향력 있는 명문 공립 대학교와 제휴해 해마다 그들을 위한 뜻깊은 학회를 개최하고 있다. 그런데 그는 자기가 하는 기업가 정신에 관한 강의 수준을 훨씬 더 깊게 심화할 수 있는 길을 찾고 있었다. 우리는 마이클과 함께 실용적이고 개인 교습이 가능한 수준에서 기업가 정신을 강의하는 MBA 학위 과정을 구상했다. 우리는 모두 독실한 크리스천으로서 성경에서 말하는 원리를 토대로 교과 과정을 만들기 원했다.

여느 미국 내 MBA 과정과는 달리 이 프로그램의 전체 학습 과정은 학생이 구상하고 있는 장래 비즈니스 모델을 기반으로 짜도록 했다. 우리는 과학 기술, 요식, 배달 등 특정한 비즈니스를 시작하길 꿈꾸는 학생들이 지원할 것으로 전망했다. 학생들이 원하는 비즈니스 중심으로 교육 과정을 편성하여, 그들이 졸업할 무렵에는 완전히 새로운 사업을 시작할 수 있게 준비시키고자 했다.

기회 포착의 리더십을 위한 비결 ① : 당신의 예상 밖에 있는 아이디어라 해도 숙고하기 전에는 절대 버리지 말라. 그런데 만일 그것이 당신이 감당할 수 있는 일이 아니라면 억지로 잡을 필요는 없다. 어떤 기회들은 무지개처럼 잡을 수 없다.

몇몇 유명 대학교의 실태를 조사하자 공통적으로 관료주의의 장벽에 부딪히고 있었다. 내 친구들은 기업가 정신의 새로운 MBA 과정은 100% 온라인 학위 과정으로서 벨헤이븐과 잘 맞을 것이라고 제안했다. 첫 통화 때, 그 말을 들으면서 이제껏 들어본 것 중 가장 기발한 아이디어라고 생각했다. 그러나 큰 영감을 받은 만큼 반드시 해결해야 할 산재한 문제들이 보였다.

- 교과 과정을 짜는 일에 외부 인사가 깊게 관여하는 것을 우리 교수진이 허용할까?
- 학생이 바라는 구체적인 비즈니스 모델에 기반한 실용적

학위 과정을 교육 당국에서는 어떻게 생각할까?

- 중국통인 마이클 모는 중국어로도 강의가 진행되기를 원하는데 과연 우리가 그런 국제적인 영역을 지원할 수 있을까?
- 이 프로그램을 빠르게 확장시킬 수 있는 마케팅 파트너를 어떻게 구할 수 있을까?
- 프로그램의 성장을 위해 다른 기관들은 재정적으로 어떤 특전으로 장려할까?
- 프로그램에 필요한 실무진을 꾸리는 데 얼마의 인력이 필요하고, 그것을 잘 소화해 낼 힘을 가진 팀이 우리에게 있을까?
- 이 신생 MBA가 기존의 정규 과정 MBA의 입학자 수를 잠식하지는 않을까?

이런 질문들이 꼬리에 꼬리를 물고 이어졌다.

기회 포착의 리더십을 위한 비결 ②:
기회를 포착하는 리더들은 결심이 설 때까지는 그동안의 경험을 통해 체득하려 노력해야 한다. 해결될 수 없는 질문을 계속해서 만들고 매달리는 일은 리더의 일이 아니다. 결국 마지막이 "노"(No)로 끝날

> 기회를 포착하는 리더들은 결심이 설 때까지는 그동안의 경험을 통해 체득하려 노력해야 한다. 해결될 수 없는 질문을 계속해서 만들고 매달리는 일은 리더의 일이 아니다. 결국 마지막이 "노"(No)로 끝날지라도, 그전까지는 "예스"(Yes)라고 계속 말하라.

지라도, 그전까지는 "예스"(Yes)라고 계속 말하라.

마이클은 순위가 높고 뛰어난 미국의 다른 대학교 가운데 하나, 혹은 벨헤이븐 대학교에 학위 과정을 개설하는 것으로 선택지를 좁혔다. 어느 모로 보나 우리를 선택할 이유가 없었다. 나는 프로젝트가 워낙 커서 계란으로 바위 치기라는 것을 알고 있었기에 결정에 대해 마음을 비웠다.

우리 앞에 넘기 힘든 장애물이 등장할 때는 과연 이것이 하나님이 정하신 방향인가를 확인해야 한다. 주님의 뜻을 따르고 있다는 확신이 반드시 있어야 한다.

기회 포착의 리더십을 위한 비결 ③ : 기회를 검토할 때 오직 실용성만 따지고 영적인 면은 고려하지 않으면 실수할 가능성이 크다. 하나님이 정하신 방향을 발견하는 것을 최우선 목표로 삼아야 결국 완전한 답을 얻는다.

그러나 하나님이 우리에게 순풍을 보내주신 덕분에 마이클은 우리와 제휴하기로 결정했다. 마이클이 이와 같은 결정을 내린 데는 크게 두 가지 요인이 작용했다.

1. 고도로 조직화한 대학교에서 학위 과정을 개설할 경우 교수진이 교과 과정 조정권을 내줄 턱이 없다. 벨헤이븐과 제휴해 학위 과정을 개설할 경우, 교과과정을 짜는 일에 마이클이 깊이 관여할 수 있다.
2. 명문 대학교와 제휴하여 학위 과정을 개설할 경우, 누

구나 쉽게 입학할 수 있고, 적정 수준의 학비로 학위를 취득할 수 있게 하자는 우리의 취지에 어긋난다. 재력이 있고 학문적 소양이 있는 학생들만 받을 수도 있기 때문이다. 그러나 벨헤이븐과 제휴한다면 우리의 취지대로 할 수 있다. 그뿐만 아니라 엄청나게 큰 보너스로 성경적 가치관에 터 잡은 기업가 정신을 교육하고픈 우리의 기대를 이룰 수 있다.

기회 포착의 리더십을 위한 비결 ④ : 나는 엘리트 대학교 대신에 우리와 손잡고 그 아이디어를 개발하자며 억지를 부리지 않았다. 하지만 우리가 함께 앞을 향해 나아갈 수 있는 그 아이디어를 수용하기 위해 최선을 다했다. 그런 균형감각이 비법이다. 그것은 겪어보면 안다.

마이클이 우리와 함께 제휴하기로 결정을 내린 뒤 내가 걱정했던 모든 현안과 난제를 전부 해결됐다. 우리는 2020년 가을부터 프로그램을 시작했다.

다음 발걸음을 비추는 밝은 빛

여기까지 왔다면 당신도 이제 계획을 세우는 세상의 방식에서 벗어나 기회의 바람을 불어 주실 하나님을 기대하는 방식을 따를 준비가 되어있길 바란다. 세상의 방식이 아니라 하늘나라의 방식을 따르기 위해 결단을 내릴 때다.

그런 마음이 들고 있다면 지금 잘 따라오고 있는 것이다. 하지만 모든 일이 그렇듯이 실제 변화가 이루어지기까지의 과정은 그리 간단치만은 않다.

내가 마음을 먹었다 해도 이사회나 핵심 지도층이 이렇게 반응할 수 있다.

"하나님을 그토록 많이 신뢰한다니 감동이다. 그런데 아무런 계획도 없이 선두에서 지휘하겠다니 도대체 그 저의가 뭔가?"

내가 거듭 강조하며 주장하는 "그냥 계획 없이 하자"라는 말에 그들은 의문을 제기한다.

"좋다. 우리의 미래를 위해 나도 당신과 함께 하나님을 믿을 준비가 되어 있다. 하지만 우리가 어디로 가고 있는지 정도는 말은 해줘야 알 것 아닌가?"

아브라함, 다윗, 베드로 같은 성경의 위인들도 미래의 일을 모른다고 거듭 강조했다는 당신의 말을 듣고 그들은 좌절할 것이다. 이해관계자들은 기회를 포착하는 리더십의 신학적 사상에 가슴이 뛸 수는 있다. 그러나 실제로 적용할 정도로 받아들이기까지는 시간이 오래 걸린다. 그동안 당신이 흔들리지 않고 굳건하게 버티며 헌신해야 한다.

당신과 우리가 하려는 일은 「이상한 나라의 앨리스」(Alice's

Adventures in Wonderland)에서 앨리스가 고양이 체셔에게 길을 묻는 장면과는 다르다는 사실을 납득시켜야 한다.

앨리스가 말했다.
"여기서 나가는 길을 좀 가르쳐줄래?"
고양이가 말했다.
"그건 네가 어디로 가고 싶으냐에 달렸어."
다시 앨리스가 말했다.
"나는 어디든 상관없어….."
"그럼 어디로 나가든 문제 될 게 없잖아!"
고양이의 말이다.(6)

앨리스와 우리의 차이점은 우리는 어디에 도착할지는 몰라도 누가 인도하는 곳으로 가야 할지는 알고 있다는 사실이다.

기회 포착의 리더십을 가진 사람들은 오히려 우리가 어디로 가고 있는지 누구보다 정확히 알고 있다. 우리는 하나님이 우리를 인도하시는 곳으로 가려고 하기 때문이다. 우리가 제작한 지도가 정확하기를 기도하는 대신, 목적지로 가도록 정확하게 인도하시는 하나님을 믿는다.

기획 포착의 리더십은 어디로 가도 상관없다는 주의가 아니다. 분명한 곳으로 인도하실 하나님을 믿는다는 주의다. 기회의 바람을 일으켜 주시는 하나님을 기대하지 않는다면, 고양이 체셔의 말처럼 어디로 나가든 문제 될 게 없는 '목적 없는 사람'이 된다.

어느 정도 경험을 쌓고 성공도 해보면, '계획하지 않는 것이 계획'이라는 내 말에 당신도 불안감을 느끼지 않을 것이다. 아니, 오히려 편안함을 느낄 것이다. 이런 생각이 든다면 피할 수 없는 분명한 성과를 증거로 보이며 다른 사람을 설득해야 한다. 그러기 위해서는 재능을 갈고 닦는 수밖에 없다.

이사회나 핵심 지도층의 승인을 받아내든지, 아니면 충분한 시간을 확보하든지…. 어쨌든 해고당하기 전에 어떻게든 능력을 발휘해 하늘나라 방식을 따르는 비즈니스 모델로 성과를 보여야만 한다.

기회 포착의 리더십에 '플랜 B' 따위는 없다.

혹시 하나님이 당신에게 기회를 주시지 않더라도 그것을 이유 삼아 나서서 계획을 짜겠다는 생각은 추호도 하지 말라. 하나님의 바람이 불지 않으면, 가만히 있으라는 신호가 오고 있는 것이다. 인내하며 기다리는 법을 배우는 시간이다.

기억하라.

하나님은 당신의 삶에, 당신이 속해 있는 단체에, 주권자이실 수도 있고, 아무 상관이 없는 방관자이실 수도 있다.

- 주님이 당신에게 제대로 사역할 기회를 주지 않으려고 작정하신 것 같은가?
- 주님에게 사역 활동을 더 역동적으로 펼치게 하실 의향이 없으신 것인가?

하나님은 당신의 목덜미를 잡는 분이 아니시다.

하나님은 당신이 하나님 대신 붙잡고 있는 그 거추장스러운 기존의 계획 수립 모델이 오히려 하나님의 일에 방해가 된다고 생각하신다.

당신이 준비할 일은 선한 청지기가 되는 것이다.

그다음은 하나님이 당신에게 새로운 사역의 기회를 가져다주실 줄 온전히 믿고 바라는 것이다.

앞에서 미리 언급한 것처럼 기회 포착의 리더십을 도입하는 초기에는 기존의 운영계획과 목표가 없다는 이유로 온갖 의심의 눈초리가 당신을 향해 쏟아질 것이다. 그러나 일관성과 시간만 충분하다면 그런 의심은 곧 처리할 수 있다.

오히려 이 외에도 넘어야 할 장애물들이 있다.

다가올 미래의 모습을 알 수 없다는 두려움이다.

기회 포착의 리더십에 '플랜 B'는 없다. 혹시라도 하나님이 당신에게 기회를 주시지 않더라도, 그것을 핑계 삼아 계획을 짜겠다는 생각은 추호도 하지 말라. 하나님의 바람이 불지 않으면 그때는 기다리는 법을 배우는 시간이다.

마음속 깊은 곳에 있는 우리의 두려움이 전통적인 방식의 계획 수립 리더십에 집착하는 이유일 수도 있다. 향후 몇 년 동안의 일을 예측하며 세워 놓은 목표는 마치 알 수 없는 미래를 우리가 통제하고 있다는 잘못된 생각을 하게 한다. 심지어 목적지를 정해놓으면 목표를 달성하지 못하더라도 우리는 조금이나마 안도감을 느낀다. 미지의 어둠 속을 응시하는 것보다 우리가 그어놓은 지평선 너머를 바라볼 때 안심하는 것처럼 말이다.

랄프 왈도 에머슨(Ralph Waldo Emerson)은 "우리가 충분히 멀리 볼 수 있는 한, 절대 피곤하지 않다"라고 말했다.(7)

조직은 쉽게 지친다. 심지어 가장 만족스럽던 사역조차 이내 지긋지긋해질 수 있다. 목사들과 사역하는 리더들이 높은 피로도를 호소하는 데는 그들에게 터널 끝의 빛을 볼 수 있는 능력이 없기 때문이기도 하다.

전통적인 계획 수립 방식은 사역에서 비롯되는 압박, 부담, 혼란, 비난 등을 덜어주거나 최소한 잠깐의 안도감을 느끼게 한다. 앞에서 다루었듯이, 계획을 수립하는 과정은 일시 정지 버튼을 누르고, 훨씬 더 밝은 미래를 약속하는 것이기에 압박감을 덜 느낀다. 그러나 어디까지나 만일의 사태가 터지지 않을 때까지만이다. 예상치 못한 문제가 하나둘씩 터지기 시작하면 외면했던 일들이 한층 더 격렬하게 분출되어 돌아온다.

우리가 두려워하는 '미래를 볼 수 있는 능력'이 없다는 것은 오히려 하나님이 우리에게 선물하신 가장 큰 은사라고 당신 자신, 그리고 다른 사람들에게 분명히 전하라. 하나님은 환하게 불을 밝혀 우리가 가야 할 길을 끝까지 보여주시기보다는 곧 내디딜 발걸음을 위한 불만을 비춰주신다. 그러나 이 빛은 충분히 밝은 빛이다. 한 걸음, 한 걸음…, 우리가 계속해서 하나님을 의지하기만 한다면 은혜로우신 하나님은 모든 문제를 해결할 수 있는 '시간과 경험과 지혜'를 우리에게 베풀어 주신다.

당신이 당신에게 벌어질 미래의 일 전체를 다 알고 있다고 가정해 보자. 그렇다면 당신이 알고 있는 그 미래를 제대로 마주할 수 있을까?

나라면 그렇다고 대답할 자신이 없다.

조사 위원회가 벨헤이븐의 차기 총장으로 나를 청빙하고 싶다면서 "미래에 우리 학교를 위험에 빠트릴 정도로 큰 허리케인급의 재난, 몇 번의 불황, 건물 붕괴, 심각한 전염병 그리고 이외의 다른 모든 것들로부터 우리 학교가 무사할 수 있도록 이끌어야 한다"라고 덧붙였다면 어떻게 "예스"라고 대답할 수 있었겠는가.

살아온 날들을 뒤돌아보면 하나님이 우리의 길을 끝까지 비추시지 않는 이유를 더욱 분명히 알게 된다. 우리가 막 디딜 한 걸음만큼의 불빛만 비춰주시는 것이 얼마나 큰 은혜인지 모른다.

길을 끝까지 비춰달라고 구하지 말고 이제 내디딜 한 걸음 앞에 집중하라. 한 걸음을 옮기는 동안 주님이 주시는 기회들을 포착하는 것이 이 리더십의 핵심이다.

　기회 포착의 리더십을 따른다고 하더라도 때로는 어떤 일이 일어날지 실마리조차 잡지 못할 때도 있다. 선택해야 할 좋은 일이 너무 많아 우선순위를 정해야 할 때도 물론 있을 것이다. 그러나 결과에 상관없이 다음 발걸음을 옮기기에 충분히 밝게 비춰주시는 하나님의 은혜와 빛에 만족하라. 그 믿음이 우리의 여정을 놀라움 속으로 인도할 것이다.

제7장

차선 유지

　최상의 거래가 될 것이라고 예상한 일이 너무도 어이없게
어긋난 적이 있다. 그럼에도 나는 하나님께서 늘 그러셨듯이,
이번에도 우리를 흠잡을 데 없는 기회로 인도하시고 적절치
않은 기회는 막아주실 것이라 믿었다.

　우리 학교의 이사장과 나는 자매결연한 대학 측 관계자들
을 만나려고 허브 공항으로 향했다. 그 만남은 지난 6개월간
논의하고, 분석하고, 협상한 것을 총결산하는 중요한 자리였
다. 상대방의 요청에 따라 그쪽에서 운영하던 교육 기관을 우
리 학교 주도 하에 합병할 예정이었다.

　나는 이런 결단을 내린 상대 학교 총장의 용기에 크게 감
탄했다. 하락세가 분명한 기독교 고등 교육의 현실 속에서 서
로의 장점을 융합하여 멋진 시너지를 이룰 수 있는 계획이었
다. 또한 총장은 우리가 자신들의 요구를 수락할 수 있는 최적

의 시점에 연락을 취했다.

당시 우리 학교는 재정적으로 매우 여유가 있었다. 이런 타이밍에 기가 막히게 우리 학교에 먼저 연락을 한 것이다. 매우 현명한 판단이었다.

우리는 그 학교의 좋은 입지를 활용하기로 했다.

우리 학교의 제1 캠퍼스와 차별화하여 기숙사를 활용한 독특하고 색다른 학습이 가능한 캠퍼스로 운영할 수 있을 것 같았다. 상대 학교는 오랜 역사를 지닌 명문이었다. 학문적으로 큰 성과를 거둔 학교였고 교단 내에서도 명성이 자자했다.

미국 남동부의 여러 거점 지역에 분교가 있다는 점 또한 매우 매력적이었다. 우리 학교가 보유한 다섯 개의 분교와 서로 보완하면 지역 전체를 아우를 수 있는 장점이 있었다.

그 학교와 우리 학교는 신학적 사상이 같았고, 장차 기부자가 될 가능성이 있는 좋은 인재들이 많았다. 또한 미시시피주 잭슨에 있는 우리의 협소한 캠퍼스에서는 진행할 수 없는 학업 프로그램을 시작할 수도 있었다. 우리는 그 학교 관계자들과 서로 호감을 느끼며 친해졌다. 우리 학교 교수진과 직원들도 이 아이디어를 지지했다. 만일 합병이 이뤄지면, 하룻밤 사이에 학생 수가 3분의 1이나 늘어날 수 있었다.

우리는 그들의 교육 기관을 안팎으로 자세히 조사했다.

비록 학교에서 처리할 우선순위를 재조정하고, 예산을 재편성해야 하기에 상당히 고되게 일해야 할 수도 있었지만, 그정도 수고는 얼마든지 감수할 수 있다고 생각했다. 당장은 쉽지 않겠지만 장기적으로 봤을 때 관련된 모두가 크게 이득을보는 결정 같았다. 상황과 환경, 이뤄낼 결과가 완벽하게 꼭 맞아떨어진 듯했다. 그러나 현실은 그렇지 않았다.

사명 선언문과 사명 적합도의 차이

인수 합병을 검토하면서 실질적인 내용을 고려했을 때 예상되는 문제는 자금, 시설, 프로그램, 또는 부족한 전문 기술이 아니었다. 업무를 수행하는 방식과 성향이 가장 큰 문제였다. 합병이 성공적으로 진행된다 하더라도 이 차이는 끝없는갈등의 요인이 될 것이 분명했다. 이 사실이 무엇보다 분명해졌을 때 우리는 기회라고 생각했던 합병을 즉각 중지했다. 집으로 돌아오는 비행기 안에서 생각해 보니 빼 먹을 수 없었던중요한 문제였다.

왜 진작에 그 사실을 알아차리지 못했을까?

소명이 아닌 부산물에 눈이 멀었기 때문이다.

새로운 기회를 모색할 때, 우리는 소명보다는 인원이나 물자 등에 집중하는 경향이 있다. 분명 중요한 부분이지만 우리의 소명과 방향이 다르다면 억지로 끌어안을 필요는 없다. 내가, 우리가, 우리 단체가 하나님께 받은 사명과 우리의 전문성과 멀리 떨어져 있는 기회에 대해서는 신속하게, 그리고 쉽게 "노"(No)라고 말해야 한다.

우리는 그 학교와 우리가 옆 차선에서 나란히 같은 곳을 향해 이동하고 있다고 생각했다. 가장 중요한 문제 역시 당연히 그럴 것이라고 생각했다. 가장 중요한 문제를 애써 외면하고는 부산물들이 가져다주는 이득만을 따지고서는 이 합병이 무난하게 잘 될 거라고 예상했다. 그러나 정신을 차리고 살펴보니 우리 학교와 상대 학교가 가려고 하는 목적지는 같은 곳이 아니었다.

아무리 큰 이익이 생긴다 하더라도 모든 일에서 가장 중요한 것은 사명이다. 우리가 가는 방향이 어디인지를 파악하는 것이 제일 중요한 일이다. 그 길이 다르다면 그 밖에 어떤 큰 이익이 생긴다 해도 더 이상 중요한 문제가 아니게 된다.

혹 차선을 변경할 필요가 생긴다면, 누군가와 같은 차를 타야 할 일이 생긴다면, 반드시 사명의 일치 여부를 확실히 확인해야 한다. 하나부터 열까지 속속들이 알아보기 위해 정신을 바짝 차려라. 떠오르는 의문 중 단 하나라도 얼버무리고 넘어가지 말아야 한다.

우리는 사명이 아닌 '재무, 인원, 물자, 기본 자산' 등을 꼼꼼히 살폈다.

상대 학교의 요구 조건도 비슷했다.

우리의 역량으로 프로그램 및 행정 기능을 분석하여 보강하고, 교육 시장을 확장하고, 새로운 서비스를 도입하고, 구조조정으로 운영을 강화하면 얼마든지 가능한 사항이었다.

옆 차선에서 그들과 나란히 달리고 있다고 생각한 터라 그들의 사명이 과연 우리와 맞는지 따져 보려 하지 않았다. 바로 앞에 갈림길이 나오면 서로 다른 길을 향해 가게 되는데도 멋대로 계속 같은 길을 갈 것이라고 예상했기에 일어난 실수였다.

우리는 상대 학교와 같은 교단의 신앙적 전통을 공유하고 있었고, 핵심적인 지도층과도 오랜 기간 친분을 쌓았다. 기독교 기반의 고등교육 영역에서도 활발한 교류가 있었다. 그런 이유로 양측 모두 순조롭게 제휴가 성사될 것이라고 생각했다. 굳이 두 학교의 '사명 적합도(mission fit)'가 일치하는지 더 많은 정보를 찾으려고 하지 않았다.

우리는 고질적인 문제가 있는 몇 개의 부서들을 검토하다가 이 문제를 발견했다. 운전을 하다 보면 차선을 변경할 때는 사각지대를 조심해야 한다. 뒤차의 불빛을 못 본 채 핸들을 꺾으면 대형 참사로 이어질 수 있다.

우리는 각자에게 주어진 사명을 따르기 마련이다.

그 사명을 따르게 되기까지 나름의 독특한 역사가 있고 사연이 있다. 그 사명을 대외적으로 알리기 위해 우리는 정기적으로 사명의 내용을 개정하고 수려한 문장으로 요약한다. 글의 단어, 어조 하나하나에 목적성을 담으려 노력한다. 그렇게 완성된 문장은 후원자 단체의 심사를 거쳐 대중에 공개된다. 팀원들은 그 요약문을 의무적으로 암기해야 하고, 발행되는 인쇄물마다 그 내용이 실리고, 다른 어떤 일보다 이 사명 선언문을 따라야 한다고 생각한다. 모든 구성원이 서로가 이 사명문을 따를 것이라고 기대한다.

그러나 사명을 정의한 이 공식 문서는 출발점일 뿐 종착점이 아니다.

실제로 사명은 종이 위에 적힌 단어가 아니라 관계, 예산, 구조, 운영 방식, 의사결정, 마케팅, 우선순위, 그 밖의 실제로 적용되는 수많은 요소로 정의된다. 사명 선언문은 사역이 나아가야 할 일반적인 방향을 담은 로드맵은 될 수 있다. 그러나 사명 선언문은 경로를 알려주는 내비게이션도 아니고, 최적의 방법, 혹은 차선의 대책들을 알려주는 설명서도 아니다.

다시 우리의 예로 돌아가 보자. 상대 대학의 사명이 '잘못됐다'는 뜻이 아니다. 그들의 사명 선언문과 우리 것을 나란히 놓고 이름만 빼면 구분해 내기 힘들 정도였다.

그런데 그게 문제였다. 우리는 주요 현안들에 있어서 서로 나란히 주행하는 중이었다. 하지만 큰 사고가 날 수 있는 사각 지대가 있었다. 두 학교 모두 사명을 실행하는 데 있어서 방향 도 같고 속도도 거의 같았지만 사각지대를 무시하고 차선을 변경하면 심각한 사고가 날 수 있는 상황이었다.

당신의 사명과 맞지 않아 삐걱거림이 예상되는 일들은 아 무리 중요한 기회라도 포기하는 것이 낫다.

포기에는 배짱과 용기가 필요하다. 오랫동안 공들였다면 더욱 그렇다. 어쨌든 '흔쾌히'라는 마음으로 협상 테이블을 '박차고 나오는 것'이야말로 성공적인 기회를 포착하는 리더 십의 핵심이다.

단언컨대, 이사회 회장과 함께 집으로 돌아가는 비행기를 타기 위해 게이트로 들어가는 순간, 나는 기회 포착 리더십 을 따르는 리더로 오랜 세월 지내왔다는 사실에 큰 보람을 느 꼈다.

이사회 회장은 이렇게 말했다.

"우리 모두 하나님께 기회를 달라고 간구했는데 하나님이 막으셨으니 이는 잘 된 일이에요."

사실이었다. 설교하기는 쉬워도 설교대로 사는 것은 녹록지 않다.

때때로 새로운 기회에 하나님께 서 "노"(No)라고 하신다면 그것은

때때로 새로운 기회에 하나님께서 "노"(No)라고 하신다면 그것은 본질을 되돌아보라는 지시이다.

본질을 되돌아보라는 지시이다.

새로운 사명을 위한 질문

전통적인 계획 수립 방식에서 벗어나면 기회는 수시로 찾아온다.

기회 포착의 리듬을 타면 탈수록 사명에 관한 이해도가 높아진다. 그렇게 되면, 어떤 과업이 사명과 잘 맞는지, 어떤 것을 건너뛰어야 하는지 결정하는 데 도움이 된다. 하지만 뚜렷한 차이점을 이해하는 데는 시간이 좀 걸린다.

불행히도, 대부분의 사역자는 자신이 맡은 사명을 멀리 내다보지 못한다. 또한 사명을 제대로 이해하고 표현하는 일에 매우 취약하다. 당신이 사역 단체에 기회 포착의 리더십을 완전히 적용하게 되기까지는 매우 오랜 시간이 걸릴 것이다.

그날이 하루라도 빨리 오게 만들기 위해 인쇄된 사명 선언문을 붙들고 분석하느라 매달리기보다 날마다 사명이 어떻게 실행되고 있는지 살펴볼 것을 권한다. 사명, 강점, 단점을 분명히 설명할 수 있을 때 목적지를 계획하는 기존의 리더십을 떠나 기회를 포착하는 새로운 리더십이 이끄는 미래를 맞을 수 있다.

점점 더 많은 기회를 포착하다 보면 영역이 넓어지고 선택사항이 늘어나 원래의 소명에서 벗어나기도 한다. 자신이 가장 잘할 수 있는 테두리 밖으로 나가게 만드는 유혹도 찾아온다. 이럴 때는 이런 문제를 유발하는 사항들을 조심하기보다는 사명의 끈을 더욱 단단히 붙잡아야 한다.

당신이 누구인지, 무엇 때문에 소명을 받았는지를 되새겨야 한다. 새로운 세계로 들어가는 문들이 열리기 전에 참신하고 깊이 있게 사명에 몰두해야 정확하게 경계를 설정할 수 있다.

전통적인 계획 수립의 리더십은 경계를 설정할 때 '사명, 강점, 은사'에 신경 쓰지 않고 조직의 '정책, 태도, 관행, 자원'을 따른다. 그러나 기회 포착의 리더십은 사명에 집중한다.

상당수의 사역이 기존의 위계에 따른 조직 구조에 오랫동안 갇혀 있었기에 사명이 성취되는 현장에 있어야만 잡을 수 있는 많은 기회를 놓치곤 한다. 사역마다 고유한 특성이 있어서 오직 그 일을 감당하고 있는 리더와 이해관계자들만이 사명을 제대로 평가할 수 있다.

다음의 몇 가지 질문이 사명을 더욱 정확히 평가할 수 있도록 도움을 줄 것이다.

사명이 어떻게 실행되고 있는지 깊이 있게 이해하려면 꾸준히 노력해야 한다. 단 한 번의 질문으로 끝내지 말고 정기적으로, 혹은 한가할 때마다 되물으며 매진하라. 경영진은 이런 종류의 질문을 지속적으로 검토하며 새로 생긴 통찰과, 수시로 변하는 환경에 맞춰 필요한 조정을 해야 한다.

1. 1년 뒤 내가 사역하던 자리가 갑자기 사라졌다고 가정
했을 때, 어떤 최악의 일이 벌어질까?
(착잡한 마음으로 사역지를 찾아야 한다는 것은 빼고,
무엇이 달라질지 명시하라.)

2. 프로젝트, 프로그램 또는 주도권의 실패로 잃은 대가
는 무엇인가?
(밑천이 다 떨어진 것도 모르고 아무리 애써 본 댔자
남는 것이 없다.)

3. 이사회 임원들은 사명에 대해 뭐라고 말하는가?
(이사회는 각 부서가 사명에 대한 책임을 지도록 하고,
그 사명을 성취할 수 있도록 정책을 세운다. 이런 우선
사항을 안건에 반영해야 한다.)

4. 각 위원회와 회의는 어떤 방식으로 사명 성취를 촉진
하거나 제한하는가?
(대규모 조직 중 상당수는 너무 많은 위원회가 있고,
크기와 상관없이 각 부서에 회의가 지나치게 많아, 사
람들을 거기에 얽매이게 한다.)

5. 핵심 인물을 잃는다면 사역이 어떤 식으로 바뀔까?
   (핵심 인물을 잃었을 때 생기는 대체 불가의 공백은 소명감에 지장을 초래하여 사역에 큰 문제를 야기시킨다.)

6. 최저 임금을 받는 분들은 소명에 대해 어떻게 생각하고 있을까?
   (임원에서 말단까지 부서 내 모든 직책이 사명에 이끌려야 한다.)

7. 중간 단계의 직원들은 사명을 어떻게 이행하고 있는가?
   (최고지도자는 이해관계자들이 사명에 대한 의욕을 잃지 않도록 돕고, 최일선에 있는 이들이 날마다 사명과 관련된 일을 실행하도록 북돋아야 한다.)

8. 신입 직원, 신입 구성원은 사명의 어떤 측면을 보고 지원한 것인가?
   (사명은 시간이 지남에 따라 익숙해진다. 그렇게 되기 전에 신입 직원과 구성원의 지원 동기를 파악하는 것은 사명을 성취하기 위한 목표 순위를 정하는 데 도움이 된다.)

9. 사명과 관련하여 지난 3년간 함께 일한 직원 혹은 구성원에게 실망스러웠던 점은 무엇인가?
   (부풀리는 데도 한계가 있기에 직원이든 관계자든 3년 정도면 사명의 이상과 현실의 차이를 구분하기에 충분하다.)

10. 잠재적인 기부자가 왜 기부를 안 하는 것일까?
    (돈의 흐름으로 기부자들이 생각하는 우리의 약점을 파악할 수 있다.)

11. 지난해에 내렸던 가장 어려운 결정에 사명이 어떤 역할을 했는가?
    (결정을 어렵게 만들었던 요소들을 잘 분석해 보면, 사명이 사역에 미치는 역할이 어떠한지 여실히 드러난다.)

12. 사역의 관행 속에 사명이 반영되어 있는가?
    (공식적으로 사명에 반하는 활동을 하는 조직이나 단체는 없다. 사명을 제대로 시험하려면 조직 내에서 통하고 있는 관행을 봐야 한다.)

13. 우리 단체에서 시행 중인 정책 중 사명과 상반되는 것은 무엇인가?

(사명을 거스르는 정책을 일일이 솎아내는 과정에서 사명과 관련하여 어떤 것이 이해관계자들에게 보내는 긍정적인 메시지인지, 부정적인 메시지인지 분간할 수 있는 새로운 안목이 생긴다.)

14. 운영 예산을 돈의 액수가 아닌 사명 선언문에 실린 내용으로 어떻게 요약할 수 있는가?
(모든 비용을 직·간접적으로 사명에 대입해 보면 최적의 운영을 위해 변경해야 할 예산 집행 계획이나 집중해야 할 사명이 무엇인지 드러난다.)

15. 3년 전보다 사명이 강화됐는가, 아니면 약화됐는가?
(의도적으로 사명에서 벗어나려는 사역 단체는 없다. 그러나 사명감이 희미해지기 시작할 때 바로 잡지 않으면 부적합한 요소들이 서서히 생겨난다.)

사명 평가는 모든 날, 모든 결정, 모든 관계에서 해야 하는 과제이다. 사명을 알면 어떤 기회가 딱 맞는 기회인지, 그리고 어떤 기회에서 차선을 변경해야 하는지 알 수 있다.

지불해야 하는 대가는?

사명을 수시로 확인하고, 소명을 이루기 위해 열정을 불태우는 것이 효과적인 리더십의 핵심이다. 그러나 놀랍게도 교회 내의 어떤 분들은 이런 방법이 현실과 동떨어져 있다고 생각한다. 이들이 처한 현실은 도대체 무엇일까? 가슴 아프게도 수많은 사역지에서 '사명'이라는 이름과 어울리지 않는 일들이 자행되고 있다.

대게 본인의 자아 정체성 혼란을 겪고 있는 사역자 리더들이 사명에 방해된다는 이유로 '집단 괴롭힘, 인명 경시, 정서적 학대 등 악성 근무 환경을 조성했다'는 언론의 보도가 끊이지 않는다. 또 어떤 이들은 사명을 이루기 위해서라며 법적, 윤리적, 재정적 측면에서 불법을 일삼는다. 일부는 목적 달성을 위해 법까지 악용한다.

사명이 아무리 숭고하고 긴급해도 이런 행위는 용납될 수 없다. 사명을 이루는 수단보다 사명이 끝났을 때 얼마나 올곧게 행동했는가가 하나님의 방법에는 더욱 중요하다. 무리해서 그렇게 멀리, 그렇게 빨리 갈 이유가 없다.

우리 대학이 직장인이 편리하게 학위를 딸 수 있는 맞춤 학위 과정을 시작했을 때의 일이다. 우리와 손잡고 있는 한 영리재단의 관계자가 텍사스 롱뷰에 분교를 내 지경을 확장하라고 부추겼다. 그러나 그 지역에는 내 친구인 버드 어스틴 (Bud Austin)이 르터노 대학교(LeTourneau University) 분교의 총장을 맡고 있었다,

그는 본교와 독립적으로 훌륭하게 학교를 운영하고 있었다. 그 정도 규모의 도시로 지경을 넓히는 것은 벨헤이븐에게 분명 놀라운 기회였다. 하지만 새롭게 예정된 분교 캠퍼스에서 멀지 않은 곳에 르터노 휴스턴 캠퍼스가 있다는 사실이 껄끄러웠다. 재단 관계자는 만약 우리가 공동 경영자 제안을 받아들이지 않으면 다른 교육 기관과 제휴해서라도 분교를 세울 것이라고 했지만 나는 선뜻 마음이 내키지 않았다.

결국 우리는 멤피스(Memphis)와 올랜도(Orlando)에 먼저 분교 캠퍼스를 열었다.

기독교 고등 교육을 제공받지 못하는 사람들이 있는 곳으로 가야 한다는 것이 우리의 사명이었다. 우리는 이 사명을 중심에 두고 일을 해나갔다. 우리가 시작할 당시에는 직장 성인을 위한 그리스도 중심의 프로그램이 어느 도시에도 없었다.

그런 면에서는 휴스턴 캠퍼스의 개설 또한 우리의 거룩한 소명, 또한 거룩한 소명이 포괄하는 교육적 사명, 그리고 운영상의 강점과 완벽하게 일치했다. 게다가 우리는 재정적으로도 성공할 자신이 있었다. 그러나 르터노 대학교의 분교 캠퍼스가 역시 마음에 걸렸다. 우리가 휴스턴에 분교를 세운다면 그곳 학생들을 어느 정도 빼돌리는 일이 벌어질 것이 뻔했다.

그것을 알면서도 좋은 기회라는 이유로 확장에 전념하기에는 마음이 불편했다.

다른 사람이 효율적으로 잘하고 있는 일에 피해를 끼치면서까지 사명을 확장하는 것이 옳은가?

새로운 투자 사업이라는 이유로, 숭고한 목표를 방패삼아 내세우고, 수단과 방법 가리지 않고 달성하기만 하면 되는가?

선택지는 하나밖에 없었다.

나는 먼저 버드에게 연락해 점심 식사를 할 수 있는지 물었다. 다음 주에 만날 시간을 정하고, 그와 마주 보고 이야기하기 위해 다섯 시간을 운전해서 갔다.

버드를 알고 지낸 지 오래되었기 때문에 그 영리 재단이 초래한 곤란한 상황을 설명하는 데는 시간이 오래 걸리지 않았다. 우리는 서로에게 직격탄을 날릴 준비가 되어 있었다.

웨이터가 주문을 받기도 전 나는 무뚝뚝하게 말했다.

"버드, 우리가 휴스턴에 분교 캠퍼스를 연다면 벨헤이븐에는 무척 좋은 기회일 거야. 그런데 진심으로 하는 말인데 자네에게는 이로울 게 없어. 그래서 우리는 제안을 받아들이지 않으려고 해. 내가 그들에게 거절하는 것이 좋을 것 같아. 나는 벨헤이븐이 자네에게 해를 끼치는 일은 추호도 하고 싶지 않아."

버드는 매우 노련한 사람이기에 내가 설명하는 자잘한 내용까지 놓치지 않고 들었다. 그래서 그는 즉시 답을 하지 않았다. 그는 논점들을 곰곰이 생각하며 신중히 생각했다. 버드는 매우 현명한 총장이다.

내 제안에는 진정성이 있었다.

벨헤이븐의 입장에서는 휴스턴에 분교가 생기면 분명 좋은 일이다. 하지만 나와 절친인 그가 총장으로 있는 다른 기독교 대학교에 피해를 입히는 일이 벌어져야 할 텐데… 우리의 사명을 확장하게 되었다며 마냥 웃을 수 있겠는가?

나는 그렇게 못한다. 만일 버드가 우리에게 하지 말라고 한다면, 그것은 하나님이 우리를 보호하시는 수단이라고 믿었다.

우리는 긴 시간 함께 점심을 먹으며 추억, 도전, 질문, 비전 등에 약간의 동정하는 마음을 보태서 이야기를 나눈 뒤 천천히 차로 걸어갔다. 그리고 마침내 버드가 나의 질문에 답했다.

"솔직히 벨헤이븐이 휴스턴에 오지 않았으면 좋겠어. 그런데 만약에 벨헤이븐이 오지 않으면 그 재단이 어차피 다른 대학을 유치할 거야. 입학 경쟁을 하려면 차라리 자네들과 하는 게 낫겠어. 그러니 휴스턴으로 와. 대신 학생들을 위해 잘해 줘. 학생들은 얼마든지 있어."

마음이 편해진 우리는 당초 계획대로 휴스턴에 캠퍼스를 개설했고 수년간 잘 운영해 왔다. 또한 버드의 캠퍼스도 우려와는 달리 더욱 잘 되었다. 만약에 그 멀리까지 차를 몰고 가서 함께 점심 식사를 하지 않았다면 함께 한 성공은 결코 맛 볼 수 없었을 것이다. 오랜 친구의 마음을 상하게 하지 않으려는 배려 역시 학교의 확장 못지 않은 중요한 사명이다.

사명 성취에는 항상 '자원, 에너 지, 사람, 그리고 골칫거리' 같은 대 가가 따른다. 그런데 '도덕심, 증인, 예의범절'과 같은 요소는 돈 주고 도 살 수 없는 중요한 가치다.

> 사명의 성취에는 언제나 '자원, 에너지, 사람, 그리고 예상 못한 문제' 같은 대가가 따른다. 그러나 이를 통해 얻는 '도덕심, 증인, 예의범절'과 같은 요소들은 돈 주고도 살 수 없는 가치들이다.

사명 궤도의 점검

국제우주정거장은 92분마다 지구를 한 바퀴씩 돈다. 시속 25,358.8km 이상의 빠른 속도로 항진하지만 우주선에 타고 있는 사람들은 그 속도를 거의 인식하지 못한다.

지구 위 387km 상공에 있는 국제우주정거장에서는 많은 실험이 진행되고 있다. 지구의 중력은 끊임없이 국제우주정거장을 끌어당겨 궤도에서 이탈하게 만들려 한다. 주기적으로 경로를 검토해 추진 장치나 도킹 로켓으로 수정 작업을 해주지 않으면 우주정거장은 240일 안에 지구로 추락한다.

같은 이치로, 우리를 진로에서 벗어나게 하는 미묘한 변화를 알아차리지 못하면 사명을 달성하기 전에 빠른 속도로 추락할 수도 있다.

하지만 사역의 초기부터 진로를 자주 점검하면, 마치 국제 우주정거장이 궤도를 벗어나지 않는 것처럼 사명을 제 경로에 두는 것도 어려운 일이 아니다. 그러나 사명에서 엇나가 있는 궤도를 너무 오래 방치하면 지구로 떨어지는 우주정거장처럼 대참사가 일어난다.

하나님께 맞도록 궤도를 잘 수정하여 사명이 완만하게 흘러가게 하는 것이 우리의 최우선 과제이다. 지속적인 관심이 없다면, 사명은 굳어진 조직 문화와 눈앞에 급급한 문제 해결, 시장 원리라는 중력에 끌려 추락할 것이다.

사명이 정상 궤도에서 떨어지지 않게 유지하는 것은 이사회의 임무이자 모든 직원의 직무이기도 하다. 그러나 무엇보다도 그것은 리더의 책임이다. 매일 사명 궤도를 점검하라.

사명이 정상 궤도에서 떨어지지 않게 유지하는 것은 이사회의 임무이자 모든 직원의 직무이기도 하다. 그러나 무엇보다도 그것은 리더의 책임이다. 매일 사명 궤도를 점검하라.

제8장

문제 해결,
그 이상의 의사 결정

리더는 사역하는 동안 흐르는 강물처럼 계속해서 결정을 내려야 한다. 사소한 문제부터 중대한 결단까지, 그때마다 리더는 결단력을 발휘해야 한다. 다만 결정을 안 하는 것도 결정이란 점을 잊지 말자.

급한 불부터 끄고 보자는 방식의 결정은 뒤탈이 난다. 눈앞의 문제에 집중할 때 가장 먼저 고려해야 할 사명은 뒷전으로 밀려난다.

대안이 확실한 경우는 도로에서 'T'자형이나 'Y'자형 갈림길을 선택하는 것처럼 헷갈릴 일이 없다. 대부분은 미묘한 차이가 있는 사안들을 놓고 해결책을 구하다가 다른 문제가 생긴다. 하찮아 보이는 결정이라도 직접 영향을 받는 사람들에게는 치명적일 수 있다. 예를 들어, 사무실을 옮기는 것은 직접 관련된 사람들에게는 중요한 결정이지만, 그 외 사람들에게는 별로 대수롭지 않아 보인다. 그러나 그것이 다가 아니다.

아무리 사소한 결정이라도 이면에는 사명이 있다. 분명하게 드러나지 않을 뿐이지 모든 것이 사명에서 비롯된 결정이다. 또 다른 예를 들자면, 후미진 곳에서 일하는 사람들을 위해 그 공간을 좀 더 쾌적하고 밝게 꾸며주었다면, 그것도 사명의 가치가 담긴 무언의 메시지이다. 휴가 정책(직원과 사역 둘 다 회복을 중시하는 가치), 일하는 시간의 융통성(어린 자녀를 둔 가족이나 나이 든 직원의 필요를 중시하는 가치), 주차 선택권(위계에 따르지 않는다는 가치) 등에 관한 결정도 마찬가지이다.

사역 단체의 사명을 일부러 바꾸거나, 극적으로 고치거나, 폐기하는 일은 매우 드물다. 대신 실질적인 요구에 맞춰 수천 가지 결정을 내리다 보니 우선순위에서 조금씩 밀려 어느 순간 사명의 중심부에서 멀어져 표류하게 된다.

이런 글을 읽으면 대부분의 사람들이 "우리에게는 절대로 그런 일이 일어나지 않는다"라고 반응한다. 정말 그러길 기도한다. 그러나 그럴 뜻이 없어도 그렇게 된다는 사실을 기억해야 한다.

돌이켜 보면 그리 오래된 일도 아니다. 그리스도인들은 주일에 당연하다는 듯이 두 번이나 예배를 드렸고, 주일에 쇼핑, 스포츠 경기, TV 시청 등 교회 출석에 방해가 되는 행동은 일절 하지 않았다. 아이들은 항상 교회학교에 나왔고, 청소년 모임, 기도회, 혹은 찬양대 연습에 참여하는 것을 우선시했다. 대부분의 미국 크리스천들이 주일 성수를 지키던 시절에 성경 구절을 들먹이며 반대한 사람이 있었을까?

한 명도 없었다.

그러나 편의점과 전자 계산대의 증가로 간단한 생필품을 '빠르고 편리하게' 구매할 수 있게 됐고, 이것이 온라인 쇼핑으로 이어졌다. 기독교 방송국이 있어도 아무도 중요하게 여기지 않는다. 특히 NFL(미국 프로 미식축구) 슈퍼볼 게임이 주일 저녁 예배 시간과 겹치기라도 하면 예배 방송을 보다가도 경기가 시작되자마자 바로 채널을 돌린다.

일이 분주해지고 가정마다 사정이 달라지자 토요일에 교회에서 하던 활동들을 모두 주일에 몰아서 하게 됐다. 많은 교회가 방침을 바꿔 주일날 한 번만 예배를 드렸고, 주일 저녁 예배는 소그룹 모임으로 바꾸었다. 그리고 얼마 안 있어 일정을 맞추기 위해 아예 다른 날로 변경했다. 이런 식으로 줄줄이 결정을 바꾼 '개인, 가족, 공동체, 그리고 지역 교회'가 이제는 수를 헤아릴 수 없을 정도로 많아졌다.

주일을 우선순위에서 빼자고 말하는 사람은 아무도 없었다. 대신 수만 가지의 작은 선택이 쌓이고 쌓여 극적인 변화가 일어났다. 오늘날은 스스로를 복음주의자라고 생각하는 사람들도 예전에 비해 훨씬 헐렁한 방식으로 주일을 지킨다.

지금과 그때 중 어느 것이 더 나은지에 대한 판단을 내리려는 것이 아니다. 하나님이 그렇게 허용하신 것인지, 마귀가 장난한 것인지 지금은 누구도 답을 내리기 어렵다. 중요한 것은 그때그때 실용적인 선택을 했던 결과로 사명이 표류하게 됐다는 점이다. 주일 성수라는 사명을 일부러 바꾸자고 노력하며 일어난 변화가 아니다.

하버드대학교는 1636년에 진리라는 단순한 사명 아래 목사 양성을 위해 설립됐다. 예일대학교는 하버드가 초기의 사명에서 벗어나 표류하는 것을 보고 더 이상 견딜 수 없었던 신학적 보수주의자들의 결단으로 1718년 설립되었다. 하버드대학교가 더는 소중히 여기지 않는 진리의 중요성을 알리기 위해 더 숭고한 뜻을 담아 사명을 빛과 진리로 변경했다. 그러나 두 대학의 현실은 어떤가? 설립 의도와는 상관없이 기존 사명에서 동떨어져 있는 것이 지금의 모습이다.

하버드대학교와 예일대학교 모두 의도적으로 복음주의적 사명을 포기하거나 저버린 것이 아니다. 다만 시급한 문제들을 해결하기 위해 사소하게 여기고 내렸던 결정들이 쌓여 표류하기 시작했다. 설립 이념과 사명에서 멀리 떨어지고 나서야 다시 돌아가기에는 이미 늦었다는 것을 깨달았다.

무언가를 결정할 때, 당면한 과제만을 놓고 논의해서는 절대로 안 된다. 중요한 것은 사명을 단단히 잡느냐 놓느냐이다.

직원 채용부터 웹사이트의 모양에 이르기까지, 사소한 무언가라도 결정할 때는 사명에 미칠 전반적인 영향을 민감하게 따져야 한다. 작은 결정도 사명을 단단하게 고정시키는 방향으로 내려야 한다.

직원 채용부터 웹사이트의 모양에 이르기까지, 사소한 무언가라도 결정할 때는 사명에 미칠 전반적인 영향을 민감하게 따져야 한다. 작은 결정도 사명을 단단하게 고정시키는 방향으로 내려야 한다.

좋게 생각하면 어떤 문제든 사명과 연관된 방향으로 해결하기만 하면 소명 의식을 더욱더 높일 기회가 된다. 선택의 순간을 놓치지 말고 훨씬 더 효과적인 의사결정의 기회로 활용해야 한다.

문제를 일으키는 해결책

사명을 표류하게 만드는 결정들을 계속해서 내리면 아무리 사소한 문제들이라도 실타래처럼 얽혀 나중에는 감당할 수 없는 어려운 문제가 된다.

완벽한 해결책보다는 의사결정의 양상을 이해하는 것이 더 중요하다. 안 그러면 선뜻 결정한 사안이 잘못이었음을 깨닫고 만회하기 위해 큰 노력을 해야 한다. 궤도에서 이탈한 사명을 다시 돌리기 위해 많은 후속 조치들을 취해야 한다.

어떤 문제든 완벽한 해결책은 드물다.

당면한 현안에서 한발 뒤로 물러나 결과의 폭을 넓게 내다보라. 사명에도 부합하고 후속 조치를 취할 필요가 없는 유의미한 해결 방법이 보일 것이다. 이 두 가지 안건은 의사결정 과정에서 항상 같은 선상에 놓고 유기적으로 살펴야 한다.

기회를 포착하는 리더는 뚜렷한 목적의식을 갖고 이중적인 측면을 고려해 문제를 해결할 수 있는 자질을 계발해야 한다. 전통적인 계획 수립 방식은 첫 번째 단계는 뒤로한 채, 돌발 사태부터 처리하려 고심한다. 하던 일을 그만두고 당장 해결책을 마련하면 순간적으로 모면은 할 수 있다. 그러나 기회 포착 리더십을 따르는 사람들은 하던 일을 하면서 여유 있게 해결책을 마련한다.

문제 해결에 급급한 사람들은 빠르게 지나가는 문제들과 계속해서 마주하면서 신속하게 결정을 내리려고 한다.

이처럼 서두르다 보면, 눈에 보이지 않는 잠재적인 문제들을 간과하지 못한다. 사명보다 급한 난제들을 해결하기 위해 몰입하게 되고 이런 제한된 관점이 문제를 더 복잡하게 만든다. 그 결과 문제를 해결하려고 내린 해결책이 본래 사안보다 문제를 훨씬 더 다루기 힘들게 만든다. 해결책 A로 문제 B를 해결했다 치자. 문제 B는 사라졌지만 해결책 A 때문에 예기치 못했던 문제 C, D, 그리고 E가 발생한다면 상황은 더 어려워질 수밖에 없다.

통찰력 있는 사람은 의사결정을 내릴 때 이런 도미노 현상을 피할 줄 안다. 일차적으로 해결책이 사명에 부합하는지를 살피고, 그와 동시에 부차적인 문제들을 일으킬 수 있는 요소들이 뭔지를 고려한다.

마치 체스와 같다. 일류 체스 선수들은 15수 앞을 본다고 한다. 한 수 앞만 보는 사람들은 눈앞의 폰(졸)을 살리려다 더 중요한 룩(차)을 잃는다.

기회 포착의 리더가 기본적으로 키워야 하는 또 하나의 기량은 체스 선수처럼 몇 수 앞을 내다보는 혜안이다. 사명에 뿌리를 내리고 미래를 전망하면, 한층 더 멀리 볼 수 있다. 그래야 현안을 해결하느라 썼던 급조된 방법에 발목을 잡히지 않는다.

방침은 겁쟁이를 위한 것이다

의사결정 과정에서 파생될 문제들을 검토하는 법을 배우려면 또 하나의 중요한 개념을 배워야 한다.

현재 지키고 있는 모든 방침은 이전에 발생한 문제들의 해결책이었다는 사실이다. 조직은 저마다 나름의 가치 체계가 담긴 방침들을 문서와 관행으로 가지고 있다. 현재 지키고 있는 방침은, 과거의 사역에서 발생한 문제들이 무엇인지 역으로 추적해 볼 수 있는 로드맵이다.

- 두 명의 직원이 지각하기 시작한다. 이에 출근 방침이 필요하다.
- 일부 관리직 직원이 온라인 쇼핑에 너무 많은 시간을 허비한다. 이에 IT 정보통신 관련 방침이 필요하다.
- 출장 시 한 사람은 렌터카를 쓰고, 다른 사람은 우버 택시를 이용한다. 일일 출장비에 대한 방침이 필요하다.

과거에 있었던 조직 내부의 모든 문제가 현행 방침에 나타난다. 그리고 이런 방침은 대체로 전체의 잘못이 아니라 규정에 어긋난 행동을 하는 일부의 사람들 때문에 생겨났다. 그 결과 대다수의 조직은 초기에 정한 미진한 해결책으로 숨이 막힐 정도로 자꾸만 방침이 추가되고 있다.

> 과거에 있었던
> 조직 내부의 모든 문제는
> 현행 방침을 통해 드러난다.

실무자들은 새로운 방침으로 인해 나타날 경우의 수를 감안하여 세세한 부분까지 컨트롤하려는 경향이 있다. 이들은 좋은 방침이 있으면 직접 보거나 간섭하지 않아도 사람들을 통제할 수 있을 거라는 잘못된 생각을 한다.

문제를 일으킨 소수의 사람을 제대로 상대하면 전체를 옭

아매는 방침은 필요없다. 그러나 불행히도 많은 조직과 부서가 전부를 대상으로 한 방침 편성을 더 선호한다.

나는 기존의 저서 「장기 전망: 뜨는 리더를 위한 영구 전략」(The Longview: Lasting Strategies for Rising Leaders)에서 방침을 관리 도구로 사용할 때 생기는 단점을 자세히 설명했다.

직원을 위한 방침은 어느 조직에나 있지만 특히 기독교 기관의 경우 오용하는 사례가 빈번하다.

그 이유가 무엇일까? 성경 중심의 리더들이 예수께서 산상수훈에서 말씀하신 것을 너무 진지하게 문자적으로 받아들여서 그렇다고 생각한다.

> "비판을 받지 아니하려거든 비판하지 말라…
>
> 어찌하여 형제의 눈속에 있는 티는 보고
>
> 네 눈속에 있는 들보는 깨닫지 못하느냐…
>
> 외식하는 자여…"(마태복음 7:1~5 참조)

흔히 이 말씀을 '어떤 직원의 문제를 심각하게 다루기 전에 내가 먼저 무릎을 꿇어야 한다'라고 해석한다.

그래서 성가신 인사 문제를 콕 집어서 정면으로 대응하기보다는 '모든 사람이 지켜야 할 책임 있는' 규칙을 정하는 쪽으로 끌리는 경향이 있다. 산상수훈을 문자적으로만 받아들인 그리스도인들은 개인 간에 비판하는 것을 피하고 싶어 한다. 그 결과 모든 사람이 따라야 하는 절대적인 기준을 정해놓고 그 안에서 안심하려 한다. 그러나 이런 선택은 신학적으로도 건전하지 않고, 리더십의 측면에서도 적절하지 않다. 때로는 비판이 필요하다. 그리고 모두가 따라야 하는 절대적 기준도 인간은 만들 수 없다.(1)

「장기 전망: 뜨는 리더를 위한 영구 전략」에 리더들이 방침을 정하기 전에 연구해야 하는 네 가지 도전적인 질문도 제시했다.

1. 선량한 직원에게도 방침이 알맞은가?
2. 문제의 당사자들이 방침을 만들 때 입회했는가?
3. 새로운 방침으로 야기될 문제가 무엇일지 생각했는가?
4. 자신은 그 방침대로 살 수 있는가?(2)

내가 내린 결론은 이렇다. 방침은 대체로 문제를 해결하기보다는 훨씬 더 많은 문제를 일으킨다. 긴급한 문제를 해결하기 위해 그때그때 내놓는 해결책은 십중팔구 후속 결과를 고려하지 않은 결정이다. 뒤로 갈수록 문제 해결을 위한 방침을 담은 지침서는 더 두꺼워지고, 견딜 수 없을 정도로 무거워지기도 한다.

위의 이야기들을 감안하여 좀 더 포괄적으로 생각하며 스스로에게 다음의 질문을 진지하게 던져보라.

'방침을 고수하는 것이 우리가 사명을 이루는 데 지장을 초래하고 있지 않은가?'

어떤 방침이 사명의 한 영역을 차단하고 있어 마음껏 아이디어를 떠올릴 수 없다면 먼저 잘못된 보호막인 그 방침을 제거해야 한다. 그렇지 않으면 중요한 일을 이룰 수 있는 절호의 기회를 놓칠 수도 있다.

만일 우리 대학교에서 기존의 방침만을 고집했다면 결코 문예 창작 프로그램을 시작하지 못했을 것이다. 그리고 「당신이 남긴 증오」(The Hate U Give)의 저자이며, 뉴욕 타임스 선정 인기도서 1위에도 올랐던 유명한 작가인 엔지 토마스(Angie Tomas)도 배출하지 못했을 것이다.

미시시피주 잭슨의 중심부에 자리 잡은 우리 대학교는 여러 예술 분야에서 선두 주자였지만 문예 창작 분야는 백지상태였다. 우리 지역에는 대대로 유명한 작가들이 많았다. 윌리엄 포크너(William Faulkner), 유도라 웰티(Eudora Welty), 존 그리샴(John Grisham), 셸비 풋(Shelby Foote) 등. 우리는 이들의 책뿐 아니라 집안 내력에 대해서도 익히 알고 있을 정도로 문학 작품에 큰 관심이 있었다.

그래서 영어 교수 한 분을 추가로 영입해 영문학 전공자들이 선택 과목으로 문예 창작 과정을 이수할 수 있도록 했다. 그러나 그 교수가 가진 비전과 우리가 꿈꾸던 전통 문학 연구에 대한 생각은 물과 기름 같아 문화와 양식을 놓고 한바탕

전쟁이 일어났다.

우리는 추호도 문예창작학과를 정식으로 시작할 계획이
없었다. 그러나 상황은 극단적으로 치달았다. 과목을 아예 폐
지하거나 혹은 그 교수를 해임해야 했다. 그것도 아니라면 문
예창작학과를 영문학과에서 분리해야 했다. 서로 어울리지 않
는다는 이유로 새로운 학과를 만든다는 것은 기존의 학사 운
영 방침의 규정을 깨는 일이었다.

그러나 방침의 테두리를 벗어나 사명에 초점을 맞춰 문제
를 풀어나가다 보니, 최선의 길이 보였다. 유일한 해결책은 문
예창작학과를 예술 대학 산하에 신설하는 것뿐이었다. 그 안
에 두고 침몰하든지 헤엄을 치든지 지켜볼 수밖에 없었다.

몇 년 후 조용하고 수줍음이 많은 아프리카계 미국인인 젊
은 여성이 문예창작학과에 등록했다. 강의를 듣는 동안 그녀
는 매혹적인 짧은 사연 하나를 썼고, 교수들은 사연을 좀 더
보태어 소설을 쓰도록 자신감을 심어주었다. 우리 캠퍼스에서
출간한 그녀의 소설 「당신이 남긴 증오」는 200만 부가 팔렸고
다양한 문학상을 받았다.

엔지 토마스가 벨헤이븐에 입학하기 훨씬 전, 교수들 사이
에서 철학적 차이로 발생한 문제 때문에 문예창작학과를 시
작하게 됐고, 이것이 큰 기회가 되었다. 이런 일이 일어나지 않

았다면 엔지는 기독교적 환경에서 그녀의 예술적 재능을 꽃
피울 수 없었을 것이다. 새로운 세대가 인종, 정의, 은혜를 주
제로 토론할 수 있도록 하나님께서 그녀의 작품을 어마어마
하게 사용하고 계신다.

혁신적인 해결책은 방침에 얽매이지 않고, 급한 문제만 해
결하면 된다고 여기지 않으며, 이 결정이 사명을 추진하는데
이롭다는 확신이 설 때 생긴다. 언제나 그랬듯이 이 일을 예수
님보다 더 잘한 분은 없었다.

20,000여 명을 먹일 수 있는 해결책

오병이어는 유일하게 사복음서 전부에 기록된 예수님의 기
적이다. 이 기적을 교과서적으로 연구하는 일은 매우 흥미진
진하다.

주님은 문제의 핵심이 무엇인지를 제대로 파악하고 계셨
다. 예수님은 눈앞의 급급한 문제에 매몰되지 않고 어렴풋이
보이는 훨씬 더 중요한 문제도 슬기롭게 해결하셨다. 예수님은
이 기적을 통해 두 가지 본을 보이셨다,

- 첫 번째 본은 '사명을 먼저 생각해야 한다'이고,
- 두 번째 본은 '모든 방침은 잊어라'이다.

예수님은 2년 넘게 제자들을 가르치셨다.

산상수훈에 요약된 진리를 달달 외울 수 있을 정도로 교육

하셨다. 아직은 이해력이 떨어져 예수님의 온전하신 신성을 미처 알아보지 못한 제자들을 위해 비유로 말씀하시기도 했다. 용서의 본을 보이셨고, 기도하는 법을 일러 주셨고, 초자연적인 치유를 나타내셨으며, 영원한 하나님 나라를 소개하셨다. 제자들은 예수님이 사회 질서를 뒤엎고, 세도가와 권력자를 호되게 책망하고, 여성과 어린이 그리고 문화적으로 소위 '죄인'이라는 딱지가 붙은 사람들을 우선시하는 모습을 직접 눈으로 보면서 배웠다.

이런 강도 높은 훈련을 마친 제자들은 예수님의 명을 따라 마치 대학 졸업반이 실습을 나가듯 두 명씩 짝을 지어 며칠 동안 현장의 다양한 영역에서 사역을 했다고 성경은 증언하고 있다. 예수님의 보조로만 머물러 있는 것이 아니라, 사역의 최일선에서 배우게 하려는 바람에서였다.

제자들이 그 여정에서, 단지 누구를 만나느냐보다 그로 인해 맞게 될 그들의 영적 성장을 꾀하기 위함이었다.

확신하건대, 예수님이 내주신 당찬 과제를 마치고 돌아온 제자들은 한자리에 모여 흥분과 설렘 가운데 밤새도록 얘기를 나눴을 것이다. 귀신을 내쫓고, 병든 자를 고치고, 복음을 전파하고, 기도해 준 이야기를 하느라 정신이 없었을 것이다.

제자들이 예수님 없이 단독 사역을 해 본 것은 처음이었다. 그래서 각자 경험했던 모든 일을 예수님과 서로에게 말하고 싶었을 것이다. 그들의 이야기도 듣고 회복도 시키기 위해 예수님은 일행끼리만 배를 타고 멀리 떠나려 하셨다. 애초에 계획은 그랬다.

그러나 예수님과 제자들의 사역에 관한 소식이 여행 속도보다 더 빠르게 온 이스라엘에 퍼졌다. 해변에 도착하기도 전에 사람들이 예수님 일행을 알아보고 구름 떼처럼 몰려들었다. 예수께서는 기존에 세운 계획을 다 무르고 새로 생긴 기회를 포착하셨다. 남성만 5,000명이 넘는 무리를 가르치기 시작하셨다. 가족을 포함하면 아마도 20,000여 명 정도였을 것이다.

예수님이 가르치시는 동안, 제자들은 시급한 문제를 처리하기 위해 일종의 위원회를 꾸렸다. 그곳은 외딴 지역이었고 날도 이미 저물었으며 가진 음식도 없으니 달리 이렇다 할 방도가 없었다. 논의를 마친 제자들은 자기들이 내린 해결책을 예수님께 전했다.

"무리를 도시와 마을로 보내어 먹을 것을 사 먹게 하십시오."

이는 당면한 문제에 대한 합리적인 해결책이었다. 음식을 사러 무리를 보내는 것이 일종의 방침이었던 셈이다. 그때의 제자들처럼 우리에게도 방침은 책임을 회피할 수 있는 편리한 방법이다. 그러나 예수님은 제자들의 방침을 거부하셨다.

예수님은 제자들이 고심 끝에 가져온 해결책을 받아들이

지 않고 "너희가 먹을 것을 주라"라고 말씀하셨다. 제자들은 다시 한번 자기들 앞에 놓인 군중의 배고픔이라는 심각한 현안에 골머리를 앓으며 몇 달간 돈을 모아야 하는지에 대해 옥신각신하며 난처해했다. 그것은 선택할 수 있는 해결책이 아니었다. 그때 예수님께서 먹을 것이 얼마나 되는지 물으셨다. 제자들은 재빨리 딱딱하게 굳은 빵 다섯 개와 마른 생선 두 마리를 가져온 한 아이를 데려왔다.

이 뜻밖의 만남으로 성경에서 가장 놀라운 기적의 장면이 펼쳐졌다. 더욱 놀라운 것은 모인 군중을 배불리 먹게 하는 것이 예수님이 생각한 가장 시급한 문제가 아니었다는 점이다. 사람들이 모두 굶주린 것은 맞다. 그러나 이들의 배고픔을 해소시키는 것이 가장 중요한 문제가 아니었다. 제자들을 깨우쳐 예수님이 진정한 하나님의 아들이시라는 것을 깨닫게 하는 것이 예수님의 사명에 있어서 더 중요한 문제였다. 새로운 차원의 방법이 필요했다.

> 사명에 뿌리를 내리고 미래를 전망하면 한층 더 멀리 볼 수 있다. 그래야 현안을 해결하느라 짜낸 방법에 발목을 잡히는 일이 발생하지 않는다.

제자들은 분명하게 예수님의 완전하신 초월성을 이해하지 못했다. 그들이 위원회로 모여서 논의할 때, 심지어 예수님께서 행하신 다른 많은 기적들을 이미 목격했음에도, 무리를 먹일 방법으로 기적을 고려하지 않았던 것만 봐도 알 수 있다.

예수님은 많은 인원과 부족한 자원의 문제에 매몰되지 않고 사명에 집중하셨다. 예수님의 방법은 20,000여 명을 배불리 먹일 수 있는 가장 확실한 최선의 선택이었다. 그리하여 우리 모두가 알고 있는 오병이어의 기적이 일어났다. 이 광경을 목격한 제자들의 머리가 얼마나 정신없이 돌아갔을지 상상해보라!

이런 경이로운 기적으로 긴급한 문제를 해결한 예수님은 체스판에서 15수 앞을 내다보는 프로 선수와 같다.

같은 날 밤 늦게, 제자들은 풍랑을 만나 죽을 지경에 이르렀다.

예수님께서 물 위로 걸어오심으로 그분의 신성이 더욱 크게 뇌리에 박혔다. 그리고 이어서 일어난 몇 차례의 기적을 통해 제자들은 완전히 변화됐다.

누가복음 9장 18~20절에 이런 변화된 모습이 나온다.

"예수께서 따로 기도하실 때에 제자들이 주와 함께 있더니

물어 가라사대 무리가 나를 누구라고 하느냐

대답하여 가로되 세례(침례) 요한이라 하고

더러는 엘리야라

더러는 옛 선지자 중의 하나가 살아났다 하나이다

예수께서 이르시되 너희는 나를 누구라 하느냐

수천 명의 굶주린 무리에게 먹을 것을 주는 문제는 핵심이 아니었다.

'기독교의 도를 온 세상에 널리 퍼지게 해야 한다'는 필요성을 소수의 제자들이 온전히 이해하게 하는 것이 훨씬 더 큰 문제였다. 예수님은 올바른 우선순위를 통해 두 가지 문제를 다 해결하셨다.

해결해야만 하는 긴급한 문제 너머에 있는 요인들까지 고려하여 의사결정을 내리는 것은 그리스도의 지혜를 의지하고, 사명 중심의 문제 해결 방식을 따르는 헌신적인 리더십에 필요한 재능이다.

결정을 샅샅이 분석하라

경력이 쌓일수록 의사결정의 질이 높아진다.

결정을 내릴 때마다 깊은 통찰력이 생기고 다재다능해지며 미묘한 변화가 나타난다. 잘못된 결정으로 큰 대가를 치른 사람은 근시안적이거나 불완전한 결정은 해결책이 될 수 없다는 사실을 깨닫는다. 수술해야 하는 큰 상처에 임시방편으로 연고를 바르는 상황이나 마찬가지다.

다행히도 큰 대가를 치르지 않고도 올바른 의사결정을 내리는 방법을 배울 수 있는 길이 있다. 궁지에 처했을 때 해결책을 찾으려고 서둘러 뛰어들기보다는 시간을 내어 문제를 일으킨 원인을 세밀히 조사해 보자.

- 과거의 어떤 방침, 선택, 또는 구조적 조정이 지금의 문제와 연관되어 있는가?
- 협업이 부족했거나, 급한 불을 *끄려고* 서두르고 있지는 않는가?
- 자기 잇속만 챙기려던 이기적인 생각이 있지는 않은가?
- 문제가 한계점까지 오도록 만들었던 요소는 무엇인가?

좌충우돌했던 경험과 그로 인해 생긴 가슴 아픈 상처들을 반면교사로 삼아야 한다. 눈앞의 해결책을 짜내는 일에만 급급하지 말고 잠시 멈춰 서서 과거에 내린 결정들을 신중하게 검토해야 한다. 그래야 미래의 일에 진정으로 도움이 되는 의사결정 방법을 배울 수 있다.

제9장

전진 앞으로

기회 포착의 리더십에 빠져들어 갈 무렵에도 여전히 내 몸에는 기존의 전통적 계획 수립의 방식이 몸에 배어 있었다.

머리로는 알고 있었지만 내 행동은 이전의 방식을 벗어나지 못했다. 적합한 위원회를 구성해 협의와 조정을 거친 후 포괄적 계획 수립 과정을 완벽하게 마쳤다. 잠재 가능성 있는 새로운 경영 목표에 캠퍼스 전체가 열광했다. 그 계획을 열한 가지의 '전략적 실천 목표'로 요약해 화려한 문서로 제작했다. 우선순위에 따라 나열한 목표마다 알맞은 표적들이 있었다. 교과서적인 기획에 따라 완벽하게 이뤄냈다.

모두들 계획을 자랑스러워했다. 거기에는 학술, 영적 생활, 운동, 건물 신축, 재정, 그리고 주차시설(모든 공식 계획에 주차시설 의무 표시)까지 필요한 모든 분야가 총망라되어 있었다. 그것은 향후 몇 년 동안 우선시해야 할 지침과 범위를 한눈에 알아볼 수 있도록 나열한 완벽한 청사진이었다.

그 계획서의 은밀한 문장 속에 소수만 알았으면 하는 바람으로 "풋볼팀의 추가를 고려한다"라고 적었다. 이 발언은 가능성 있는 새로운 스포츠들과 함께 세 번째 단계의 실행 목표로 묶어 놓았다. 이는 예전의 경험에서 비롯된 것이었다. 풋볼팀은 대학 내의 다른 종목과는 다르게 선호하는 사람과 싫어하는 사람이 극명하게 갈린다. 만일 대학 풋볼팀을 창단하려면 아주 천천히, 조심스럽게 그리고 엄청나게 숙고하여 세운 계획이 필요하다.

나는 최대한 사람들을 자극하지 않으려고 '아마도-언젠가는'에 해당하는 범주에 풋볼을 넣었다. 풋볼팀 창단은 캠퍼스의 등록률을 높이고 학생들의 사기를 증진시킬 수 있는 방법이었다. 그런데 만에 하나 일이 틀어지면 재정적 손실이 발생하고 학생회의 분위기가 부정적으로 바뀔 가능성이 있었다.

불행히도 이런 참사는 규모가 작은 캠퍼스에서 훨씬 더 흔하게 일어나는 일이었다. 오히려 많은 학교에서 풋볼팀을 없애고 있었다. 내가 세운 조심스러운 계획대로라면 향후 5년 안에 풋볼팀 추가 안건을 검토할 수 있으리라 희망했는데 하나님이 그냥 놓치기에는 너무도 아까운 기회를 주셨다.

비록 계획을 세워놓긴 했지만 나는 풋볼팀에 관한 생각은 먼 훗날 일로 미루고 마음에만 둔 상태였다.

장기 계획을 발표한 후 곧이어 치러진 졸업식을 마치고 졸업생과 그들의 부모 그리고 친구들과 어울려 여러곳을 돌아다녔다. 그런데 예전에 내가 총장으로 있던 학교에서 영입한 풋볼 코치와 부딪혀 넘어질 뻔했다. 심지어 그는 내가 예전의 학교를 떠나기 몇 개월 전에 영입한 사람이었다.

"세상에나, 미시시피에는 웬일이에요?"

너무 놀란 나는 그에게 거의 큰소리를 칠 뻔했다.

이 사람은 그동안 함께 일했던 모든 풋볼 코치 중에서 손에 꼽힐 만큼 독보적인 최고의 스카우터였다. 또한 그는 지도하는 모든 팀에 복음과 제자도의 마음을 불어넣어 연단하는 믿음의 사람이었다. 그는 경기장에서 'X'와 'O'를 할 때를 잘 아는 사람이었고, 승리와 패배를 넘어 코치로서의 소명 의식을 가진 사람이었다.

"총장님이 떠난 후 해고됐어요."

그는 웃으며 암에 걸렸다는 이유로 학교에서 해임됐다고 말했다. 나는 매우 마음이 아팠다. 심지어 그 학교에서 인종차별 소송도 감수하겠다고 했다니…. 너무도 충격이었다. 다행히 그의 암치료는 예후가 긍정적이라고 했다. 그는 낙천적인 성격을 드러내며 우리의 새로운 캠퍼스 가까운 곳에 살게 되어 기분이 좋다며 너스레까지 떨었다.

내 앞에 서있는 사람이 평소에 내가 이상형으로 생각하던 바로 그 풋볼 코치였다.

- 일을 쉬고 있을 것
- 떠날 준비가 되어있을 것
- 가까운 시내에 거주할 것

이 모든 조건을 갖춘 사람이 나타났다.

나는 선택해야 했다.

기존의 리더십 방법대로 계획부터 세운다면 지금 풋볼팀을 창단할 수 있는 가능성을 다각도로 다시 따져가며 철저하게 평가하고 연구하는 시간을 거쳐야 했다.

만약 기회를 포착하는 리더십을 따른다면? 나 홀로 앞장서서 풋볼팀을 창단하는 주체자가 되면 그만이었다.

난생처음 만난 기회의 순간이었다. 나는 기존의 상식을 깨는 일을 선택했다.

나는 그 자리에서 코치에게 한 마디를 던졌다.

"맨땅에 헤딩하는 소리이긴 한데…, 혹시 우리 학교에서 풋볼팀 한번 해볼래요?"

그는 함박미소를 짓더니 대답했다.

"맨땅에 헤딩이오? 제가 지금 찬밥 더운밥 가릴 처지 같아요?"

즉석에서 거래가 성사되었다. 그러나 이내 정신이 들었다.

'도대체 내가 무슨 짓을 한 거야?'

지난 몇 달 동안 기획 회의를 하면서도 풋볼 얘기는 하는 둥 마는 둥 했는데….

이제 사람들에게 어떻게 설명해야 할지 막막했다. 우리는 경기장도, 탈의실도, 체력 단련실도, 훈련 시설도, 연습장도 없었다.

단 하나 이상적인 코치를 영입했을 뿐이었다.

나는 신임 총장으로 부임해 이제 막 안면을 트기 시작한 이사회와 풋볼팀 창단에 회의적인 교수진을 어떻게 설득해야 할지 고민했다. 풋볼팀을 창단하기 전에 자기 팀의 시급한 문제부터 해결해달라고 주장하는 다른 스포츠팀의 코치들을 어떻게 설득해야 할지도 고민했다. 또한 우리 대학을 풋볼팀을 운영하는 시끌벅적한 학교가 아니라 예전의 얌전하기만 했던 여성 대학으로 보는 동문과 재학생들도 있었다. 온통 난리가 날 판이었다.

선두는 위험하다

리더는 기회가 생겼을 때 기꺼이 선두에 서서 이끌어야 한다. 사람들의 동의를 받아야 하고, 치밀하게 평가해야 하고, 본격적인 시행 전에 착안한 것이 제대로 될지 조직을 정비하면서 시험해야 한다. 진정 큰 변화를 원하는 지도자라면 당연히 그 누구보다 앞장서서 이끌어야 하는데 이 과정에서 필연적으로 몇 가지 단계를 겪을 각오를 해야 한다.

- 일이 잘 풀리더라도 여러 사람이 문제를 제기할 수 있다.
- 다른 사람이 책임자로 더 적합하지 않느냐고 의문을 제기하며 자기가 아는 사람을 어떻게든 끼워 넣어보려는 사람들이 나타날 수도 있다.
- 자기 말을 들어주지 않는다고 당신의 평판에 흠을 내려는 사람들도 있다.
- 그럴지라도 끝까지 선두에 서서 이끌어 가다 보면 사역은 진일보하는 큰 보상을 받는다.

높은 위험도는 기회를 포착하는 리더십에서 항상 전제되는 조건이다.

사역 단체는 다른 사람보다 데이터를 잘 다루고 처리하는 능력이 뛰어나다고 해서 극적인 도약을 하지 않는다. 대부분의 사람들이 두려워서 해볼 엄두도 못 내는 일을 하나님이 주신 영감으로 믿고 기꺼이 받아서 하는 사람들이 사역 단체를 발전시킨다.

사람들은 때때로 맨 앞에 선 리더를 오해한다. 고집이 세다거나, 독재적이라거나, 앞뒤 안 가리는 무모한 사람이라거나, 남의 말도 안 들어주는 독불장군이라거나…. 이런 원성들은 너무 앞서가기 때문에 생긴다. 앞장 서서 이끌되 적당히 템포를 맞추고, 다른 사람들이 조금씩 선두를 따라오도록 신경을 써야 한다.

템포를 이끄는 드러머처럼 리더십을 발휘하라. 동시에 장단에 맞춰 다른 연주자들이 잘 따라오는지 수시로 확인하는 것이 핵심이다. 안 그러면 혼자만 신나서 앞서가는 바보가 된다.

템포를 이끄는 드러머처럼 리더십을 발휘해야 한다. 동시에 장단에 맞춰 다른 연주자들이 잘 따라오는지 수시로 확인하는 것이 핵심이다. 안 그러면 혼자만 신나서 앞서가는 바보가 된다.

선두에 서기 전에 점검해야 할 중요한 사항이 있다. 내 유익이 아닌 사명이 기반이어야 한다. 영적인 척도를 재차 확인할 수 있는 몇 가지 방안이 있다.

- 평소 존경하는 조언자 한두 사람에게 현재 하려는 일이 이기심에서 비롯된 것인지, 최선의 사역 방법인지 물어보라. 당신의 속내를 투명하게 밝히면 그들도 진실을 말해 줄 것이다.
- 그 문제를 주님 앞에 내려놓고 기도하라. 동기가 순수하다는 뚜렷한 확신이 생길 때까지 인내하며 기도하라. 기도하지 않는 사람은 주님의 검증을 받을 수 없다.
- 구상하는 일이 추진된다면 개인적으로 마주하게 될 최선과 최악의 상황을 가늠해 보라. 만일 눈금이 너무 한

쪽으로 기울어진다면 잠시 멈추고 의도를 되짚어 보라. 최악만큼 최선에만 기울어져 있는 것도 주의하라.

동기에 아무런 문제가 없다면 이제 선두에 설 때다.

그러나 선두에 서는 리더에게는 일반적으로 세 가지 위험이 뒤따른다.

1. 무지의 위험성

새로운 기회라는 말은 이에 대해 아무것도 모른다는 말과 같다. 우리가 알고 있는 확실한 것은 우리가 그 일에 대해 모른다는 것뿐이다. 모든 일을 먼저 다각적으로 분석하려는 사람은 리더십을 가질 자격이 안 된다. 그들은 감독관이 제격이다.

기회를 포착하는 리더는 아는 것이 적은 상태라도 일단 첫발을 내디딘다. 한 걸음씩 걷다보면 언젠가 때가 되었을 때 훨훨 날아다닌다는 사실을 알기 때문이다.

아무리 좋은 기회라도 답이 없는 수많은 질문이 얽혀있다. 답을 모르는 질문을 기회의 걸림돌로 생각해선 안 된다. 그런 생각으로는 어떤 좋은 기회도 붙잡지 못하고 놓칠 뿐이다. 엄청난 도전일수록 모호한 일들이 켜켜이 쌓인다. 여기에 발목이 잡혀 아무것도 못 하는 사이에 사역의 기회는 물 건너

간다.

선두에 서서 잘못된 답을 내리면 마음에 상처를 받기 마련이다. 지혜로운 리더는 답이 중요한 것이 아니라 먼저 기회를 잡아야 하는 것이 중요한 일임을 알고 있다. 그러나 계획과 정답을 요구하는 세상, 기존 사람들의 문화를 이해해야 한다. 새로운 리더십으로 단체를 이끌며 받는 상처들은 겉으로 드러내지 말아라. 훌륭한 리더일수록 상처를 감추는데 능숙하다. 중요한 것은 사명이다.

풋볼팀 창단을 마음먹은 나는 저항이 가장 심할 것으로 예상하는 곳부터 찾아갔다. 전국 축구 선수권 대회에서 우승한 자랑스러운 역사 때문에 우리 학교는 축구팀을 매우 중요하게 여겼다. 나는 풋볼팀 창단을 위해 이사회보다 먼저 축구팀 코치를 찾아갔다. 축구팀을 지지하는 사람들이 라이벌이 될 수도 있는 풋볼팀 창단의 가장 큰 벽이었다. 나는 어디를 공략해야 할지 간파하고 있었다.

리더는 사명과 문화에 대한 일이라면 하나부터 열까지 모조리 꿰고 있어야 한다.

사명 선언문을 얼마나 멋들어지게 쓰고 주요 방침들을 세울 것인가가 중요한 것이 아니다. 이해관계자들을 어떻게 설득해 실제로 기회를 실현시키느냐가 사역의 가장 중요한 관건이다.

새로운 기회에 반대하는 사람들의 시선으로 사역을 바라보라. 이 기회가 당신의 가치관과 은사에 진짜로 안성맞춤인지, 아니면 부적당한 것인지 좀 더 정확하게 예측할 수 있다. 반대 입장에서 파악하는 데 공을 들인 만큼 성공 가능성은 커지고 위험도는 낮아진다.

2. 즉흥적인 순종의 위험성

새로운 기회가 생기면 일단 시작하라.

수반되는 문제점은 나중에 고치면 된다.

일단 시작하고 나중에 수습하는 것이 기회 포착의 리더십을 기준으로 삼는 조직과 단체의 관행이 되어야 한다.

'다 갖추고 시작하기'에는 정보도, 인원도, 자원도, 수단도 턱없이 부족하다.

새로운 기회라는 말은 이에 대해 아무것도 모른다는 말과 같다. 우리가 알고 있는 확실한 것은 우리가 그 일에 대해 모른다는 것뿐이다. 모든 일을 먼저 다각적으로 분석하려는 사람은 리더십을 가질 자격이 안 된다. 그들은 감독관이 제격이다.

기회를 제대로 포착하려면 즉흥적으로 해보는 수밖에 없다. 시작하는 도중에 숱하게 환경이 달라진다 해도 그에 따라 변경하고, 조정하고, 적응하면 된다.

그러나 당신의 이런 즉흥적인 대처가 일부 이해관계자들의 마음을 몹시 불안하게 한다는 것을 알아야 한다. 주요 안건마다 믿을 만하고 구체적인 답변을 해주지 않으면 그들은 앞으로 나가려 하지 않는다. 그럴 때는 비록 질문과 불평이 계속해서 새어 나오더라도 밀어붙이는 수밖에 없다. 오직 리더인 당신만이 밀어붙일지, 뒤로 뺄지를 결정할 수 있다. 상황에 따라 어떤 선택을 내려야 할지는 다를 테지만 만약 뒤로 뺀다면 다음 두 가지 문제 중 한 가지가 반드시 발생한다.

(1) 절대로 기회를 포착하지 못한다.

하나님은 누구나 아는 뻔한 길을 새로운 기회라며 가져다주지 않으신다. 결승선까지 가는 길이 죄다 보인다면 우리는 주님을 의지할 필요가 없다. 갈 길도 모르는 주제에 하나님마저 의지하지 않는 사람, 이런 사람에게 과연 하나님이 황금 같은 기회를 가져다주시겠는가? 사람들에게 지킬 수 없는 약속을 하다 보면 선택지가 점점 제한되고 하나님이 새로 주신 기회들을 실행할 베스트 타이밍을 놓치게 된다.

(2) 밀어붙였을 때보다 더 많은 것을 변경해야 한다.

부담감 때문에 새로운 기회를 밀고 나가지 못한다면 대부분의 기회는 곧 사라져버린다. 사람들이 원하는 다른 대안을 따라 어차피 새로운 것을 배워야 하고, 신입 인원을 받아야 하고, 예상치 못했던 우여곡절을 겪게 된다. 부담감 때문에 애초 바라던 기회에서 한발 뒤로 물러나 무턱대고 A, B, C 등을 약속한다면, 설사 X, Y, Z 등의 대안으로 큰 성과를 올렸더라도 후원자들은 당신을 신뢰하지 않는다. 이제 다른 사람이 원하는 기존의 계획 수립 방식에 고분고분 순응하는 것 외에 다른 선택지는 사라진다.

기회 포착의 리더십은 마음이 여리면 감당할 수 없다.

즉흥적으로 할 수 있는 용기가 필요하다.

아브라함처럼 갈 바를 알지 못해도 하나님만을 신뢰하겠다는 불굴의 의지가 있어야 한다.

베드로처럼 내가 더 잘 안다는 생각이 들어도 하나님의 뜻이라면 그대로 행한다는 용감무쌍함이 있어야 한다.

웃시야처럼 오직 하나님을 열심히 찾아야 한다.

하나님의 지시에 즉흥적으로 반응하는 것이 바로 영감 있는 리더십의 원동력이다. 하나님이 가져다주시는 기회는 한 번의 충격으로 끝나지 않는다. 우리는 하나님을 의지하며 스스로 버티며 기회를 잡아채야 한다.

크리스천 리더에게 "즉흥적으로 뭔가 하라"라고 말하는 것은 준비하지 않고 있다가 느닷없이 서두르며 "아무렇게나 하라"라는 뜻이 아니다. 진실로 주님이 모든 것을 이끄신다는 것을 믿기에 즉흥적으로 순종하라는 것이다.

풋볼 코치와의 뜻밖의 만남은 그 뒤로도 계속해서 이어지는 놀라운 기회들의 신호탄에 불과했다. 사전에 계획한 바가 없는 일들이 계속해서 진행되었다. 연이어 찾아오는 범상치 않은 사람들과 순간들은 마치 하나님이 앞서가시면서 모든 문을 열어 놓으신 것만 같았다.

그런데 아주 심각한 일이 발생했다.

함께 프로젝트를 구상하던 풋볼 코치의 암이 급격히 악화된 것이다. 손을 쓰기에 늦은 시점이었다. 풋볼팀 창단의 핵심을 담당하는 중요 인물이 빠졌으니, 이제부터는 즉흥적으로 어떻게든 해결책을 찾아야만 했다.

요점만 이야기하자면 결국 새로운 적임자를 다시 만났다.

노먼 조셉(Norman Joseph)은 미시시피 주립 대학에서 촉망받는 대학 쿼터백이었고, 이후 코치 생활을 거쳐 브렛 파브(Brett Favre)라는 스타가 있던 서던 미시시피 대학교(University of Southern Mississippi)의 공격 코디네이터로 활동했다. 노먼은 대단히 잘나가는 부코치였지만, 다른 학교에 면접을 봤다는 루머를 믿은 수석코치에 의해 해고됐다. 풋볼계가 원래 그렇다.

나는 졸업식에서 우연히 만난 그 코치 이상의 적임자가 없다고 생각했다. 하지만 하나님은 더 훌륭한 적임자를 예비해 놓고 계셨다. 노먼은 이미 우리 주의 모든 고등학교 코치들이 알고 있는 유명 인사였고, 스포츠 매체에도 종종 등장하던 인물이었다.

노먼은 미국대학선수협회(NAIA) 역사상 프로그램의 첫 두 시즌 동안 1,000야드 러셔와 1,000야드 리시버를 모두 달성한 현존하는 유일한 코치였다. 그는 2년 만에 우리 학교를 전미 랭킹 25위에 올려놓았다.

리더가 즉흥적으로 행동하면 비판을 받기도 하겠지만, 중요한 기회를 선점하려면 어쩔 수 없다. 그러나 무엇보다 중요한 것은 사명이다.

앞으로 나아가려면 속도를 빠르게 올려야 할 때도 있고, 보폭을 바꿔야 할 때도 있다. 언제 어떻게 해야 할지를 알기 위해서는 더욱 간절한 마음으로 하나님을 의지해야 한다. 그래야 나보다 앞에선 하나님이 일하시는 것을 볼 수 있다.

> 앞으로 나아가려면 속도를 빠르게 올려야 할 때도 있고, 보폭을 바꿔야 할 때도 있다. 언제 어떻게 해야 할지를 알기 위해서는 더욱 간절한 마음으로 하나님을 의지해야 한다. 그래야 나보다 앞에선 하나님이 일하시는 것을 볼 수 있다.

3. 회복의 위험성

모든 기회를 '창업'의 단계에 대입해 생각해 보자.
① 준비 ② 창업 ③ 생존 ④ 견인 ⑤ 안정

그런데 이 단계는 절대로 뒤로 돌아갈 수 없다. 창업을 했으면 생존을 향해 나아가야지, 다시 준비할 수는 없다. 각 지점에서 반드시 성공해 앞으로 나아가야만 한다.

새로운 계획을 실행할 때 초반 부담이 줄어들면 자신감이 올라간다. 그러나 위기가 찾아오면 모든 것을 리셋하고 회복시켜야 할 단계가 찾아온다. 장기적인 성공을 위해선 초반과

'회복 단계'가 가장 중요하다. 안정을 거쳐 찾아오는 다음 단계는 ⑥ 만족의 단계이며 뒤에 따라오는 것은 ⑦ 혼돈과 혼란의 기간이다. 여기서 멈추지 않으려면 그다음 단계인 ⑧ 선택과 변화를 통해 회복을 시켜야 한다.

선두에 선 리더에게는 착수 단계가 필요 없지만, '회복 단계'에서는 당신의 정신력과 지명도가 결정적인 역할을 한다. 이미 시작한 일, 심지어 성공했던 일을 재조정해 새롭게 출발시키는 일은 새로운 일을 시작하는 것보다 힘든 일이다. 혼란이 찾아왔을 때 똑 부러지게 이끌지 않으면 결국 희망은 바닥으로 떨어지고 만다.

풋볼팀을 창단하고 8년 만에 자리를 잡았다고 느끼던 때 바로 이 회복의 단계가 필요한 시점이 찾아왔다.

매우 큰 희망을 품고 시작한 해였으나 풋볼팀은 어느 때보다 끔찍한 출발을 했다. 혼란의 단계를 넘어서기 위해 나는 대학 총장으로서 한 번도 해보지 않았던 일을 시도했다.

당시 2년 차였던 코치에게 내가 직접 선수들과 이야기할 수 있는지를 물었다. 우리 풋볼팀의 여섯 번째 패배 후에 열린 오찬 행사에서 나는 연설을 맡았다.

코치는 청중 속에서 나를 지지해 주고 있었지만 그의 마음이 딴 데 가있다는 것을 알아챘다. 코치는 개인적으로 힘든 일을 겪고 있었다. 아내는 생명이 위험할 수도 있는 위험한 수술을 앞두고 있었고, 갓 태어난 아기가 있었다. 내가 코치를 따로 만났을 때 어쩐지 기댈 사람이 필요한 것처럼 보였던 것은 이런 이유였다. 내가 선수들에게 직접 말할 수 있냐고 묻자 코치는 선뜻 응했다.

당시 나는 어떤 주제를 놓고도 즉석에서 연설할 수 있었다. 그런데 그날은 연습장으로 가는 동안에도 무슨 말을 해야 할지 막막했다. 당신도 그 장소에서 풀 패드를 착용한 채 땀에 흠뻑 젖어 있는 백 명의 풋볼 선수들 가운데 섰다면 나와 같은 감정을 느꼈을 것이다. 설사 개요를 작성해 갔다고 해도 말이다.

나는 하나님께 지혜를 달라고 기도했다.

기도를 마치고 선수들의 눈을 보니 헬멧을 쓴 풋볼 선수가 아니라 남편과 아버지가 될 청년들, 피고용인과 고용인이 될 남자들, 곧 지역 사회에서 뛸 풋볼 선수들과 교인들로 여겨졌다. 그 순간 하나님께서 무엇을 말해야 할지 영감을 주셨다. 마치 재촉하시는 것 같았다.

"여러분, 남은 시즌은 더는 풋볼이 아니라, 여러분의 남은 인생에 대해 생각합시다. 이번 시즌 후반기를 어떻게 보내느냐에 따라 진로가 결정됩니다. 실망스러운 결과에 서로를 비난할 수도 있고, 화를 낼 수도 있고, 부당하다고 여길 수도 있고, 포기할 수도 있고, 변명할 수도 있습니다.

아니면 힘을 합쳐서 희망을 품고, 앞을 내다보며 훈련받은 대로 잘 해낼 수도 있습니다. 힘들었던 일은 다 던져 버리고 젖 먹던 힘까지 내며 새롭게 출발하는 심정으로 여러분의 미래를 주님께 맡겨야 할 때입니다. 남은 풋볼 시즌에서 여러분이 하나님을 의지해 좋은 결과를 이룬다면 이후 여러분의 인생 가운데서 역경에 어떻게 대처해야 하는지를 배울 수 있을 것입니다."

더불어 나는 다가오는 토요일을 새로운 시작으로 여기자고 했다. 0승 6패가 아니라 0승 0패로 생각하고 다시 시즌을 시작하자고 제안했다.

반응은 뜨뜻미지근했다. 연설 전, 나는 마음이 고양되어 혹시 선수들의 마음이 뜨거워져서 연설이 끝나자마자 환호성을 지르거나 헹가래를 치면 어떡하나 걱정했지만 그런 반응은 없었다. 제로였다.

그 후 코치가 어떻게 했는지는 모르지만, 토요일 경기에서 우리는 3점 차로 이겼다. 다음 주에도 우리는 기분 좋게 이겨 승점을 올렸다. 그리고 세 번째 주에 완전히 회복한 우리 팀은 번번이 지기만 했던 최강팀을 꺾었다.

네 번째 주가 시작되었을 때, 우리 팀은 이미 투지에 불타고 있었다. 그런데 20초밖에 남지 않은 상황에서 4점이나 뒤진 데다 앤드 존까지는 62야드(56.7m)나 떨어져 있었다. 하나님이 우리에게 지난 세 경기에서 웃게 해주신 것에 만족해야 할 순간이었다. 이때 놀라운 일이 벌어졌다. 우리가 필사적으로 패스한 공이 수비수의 헬멧을 맞고 튕겨 나와 오히려 터치다운으로 바로 갈 수 있는 우리 팀의 가장 빠른 리시버의 양팔에 안겼다.

다섯 번째 경기를 시작했을 때, 우리 팀은 더 이상 시즌 초에 형편 없이 부진했던 모습이 아니었다. 최고 중의 최고의 기량을 선보이는 팀으로 모든 것이 변했다. 그날의 경기는 훌륭함, 그 이상의 의미가 있었다. 마침내 우리 팀은 홈커밍 우승으로 시즌을 마무리했고 나는 미리 주문했던 '무패의 두 번째 시즌'이라고 적힌 티셔츠를 팀에 전달했다.

하나님이 주신 영감으로 과감하게 시작했던 풋볼팀이었지만 경기에서는 이길 수도 있고 질 수도 있다. 그런데 선수들과 코치들의 보고에 따르면, 하나님은 이 허둥대며 만든 풋볼팀을 통해 모두가 훨씬 더 큰 중요한 목표를 볼 수 있게 도우셨다. 나는 개입할 권한이 없어 먼 발치서 지켜보기만 했지만 지나온 궤적을 보면 참으로 위태위태한 순간들이 많았다.

다시 말하지만, 선두에 선다는 것은 개인적으로나 단체

에 있어서 큰 위험을 수반한다. 우리 풋볼팀이 처음 여섯 경기에서 전패를 한 것처럼 나머지 여섯 경기에서도 전패를 할수도 있었다. 혹은 이런 감동적인 스토리가 아니라 평범하게이기고 지고 하다가 흐지부지 시즌이 끝났을 수도 있다.

하지만 우리 풋볼팀은 회복의 단계를 거쳐 새로운 기회를잡았다. 장기적인 성공의 과정인 혼돈과 혼란의 단계를 무사히 통과했다. 현재 우리 풋볼팀은 축구장 겸용이지만 미국의소규모 대학교 중 가장 아름다운 경기장을 보유하고 있으며막강한 능력과 이상을 가진 코치진이 지도하고 있다.

승리와 패배는 경기장에서 언제나 반복될 수밖에 없다.하지만 우리 풋볼팀은 기독교 단체의 일원으로서 가장 중요한 평가에서 이긴 진정한 승리자이다.

제10장

미래 지향적인 사고방식

장작을 파는 행상이었다가 남북전쟁 때 지휘관이 된 율리
시스 S. 그랜트(Ulysses S. Grant) 장군은 적극적으로 적을 공격해
달라는 에이브러햄 링컨 대통령의 명령을 받았다.

치열했던 벨몬트(Belmont), 헨리 요새(Fort Henry), 도넬슨 요
새(Fort Donelson) 및 샤일로(Shiloh) 전투에서 공을 세우며 1년 6
개월 동안 두각을 나타낸 그랜트는 링컨 대통령에게 노예 해
방의 대업을 이룰 수 있다는 희망을 품게 했다.

그랜트는 남부군의 주요 보급로를 차단하기 위해 빅스버그
(Vicksburg)로 진격했고, 그와 동시에 미국 남부의 경제를 망치
고 있었던 불법 목화 매매를 막는 일에도 힘을 썼다. 그러나
전쟁 통에도 싼 가격을 무기로 양쪽 진영을 자유롭게 오가며
교묘하게 로비를 하는 악덕 장사꾼들을 막기는 불가능했다.

링컨 대통령을 제외한 정계의 인사들은 그랜트가 이룰 수
없는 일을 이루기 위해 국력을 낭비하는 독불장군이라고 생

각해 해임을 바랐다. 그런데 그랜트가 여기에 기름을 붓는 실수를 저질렀다.

1862년 12월 17일 그랜트는 북군의 점령지 중 자기 관하에 있었던 테네시(Tennessee), 미시시피(Mississippi), 켄터키(Kentucky)에서 "모든 유대인을 추방한다"라는 내용의 「일반 명령 제11호」를 발령했다.

목화를 밀수하는 상인 대부분이 유대인과 유대인의 꼬임에 넘어간 파렴치한이라는 그랜트의 생각이 이런 결정을 내리게 만들었다.(1)

당시 미시시피주 홀리 스프링스(Holly Springs)에 주둔하고 있던 그랜트는 제11호 명령을 내린 그날 모든 유대인은 가족별로 봇짐만 챙겨서 즉시 떠나도록 했다..

그랜트는 빅스버그 전투, 임박한 병력의 배치, 불법 면화 판매 수익이 남부군의 군자금으로 사용되고 있다는 소식들 때문에 엄청난 스트레스를 받고 있었다. 이러한 긴장 상태에서도 그랜트는 적극적인 공격성으로 전쟁터를 누비며 승승장구했고 장군으로서의 위상과 명성을 높여갔다. 하지만 그는 장군이 아닌 행정관으로는 빈약한 경험과 식견을 가지고 있었다. 전쟁터처럼 대담하게 밀어붙이는 방법밖에 몰랐기에 그랜트는 주변의 훌륭한 조언자들의 반대에도 완고하게 「일반 명령 제11호」를 발령했다.

역사적으로 이해할 수 없는 조악한 판단을 내린 많은 지도자들처럼, 그랜트의 판단 역시 사실이 아닌 감정에 따른 결정이었다.

「일반 명령 제11호」는 일리노이(Illinois)에서 미시시피로 여행을 온 아버지 제시 루트 그랜트(Jessie Root Grant)와 논쟁을 벌인 직후에 발령됐다. 그랜트의 아버지는 두 명의 유대인 상인을 데리고 면화 판매에 특혜를 달라고 요구했다. 가뜩이나 아버지와 사이가 좋지 않았던 그랜트는 당돌하게 불법적인 요구를 하는 고압적인 아버지의 모습에 부아가 치밀어 올랐다. 100%라고는 할 수 없지만, 그랜트가 내린 「일반 명령 제11호」라는 실책은 틀림없이 아버지의 간섭에 대한 일종의 반항심리였다.

「일반 명령 제11호」는 남군, 북군을 떠나 모든 대중의 극심한 항의를 불러일으켰고, 민주당원들은 그랜트의 불신임안을 의회에 재빨리 제출했다. 유일한 지지자였던 링컨 대통령조차도 그랜트를 옹호하지 않았다. 링컨은 사적으로 그랜트를 찾아가 잘못된 결정을 내렸다고 질책했으며 공개적으로 유대인을 지지한다고 선언하며 그랜트를 비난했다.

명령이 시행된 지 17일 만에 링컨은 대통령 직권으로 그랜트의 유대인 추방령을 폐지했다. 링컨은 그랜트에게 지난 명령이 무자비하고 잘못된 판단이었다는 뜻을 분명히 전달했다. 링컨은 당시 그랜트가 매몰되어 있던 유대인 문제보다 노예

해방이라는 훨씬 더 문제를 앞에 두고 있었다.

그랜트가 「일반 명령 제11호」로 큰 실책을 했을 당시 링컨은 노예해방선언문 초안을 작성 중이었다.

여기까지는 흔히 예상할 수 있는 이야기다.

그러나 그 뒤에 범상치 않은 이야기가 나온다. 그랜트가 큰 실수를 저지르고, 링컨도 대통령 직권으로 그랜트의 명령을 취소하며 공공연히 비난한 지 한 달도 되지 않았을 때, 돌연 링컨은 그랜트를 빅스버그 전투의 총사령관으로 임명한다. 남북전쟁의 승패가 걸린 가장 중요한 전투였다.

가장 힘든 시기에 링컨의 전폭적인 신임을 얻은 그랜트는 다시 힘을 내어 이어지는 전투마다 승승장구했다. 전장에서 실력을 입증한 그랜트는 나중에는 연합군의 최고사령관으로 임명됐다.

애퍼매톡스(Appomattox)에서 리(Lee) 장군의 항복을 받아낸 그랜트는 감정적으로 유대인 추방 명령을 내리던 옹졸한 장군이 아니었다. 그랜트는 하나가 된 미국의 재건에 도움이 되는 관대한 항복 조건을 제시했다. 전쟁으로 양쪽 모두 큰 손해를 입은 상황에서 매우 과감하고 미래지향적인 결정이었다. 또한 서로에게 총구를 겨누고 숱한 전투를 치루었던 상대 장군과 병사들을 적대시하지도 않았다.

단점은 분명히 지적하고 장점은 충분히 믿어주었던 링컨의 멘토링으로 그랜트는 전장에서의 승리를 넘어 민족을 통합시킬 수 있는 리더십을 가진 새로운 리더로 태어난 것이다. 차후 대통령이 된 그랜트는 두 번의 임기 동안 미국 남부 전역에서 재건을 이끌고 인종 평등을 주도하는 뛰어난 리더십을 보여줬다.

미래에 초점을 맞추라

미래지향적으로 그랜트를 책망하고, 또 지지했던 링컨의 모습은 간음하다 잡힌 여인에게 **"가서 다시는 죄를 범하지 말라"**(요한복음 8:11)라고 말씀하신 예수님을 생각나게 한다.

예수님은 그녀의 잘못을 채근하지 않으셨다. 그리고 무거운 죄책감이 들게 하지도, 의무적으로 지켜야 하는 특별한 지침을 따르라고도 하지 않으셨다. 예수님은 과거에 얽매이지 않고 미래로 나아갈 수 있는 훨씬 더 좋은 길로 그녀를 인도하셨다.

예수님과 링컨의 사례에서 볼 수 있듯이 리더는 때때로 다른 사람이 저지른 실수로 공격과 비난을 받는다. 예수님을 이단으로 몰려는 바리새인들이 그랬고, 링컨을 무조건 비난하던 의회가 그랬다. 예수님과 링컨 모두 "저 잘난 양반이 어떻게 잘못을 수습하는지 지켜보자"라는 생각을 가진 수많은 사람들의 비난의 눈길을 통해 큰 압박을 받았다.

두 모범 사례를 통해 우리는 함께 일하는 사람들이 중대한 실책을 범했을 때 어떻게 처리해야 할지를 배워야 한다. 리더 자리에 제법 오랫동안 있다 보면, 예수님과 링컨이 겪었던 일들을 몇 번이고 겪게 된다.

세상의 리더 대다수가 잘못한 동료들을 평가할 때 바라보는 전형적인 시선과는 달리, 예수님과 링컨은 이들의 과거의 잘못에 얽매이지 않고 미래에 초점을 두고 일을 처리했다. 이 능력은 또한 기회 포착의 리더십을 따르는 리더들이 창조적인 정신으로 사역하기 위해 반드시 육성해야 하는 재능이다.

누군가 심각한 잘못을 저지르면 대부분 조직은 잘잘못을 따지기에만 급급하다.

왜 그런 잘못을 저지르게 됐는지 그 원인을 찾는 걸 가장 중요하게 여긴다. 추정되는 동기, 정상 참작, 훈련의 부족, 해이한 감독 기준, 위반자의 성격 결함 등을 세밀히 조사한다. 그러나 실수를 일으키는 원인은 매우 복합적이다.

경험 부족, 제한된 시야, 실수에 대한 불안감, 극도의 압박, 또는 일과는 전혀 관련이 없는 곳에 원인이 있을 수도 있다.

이기심에 눈이 가려졌거나 경험과 판단력이 부족해 문제를 일으키는 경우가 상당히 많지만, 정말 문제를 일으키려는 악의적인 목적으로 나쁜 결정을 내리는 경우는 드물다.

귀책 사유를 따지는 보수적인 접근 방식을 추구하는 리더는 문제가 발생한 근본적인 이유를 찾아내서 해결하지 않으면 미래를 바라볼 수 없다고 믿는다. 이런 가정에 기초해서, 사후 교정형 리더들은 미래 지향적으로 문제를 바라보기보다는 이미 일어난 문제의 결함을 따져 다음과 같은 과정을 반복한다.

1. 실수가 패턴(반복하는 경향)화 되지 않도록 권한을 제한한다.
2. 위계질서에서 권력의 차이를 강조한다. 실수를 저지른 사람이 그런 결정을 내릴 권한이 없는 위치에 있음을 깨닫게 만든다.
3. 그냥 넘어가면 앞으로도 같은 잘못을 저지를 수 있기에 반드시 책임지게 한다.

귀에 익은 소리가 아닌가? 그렇다. 이미 들어본 내용들이다! 아마도 전통적인 확고한 지휘 체계가 있는 단체에서 지위가 낮았을 때 누구나 한 번쯤은 겪어봤을 일이다. 학창 시절에 나쁜 선생님에게 보고 배운 것을 이어받아 그대로 자기 반을 지도하는 불량 교사가 된 것처럼, 본인이 개인적으로 경험한 평가 방식을, 심지어 그것이 효과가 없다는 것을 알면서도 무턱대고 되풀이하는 리더들도 있다.

허점이 많은 이런 잘못된 평가 패턴을 복합화하고 단순화하여 등급별로 의미 없는 점수를 매기게 하는 도구들(포멀 리뷰, 촌평 360 평가, 단계별 링크 리뷰 등)도 많다. 이런 도구들은 성장을 장려하기보다 긴장만 고조시킨다. 이러한 잘못된 직원 평가 시스템은 평가 대상자의 요구와 발전 가능성을 다루기보다 평가자의 권한을 높이는 데 중점을 둔다.

나는 평가란, 매우 필요한 과정이지만 평가하는 방식은 우리가 이끄는 사람들의 마음을 때로는 너무 피폐하게 만든다고 생각한다. 나의 기존 저서 「장기적 전망」(The Longview)에서도 나는 평가의 진정한 목적을 언급하며 상세한 대안 평가 기법을 제공했다. 리더십의 핵심적인 구성 요소인 평가의 중요성을 요약하며 나는 책에서 이렇게 결론을 맺었다.

『교정과 책임이 없는 삶은 장기적으로는 믿기 어려울 정도로 충격적인 결과를 가져온다. 효과적인 평가를 등한시하면 치과에 가기 싫어 미루다가 결국 몹시 고통스러운 치료를 선택해야만 하는 상황이 된다. 이사회, 상사, 배우자, 동료, 심지어 자녀를 올바로 평가해야 할 책임은 우리가 삶의 질을 영구적으로 높이기 위해 애쓰고 있다는 것을 확인하도록 하나님이 우리 각자에게 주신 선물이다. …

책임과 교정, 우리를 똑바로 세워줄 이 두 개의 받침이 없다면 비극, 실패, 그리고 맥빠진 삶을 살 수밖에 없다. 당장은 아니더라도 결국 그렇게 된다.』(2)

문제는 평가가 "우리가 할 수도 있는 일"이 아니라, "반드시 해야하는 일"이라는 것이다. 그러나 통념대로 해서는 안 된다. 기회 포착의 리더들은 억제하기 위해서가 아니라 강화하기 위해서, 뜯어 고치기 위해서가 아니라 배우게 하려고, 탓하려는 것이 아니라 미래를 바라보게 하려고 사람을 평가해야 한다.

> 기회 포착의 리더들은 억제하기 위해서가 아니라 강화하기 위해서, 뜯어 고치기 위해서가 아니라 배우게 하려고, 탓하려는 것이 아니라 미래를 바라보게 하려고 사람을 평가해야 한다.

기존 방식으로 이루어지는 평가가 왜 큰 문제인지에 대한 얘기를 마치기 전에 리더십과 관련해 특히 교회에서 당연하게 받아들이고 있는 이야기를 하나 더 짚어보겠다.

많은 리더들이 책임져야 할 자리에 있는 사람들에게 다음과 같은 말을 뻔뻔하게 약속하곤 한다. 마치 자기가 셰익스피어 작품의 주인공이라도 되는 듯이 말이다.

"당신이 아무리 큰 잘못을 저질렀어도 괜찮아요.
나는 언제나 공개적으로 당신의 편이에요.
당신의 잘못은 단둘이 있을 때만 지적하겠어요."

절차와 과정에서 실수를 했을 때는 이렇게 상황을 정리하는 것이 맞다. 그러나 그 실수가 사명에 관한 일이거나 다른 사람에게 상처를 주고, 단체 내에서 갈등을 일으킨 일이라면 이런 식의 접근은 100% 틀린 방식이다.

구성원의 실수로 단체의 사명이 흐트러지거나 주변 사람들이 흔들리게 되면, 지도자는 반드시 공개적으로 목소리를 높여, 하나님이 우리에게 주신 소명을 수호해야 한다. 예수님은 간음하다 현장에서 잡힌 여인의 잘못을 군중 앞에서 바로 잡아주셨고, 링컨 역시 그랜트를 비슷한 방식으로 대했다.

예수님과 링컨 모두 아랫사람의 미래에 초점을 맞추어 잘못을 지적했고 그들을 향한 주변인들의 과거중심적인 판단을 명백히 거부하셨다.

은혜로 충만한 책임

리더가 이끄는 사람들의 잘못된 행동을 꾸짖는 것은 정당한 행위처럼 여겨지지만, 일반적인 방식의 꾸지람은 어려움만 더한다. 기회 포착의 리더십은 사람이 아니라, 문제 그 자체에 집중한다. 자기 자신에 대한 평가를 포함해 철저하고 투명하게 분석하는 문화를 창조해야 한다.

상당수의 리더가 같은 문제를 반복해서 해결해야 하는 쳇

바퀴를 벗어나지 못한다. 그 이유는 비난하는 자리에 서고 싶지 않아서 뭐가 잘못된 것인지 돌아보려 하지 않기 때문이다. 콕 집어서 잘못을 언급하는 대신에 실수를 만드는 원인이 무엇인지 상관도 없는 일들을 복잡하게 끄집어내고 새로운 해결책을 제시한다. 그러면서 잘하고 있는 일을 찾아 칭찬해주면 다시는 같은 실수를 반복하지 않을 것이라고 생각한다.

단언컨대 그렇지 않다.

때로 누군가에게 진짜로 큰 은혜를 베풀고 싶다면, 그가 제대로 책임질 수 있게 분명하게 실수를 지적해야 한다.

마감일을 맞추게 하고, 좀 더 높은 수준의 작업을 목표하게 하고, 긴장감 속에서 생산성을 발휘하도록 가르쳐야 한다. 때에 따라서는 사람들에게 비정하다는 말도 듣겠지만, 큰 위험이 발생하지 않도록 미리 방지하고 일을 잘하도록 지도하는 방식이 상대방을 위해 베풀어야 할 진짜 도움이다.

상대방의 할 일을 분명하게 알려줘야 할 때는 마음을 좀 더 너그럽게 가져야 한다. 평가하고, 상대방의 책임 소재를 분명하게 하는 일도 사명의 한 부분이다. 책임을 묻고 평가하는 목적은 '하나님께서 인도하라고 나에게 맡겨주신 사람들의 성장을 꾸준히 돕기 위해서다'라는 사실을 확실히 마음에 새겨라.

결코 상대를 얕잡아 보거나, 통제하거나, 경멸하기 위함이 아니다. 단순하게 정리하면 책임은 가드레일이고, 은혜는 도로다. 책임을 올바로 져야 사고가 나지 않고 은혜의 도로 위를 질주할 수 있다.

다음은 미래지향적으로 평가하는데 도움을 주기 위한 7개의 가이드라인이다. 잘 적용하면 당신의 사역 단체와 팀의 발전에 큰 도움이 될 것이다.

1. 모두에게 맞는 옷은 없다.

우리는 모두에게 공정한 평가를 바란다. 이는 우리의 태도에 달려있다. 그러나 공정의 기준이나 과정이 모든 직원에게 천편일률적으로 적용되어야 한다는 뜻은 아니다.

다섯 살, 열두 살, 열일곱 살 자녀를 둔 부모가 세 자녀 모두에게 똑같은 규칙을 정해야 할까? 그리고 자녀가 규칙을 어겼을 때, 똑같은 정도로 야단을 쳐야 할까? 당연히 아니다. 그런데 왜 모든 직원이 같은 수준의 재능, 경력, 통찰력, 기질이기를 바라는가? 우리의 평가 기준, 방식 및 유형은 다양성을 갖춰야 한다.

동일한 기준과 같은 도구로 모두를 '공정하게' 평가하려는 대신, 현재 사람들이 처한 위치에서 향상하도록 돕는다면 틀림없이 당신의 팀이 더 빠르게 성장할 것이다. 그렇지 않으면,

누가 봐도 유능했던 사람들은 어느새 게으름을 부리고 적절한 도움이 필요했던 직원들은 돌봄을 받지 못해 다른 사람의 잔심부름이나 하는 신세로 전락할 것이다.

2. 새로운 것을 가르쳐라.

나의 개인적인 바람이지만, 모든 조직 문화에서 '관리자'를 '선생님'으로, 기독교 사역에서는 '양육자'로 호칭을 바꿨으면 좋겠다. 연례 평가든 외부 평가든 모든 방식의 평가는 반드시 사람들의 가치를 높이는 시간이 되어야 한다. 우리가 그들의 풍요로운 삶과 성공을 책임지고 있기 때문이다. 그래서 관리하고 감독하는 사람이 아니라 가르치는 사람이 되어야 한다.

> 연례 평가든 외부 평가든 모든 방식의 평가는 반드시 사람들의 가치를 높이는 시간이 되어야 한다. 우리가 그들의 풍요로운 삶과 성공을 책임지고 있기 때문이다.

일터는 의미 있는 학습장이어야 한다.
애플, 구글, 디즈니 및 기타 혁신적인 회사들이 이 사실을 진작에 파악했다. 이 회사의 전 직원은 자기 성장의 책임을 스스로 지고 끊임없이 배우면서 일한다. 스트레칭으로 근육을 늘리듯 일을 탄력적으로 하고 실수에서 배울 것을 찾기 위해 질문하고 공부한다. 이 과정을 반복하는 것이 학습 주기의 핵심이다.

어떤 사람은 똑같은 성과를 내기 위해 더 많은 훈련을 받아야 한다. 이는 엄연한 현실이다. 사람들에게 실수하고, 실험하고, 해결책을 실험해 보고, 때로는 실패할 수 있는 여지를 줘라. 그래야 사람들이 그 과정에서 배운다. 사람들이 자기 일에서 배우지 않으면 성장하지 못하고 정체된다. 분명 여러 가지 문제가 발생한다. 구성원들이 성장하지 않고 능력이 제자리걸음 중이라면 크게 두 가지 문제다.

(1) 사람을 제대로 뽑은 것이 아니다.

(2) 때에 맞춰 인원을 적재적소에 제대로 배치하지 못했다.

이 문제는 다음 장에서 더 자세히 다루려 한다.

3. 깨닫게 인도하라.

다른 사람을 나무라는 것과 잘못한 원인을 찾도록 돕는 것은 차이가 있다. 위협적이지 않은 방식으로 후자를 실행할 수 있다면 상상 이상으로 상대방의 성장을 도울 수 있고 사역에 큰 유익이 된다.

새로 들어온 팀장이 회의 중에 팀원들에게 험한 말을 써서 주의를 준 적이 있다. 우리는 이 문제를 즉시 해결해야 했다. 자세히 알아보니 그 팀장의 언어 습관은 일반 회사에서 다른 상사들에게 배운 것이었다. 다른 방법을 알지 못했던 그 팀장은 전혀 다른 분위기인 사역 단체에 와서도 이전에 몸에 밴 나쁜 행동을 그만두지 못하고 답습하고 있었다.

물론 세속적인 비즈니스 환경에서는 훨씬 더 험한 언어들이 난무하니 그 팀장도 그나마 순화해서 그런 말을 사용한 것일 수도 있다. 그러나 우리 환경에서 그가 한 말들은 원자 폭탄 급의 큰 영향을 미쳤다. 결국 그의 팀원 한 사람이 이 문제로 사임했다. 이 일로 팀장은 자신의 과거 습관 때문에 사역에 큰 걸림돌이 된다는 사실을 깨닫고 노력 끝에 나쁜 습관을 고쳤고, 이후로는 점점 성장했다. 사역 단체에 대한 특수성을 적절히 가르쳐주지 않았다면 그 팀장은 자신이 무엇을 잘못했는지도 모르고 계속해서 다른 사람들에게 상처를 줬을 것이다.

누군가 실수를 할 때 그 사람이 자신감을 느끼도록 도우며 약간의 코칭만 해준다면 대부분은 스스로 잘못을 깨닫고 고쳐나간다.

4. 돌려 말하지 말라.

나는 새해마다 매번 똑같은 결심을 한다.

"사람들에게 돌려 말하지 말고, 원하는 바를 똑바로 말하자."

그런데도 시간이 지나면 결국 다시 원상태로 돌아간다.

나는 재능 있고, 경험이 풍부하고, 유능한 팀과 함께 일하고 있다. 그러나 가끔 그들이 실망스러운 모습을 보이거나 분명한 잘못을 할 때면 그 사실을 두루뭉술하게 말한다.

"이렇게 했어야죠!"

한 마디면 끝날 일이다. 그런데도 제대로 말을 못 하고 사람들이 먼저 알아줬으면 하는 마음에 빙빙 말을 돌리니 내가 생각해도 답답한 노릇이다. 너무나도 자주, 사람들이 텔레파시로 내 마음을 알아줬으면 하는 것처럼 행동한다. 그러다 문제가 더 커질 때도 있다.

내가 바라는 사항을 다른 사람이 알아주기를 바랄 때는 돌려 말하지 말고 정확하게 전달하라. 다음의 두 가지 사항이 도움이 될 것이다.

1. 당신의 기대 사항을 글로 자세히 기록하라.
2. 사람들의 약점을 보완하는 방식보다는 각 사람의 재능을 중심으로 임무를 부여하라.

직설적인 리더는 대화 중 지적을 많이한다.

그래서 이 부분을 불편하게 여기는 사람들이 있을 수도 있다. 그러나 이런 방식은 오히려 사소한 문제들을 미연에 방지해 큰 위기를 자초하지는 않게 만든다.

5. 새로운 도전 기회를 주라.

나는 직원들이 주변머리가 없거나 게으르지 않은 한, 대부분은 시간을 지혜롭게 사용하고 올바른 결정을 내린다고 믿는다. 또 대부분의 사람들이 큰 실수를 하고 자신이 잘못한 것을 깨달으면, 다음번에는 그것을 제대로 할 수 있다는 것을 보여주고 싶어 한다고 생각한다.

대부분의 사람들은 큰 실수를 하고 자신이 잘못한 것을 깨달으면, 다음번에는 그것을 제대로 할 수 있다는 것을 보여주고 싶어 한다고 생각한다.

사람들이 실패했을 때, 비록 우리가 시켜서 한 일이라 해도 핑계를 대며 비판을 듣지 않으려고 한다는 사실을 리더라면 분명하게 알고 있어야 한다.

부정적인 평가는 사람들의 판단력, 노력, 기술 및 성격을 더 안 좋게 만든다. 사람들은 업적 평가를 인신공격으로 받아들인다. 전통적인 기죽이기식 교정 방식에서 벗어나라.

미래 지향적으로 직원들을 지도한다면 직원들 스스로 능력을 발휘하고 신뢰를 회복할 새로운 기회를 애타게 찾을 것이다. 불행하게도 리더들은 이전의 실패에서 얻은 지혜를 활용해 새롭게 도전할 수 있는 무대를 마련하기보다는 실망하게 한 사람들에게서 기회를 뺏으려는 경향이 있다. 당신에게 지도를 받은 사람들에게 새롭고 신축성 있는 과제를 부여하면, 그들은 배운 기술을 활용해 마음껏 능력을 발휘해 새로운 기회를 찾을 것이다.

심지어 더욱 중요한 것은, 그들이 앞으로 나아갈 수 있도록 밀어주는 우리의 모습에서 그들은 신뢰감을 느낀다. 새로운 도전을 맡기는 것만큼 실수한 사람을 회복시키는 일은 없다.

6. 모든 사람을 책임질 수 있는 대책을 마련하라.

문제가 생기고 나서 수습을 하는 것보다 문제가 생길 원인을 차단하는 대책을 세우는 편이 더 낫다. 장차 분명한 골칫거리가 될 거라고 예상되는 일들은 선제적으로 차단하는 대책을 만들어 사람들을 보호하라.

예를 들면 재단의 재정시스템을 감시하는 엄격한 시스템을 구축하라. 사역 단체의 법인카드나 소액의 현금을 부적절하게 사용하지 못하도록 미리 차단하면 직원과 당신 모두에게 도움이 될 것이다. 기독교 사역단체에서도 도둑질을 이유로 정기적으로 해고당하는 많은 사람이 있음을 기억하라.

아동을 대하는 단체에서는 학대를 어렵게 만드는 시스템을 구축할 필요가 있다. 이는 직원을 힘들게 하는 것이 아니라 직원들을 보호하는 친절을 베푸는 것이다. 강력한 보호 대책을 세워 놓으면 경력을 망칠 수 있는 심각한 문제를 일으킬 유혹에서 직원들을 보호할 수 있다.

문제가 돈이든, 성격이든, 시간이든, 관계이든, 아니면 자존심이든, 더 많은 책임과 투명성은 덜한 것보다 낫다. 책임감 없이 인생을 살아가는 사람들은 대부분 도중에 탈선한다.

많은 훌륭한 그리스도인들이 부족한 책임 하나로 완전히 망가진 인생을 살아간다. 나는 이런 사람들을 너무나 많이 봐왔고, 그런 사람들의 이야기를 들을 때마다 가슴이 너무나 고통스럽다. 그가 한때나마 성숙하고 연륜 있는, 존경받는 사람이었다면 더욱 그렇다.

부적절한 행동 때문에 누군가를 해고하는 일은 늘 괴롭다. 물론 선을 넘은 사람은 당연히 해고해야 한다. 한 사람의 죄로 전체의 재정, 신용, 그리고 영향력이 감소하고 사역 전반에 피해를 주는 경우가 많기 때문이다.

슬프게도, 그 고통은 충성스럽게 섬기는 분들에게 고스란히 전가된다.

마귀는 항상 외부보다 내부에서 간교하게 공격한다.

마귀는 당신의 팀, 그리고 당신의 뒤를 노린다.

7. 다른 사람들이 비판을 받아야 한다면, 당신도 마찬가지다.

당신이 다른 사람의 성장을 위해서 정당한 비판을 한다면 당신 역시 다른 사람의 비판을 받아들여야 한다. 정당한 이유라도 당신이 비판을 받아들이기 싫다면, 왜 다른 사람은 당신에게 비판을 받아야 하는가?

역사적으로 볼 때 인격적으로 추앙받던 기독교 리더들은 항상 비슷한 방식으로 몰락했다. 그들은 정당한 책임을 회피하고 비판을 어리석은 자들의 공격이라고 치부했다. 그러나 나는 경험을 통해 사람들의 모든 비판, 심지어 불합리하고, 불공정하고, 근거 없는 공격이더라도 거기에서 무언가 배울만한 점이 있음을 발견한다.

비판을 너무 언짢게만 여기지 말라. 아무도 비판받는 것을 좋아하지 않기에 당신도 마찬가지일 것이다. 그러나 비판에서 성장할 요소를 찾아낼 수 있다면 당신은 훨씬 더 능력 있는 리더가 될 것이다.

사람들은 성장한다

율리시스 그랜트는 과거가 아닌 미래에 초점을 맞춘 링컨의 문책에 "알아들었습니다"라고 대답했다. 「일반 명령 제11호」를 발령한 일은 그랜트의 되돌릴 수 없는 큰 실수였지만 그는 나머지 인생을 통해 이 실책을 만회하고도 남을 업적을 이루었다.

그는 유대인의 인권 증진을 위해 힘쓴 미국 최초의 대통령이었다.

유대인을 위한 외교 정책을 발표했고, 회당에도 참석했으며, 에드워드 새먼(Edward Salmon)을 워싱턴 준주 주지사로 임명하는 등 유대인 간부들을 정부 요직에 앉혔다.

첫 번째 선거에서 그랜트의 대통령 당선을 반대하는 공격적인 선거운동을 했던 랍비 아이작 메이어 와이즈(Isaac Mayer Wise)마저도 그랜트의 두 번째 임기가 끝나갈 즈음에는 "그랜트는 과거의 악명 높은 명령 제11호를 아무것도 아니게 만들 정도로 좋은 일을 했다"라고 말했다.(3) 랍비 와이즈는 자기 잘못을 반성하기 위해 그랜트가 극적으로 노력한 사실을 인정했다.

우리는 간음하다 현장에서 잡힌 여성에게 대체 무슨 일이 있었는지 모른다. 다만 우리가 알 수 있는 것은 흥분한 군중이 그녀를 돌로 치려 했을 때 구주 예수님께서 그녀의 생명을 지켜주셨고, 꾸짖지 않고 그녀를 가만두셨다는 것이다. 그녀를 죽이라는 소란이 멎고 조용해지는 동안, 그녀의 삶에 뭔가 변화가 생겼다. 그리고 그 자리에서 그녀를 새로운 삶으로 이끄는 주님의 차분한 음성이 들렸다.

"가서 다시는 죄를 범하지 말라."

구습의 평가 방식을 버리고 예수님이 우리에게 가르쳐 주신 미래 지향적인 방식을 따르라. 그것이 링컨이 했던 방식이다.

제11장

풋볼 코치가 아닌,
야구 감독 되기

대학 풋볼 코치는 오늘날 미국에서 우수한 조직 리더십의 표준으로 주목을 받고 있다.

미식축구 경기장의 코치들은 그들이 진행하는 프로그램을 확고히 통제해 한 치의 오차도 허용하지 않고 철저하게 관리해 선수들이 탁월한 실력을 발휘하게 한다.

최고의 지도자들은 자기 선수들을 현장에서 직접 지휘하고, 그들의 식단, 학업, 관계 및 분 단위 일정까지 조정한다. 작은 것 하나까지 어느 한 부분도 소홀하지 않는다. 심지어 라커룸도 경기하듯 치밀하게 관리한다. 최고의 승리를 거두는 감독은 선수들의 모든 요소에 관여한다.

사회적으로도 풋볼 코치는 존경받는 리더의 정점에 올라 있다. 대학 풋볼 코치는 미국 50개 주 중 29개 주에서 최고 연봉을 받는 공무원이다. 가장 최근에 우승한 네 명의 대학 코치는 2,700만 달러를 벌어들였지만, 미국 주지사 50명의 총 급여는 700만 달러에 불과했다. 돈은 사회에서 그 사람이 얼마나 존경받고 인기 있는가를 알려주는 지표이다.

특히 풋볼 코치 중에는 기독교계에서도 슈퍼스타인 사람들이 많다. 고등학교부터 미국 프로 미식축구(NFL)에 이르기까지 공공연히 간증을 하며 자신의 영향력을 활용하는 코치와 선수들이 많다. 영향력을 선하게 사용하는 이런 행동은 찬사를 받아야 마땅하다.

다른 종목엔 다른 방법이 필요하다

전통적인 계획 수립 방식을 고수하는 리더들은 풋볼 코치를 본보기로 삼는다. 작은 일까지 신경 쓰는 준비성, 모든 돌발 사태에 대비하는 자세, 정확한 실행력, 그리고 실수를 엄격하게 다루는 평가 방식을 사용한다.

이런 요소는 풋볼에서 승리를 위해 반드시 필요한 공식이다. 그러나 이 모델은 다른 스포츠에서는 무용지물이 되고만다.

한계가 분명한 전통적 계획 수립 방식의 틀을 넘어 충분한 유연성을 발휘해 기회를 포착해야 하는 조직 리더들에게도 이 모델은 맞지 않는 옷이다.

기회 포착의 리더십을 따르는 리더들이 따라야 할 모델은 오히려 야구다.

야구는 감독의 지시 없이 선수가 알아서 움직이고, 시합 도중에 경기를 멈추는 일도 거의 없다. 가장 중요한 것은 야구 감독은 경기장 아홉 개의 각 자리에 배정한 선수 각자의 고유 재능과 준비된 실력을 파악하고 있다는 점이다.

선수 각자가 서 있는 자리에 따라 역할과 필요한 능력이 달라진다. 야구 감독들은 선수들이 맡은 역할에 따라 개인별로 다른 지도 방법을 사용한다. 포지션에 따라 선수들의 능력도 다르다. 속도, 몸집, 민첩성, 필요한 힘과 기술도 다르다.

풋볼은 야구와는 달리 선수들끼리 포지션을 자주 바꿀 수 있다. 공격 라인맨은 다섯 개의 블로킹 포지션 중 하나로 자유롭게 이동할 수 있다. 러닝백은 쉽게 타이트 앤드의 역할을 맡을 수 있고 대다수 쿼터백의 주요 임무는 던지기이지만 러닝백만큼 빠르게 달린다. 물론 선수들 개개인이 자유롭게 발휘할 수 있는 어느 정도의 자율성은 모든 스포츠에 있다. 그러나 야구는 좀 다르다.

대부분의 스포츠와 달리 야구에서는 선수마다 맡은 역할이 뚜렷하다. 리그 최고의 유격수가 포수 위치로 가는 순간 형편없는 선수가 된다. 유격수는 순발력과 수비 위치를 잡는 능력이 중요한데 포수는 체력과 투수의 리드가 더 중요하다.

포구를 가장 많이 하고 긴 송구가 많은 1루수가 강습 타구가 많은 3루에 가도 수비가 어색해진다. 같은 내야수인데도 말이다. 시속 153km의 강속구를 던질 수 있는 투수가 우익수로 가서도 안 된다. 투수는 18.44m를 빠르게 던지는 것이 중요하지만 외야수는 50m 이상을 정확하게 던지는 능력이 더 중요하다. 최고의 투수라도 최고의 외야수가 될 수는 없다.

기회 포착에 집중하는 사역 리더들이 성공하기 위해서는 성공적인 야구 감독들의 방식을 따라야 한다. 성공한 감독들은 모든 선수의 특성, 기질, 훈련된 상태와 기량에 맞춰 팀에서 각자가 맡을 위치를 정해 준다. 감독은 투수가 중견수나 유격수와는 완전히 다른 역할이라는 것을 이해하고 포지션과 개인 성향에 맞게 경기할 수 있도록 계획을 세운다. 같은 투수라도 체력에 따라 어떤 투수는 4일 만에 등판하고, 어떤 투수는 6일 만에 등판한다. 사람에 따라 정답이 달라진다.

또한, 감독은 더그아웃에서 팀을 위기 상황에서 구할 준비가 된 불펜 선수들을 어떻게 활용할지 매 경기 고민한다.

풋볼과 달리, 야구 선수들은 각자 맡은 위치에 따라 경기장을 바라보는 시각도 천차만별이다. 포수는 플레이트에서 타자를 유심히 관찰하며 빈틈을 찾는다. 경기장 전체를 볼 수 있는 유일한 선수이기에 수비 위치도 직접 지시할 수 있다. 그에 비해 외야수는 타자석에서 91m 이상 떨어져 있어 타자의 얼굴이 보이지도 않는다. 시야에 들어오기 전에는 공의 형체도 확인할 수 없다.

때에 맞춰 적정한 위치에 적절한 선수를 배치하는 것은 야구 감독이 내려야 하는 중요한 결정이다.

명예의 전당에 오른 위대한 선수 칼 립켄 주니어(Cal Ripken Jr.)가 오랫동안 맡았던 유격수 자리에서 고작 12m 떨어진 3루수로 포지션을 옮겼을 때, 그의 오랜 경력과 훌륭한 재능에도 불구하고 많은 사람들이 우려했다.

사역에서도 비슷한 원리가 적용된다. 누군가의 위치를 살짝 옮기거나, 그 사람이 더 좋아하는 방향으로 약간만 조정해도 긍정적인 변화가 나타난다. 통찰력과 용기 있는 리더만이 이런 결정을 내릴 수 있다.

야구 감독은 모든 선수가 전략적으로 똑같이 중요하지 않다는 사실을 이해하고 팀에서 승패를 가늠하는 중요 인물이 누구인지를 안다. 타석에 가장 먼저 서는 1번부터 4번까지의 타자는 결코 아무렇게나 순서를 정하지 않는다. 같은 선발투수라도 어떤 순서로 내보낼지, 그 또한 중요한 사안이다.

감독은 각 선수의 고유한 장점을 최대한 끌어내 활용할 방법을 찾고, 동시에 다른 선수들의 약점을 어떻게 보완해야 할지 분석한다. 약점도 강점도 활용할 수 있는 때에 맞는 전략이 있다.

게다가 메이저리그에서 활약하는 실력 있는 감독들은 고등학교에서 선발한 신입 선수부터 백만장자 슈퍼스타, 베테랑에 이르기까지 팀에 속해 있는 각기 다른 수준의 선수들과 협력하여 재능과 기량을 마음껏 펼칠 수 있도록 지도하는 능력이 있다.

야구 감독은 대중에 의해서 민주주의 원칙으로 선출된 리더가 아니다. 야구 감독은 임무를 잘 수행하기 위해 뽑혔고 또 모든 책임을 지는 자리에 있다. 의무적으로 팀의 방향을 정하고, 때론 힘든 결정을 내리고, 한정된 자원의 균형을 맞추고, 실패의 무게를 짊어져야 한다. 풋볼 코치와 마찬가지로, 의심할 나위 없이 야구 감독도 자기 구단을 전적으로 책임져야 한다.

전통적인 계획 수립 방식의 리더십으로 이끄는 조직과 기회 포착의 리더십으로 이끄는 조직의 차이는 풋볼과 야구처럼 전혀 다른 방식으로 운영된다.

'효율적인 실행'이 중요한 풋볼은 수십 년 동안 잘해 온 사역을 상징한다. 반면 '창조적인 지략'이 중요한 야구는 우리 조직이 미래를 위해 반드시 해야 할 일을 상징한다.

- 풋볼은 밀어붙이는 힘이 있지만, 야구는 끝날 때까지 끝나지 않는다.

- 풋볼은 몰래 계획해야 하고, 야구는 즉각 반응해야 한다.
- 풋볼은 정확한 팀플레이가 필요하고, 야구는 개인의 창의력이 필요하다.
- 풋볼은 시간에 쫓기고, 야구는 시간을 흘려보낸다.
- 풋볼은 통제를 강조하고, 야구는 유연성을 요구한다.
- 풋볼은 우직해야 하고, 야구는 변칙적이어야 한다.
- 풋볼은 한 가지 목표를 달성하기 위해 미리 결정한 방법을 따르고, 야구는 복잡한 목적을 이루기 위해 다양한 기회를 활용해야 한다.
- 풋볼은 거의 모든 경기에서 이겨야 우승할 수 있고, 야구는 30%를 져도 우승할 수 있다.

풋볼과 야구의 서로 다른 목표는 다른 리더십, 다른 기법, 다른 시야, 그리고 심지어 다른 방식을 요구한다(감독직을 맡은 분들은 훨씬 더 깊은 단계의 복잡한 사항을 훤히 꿰고 있겠지만, 우리 같은 열혈 팬들은 공개된 모습만으로 판단할 수밖에 없다).

대부분의 풋볼 코치는 40초 제한 규칙 때문에 서두르느라 고래고래 소리를 지르며 선수들에게 명령도 하고, 헤드셋을 통해 계속 요구사항을 지시하며 경기 내내 사이드라인을 서성인다. 이런 지도자들은 '위풍당당한' 존재감으로 자신의 가치를 입증하려고 안달이 나 있는 선수들에게 자신감과 용기를 불어넣어 줘야 한다.

야구 감독들은 고정된 더그아웃에 자리를 잡고 경기를 여유 있게 관전한다. 때로는 대기 중인 선수와 대화를 나누는 산만한 모습을 보이기도 한다. 야구는 시간제한이 없는 게임이기에 때로는 시간을 끄는 작전도 종종 사용할 수 있다. 충분한 시간을 통해 선수들의 의견을 듣고, 시합에 대한 정보를 듣고, 대책을 유연하게 세울 수 있다.

승리라는 도전 과제를 해결하기 위해서는 다차원적이고 고차원적인 해결책을 전력화해야 한다. 그 과정에서 발생하는 여러 문제들도 고려해야 한다. 전략을 세울 때 가장 중요한 것은 변화하는 상황을 장기적으로 내다보며 효과적으로 관리해야 한다는 점이다. 그러기 위해서는 가능한 많은 선택지를 열어둬야 한다.

게임의 전략을 바꾸라

야구와 풋볼의 차이점이 무엇인지 분명하게 인식했다면 이제 본격적으로 새로운 방식의 리더십을 배워보자. 분명히 말하지만, 풋볼 코치 대신 야구 감독을 표본으로 삼아야 기회를 포착하는 리더의 소양을 갖출 수 있다.

새로운 게임에는 새로운 전략이 필요하듯이 새로운 리더십에는 세 가지 새로운 모델이 필요하다.

1. 독립심 북돋우기

지난 세대의 리더들은 팀원을 관리의 대상으로 여기고 결속력을 최고의 미덕으로 여겼다. 상부의 결정을 바탕으로 계획을 수립하는 이런 식의 모델은 풋볼팀처럼 효과를 내야 할 때는 매우 효과적일 수 있다. 그러나 이제는 과거의 유산이다.

기회 포착의 리더십으로 바꾸려면, 팀의 단합이 팀 관리에 가장 중요한 일이라는 가정부터 버려야 한다.

조직의 리더십을 강의하는 이런저런 전문가들, 강사, 컨설턴트들은 아직도 이런 주장을 펼치고 있지만 정작 그들의 조언을 따라 성공한 조직은 찾아보기 힘들다.

그럼에도 이런 주장들이 여전히 통하고 있는 것은 새로운 대체 수단이 없다고 생각하기 때문이다. 유의미한 대안을 찾지 못한 사람들이 여전히 예전의 방식으로 팀을 이끄는 것이 가장 효율적인 방식이라는 막연한 믿음을 갖고 있다.

전통적인 계획 수립 방식으로 만든 해결책으로는 수없이 몰려드는 도전 과제를 유연하게 대처하지 못한다는 것을 이미 알면서도 우리는 너무나도 충실하게 그 원리를 따르고 있다.

사역 리더들은 모든 직원이 야구 감독처럼 자신이 맡은 영역에서 얼마든지 창의력을 발휘할 권한을 줘야 한다. 리더들이 팀원들에게 독립성을 보장하며 자신감을 심어준다면, 누가 뭐라 하지 않아도 저절로 주인 의식을 갖고 놀랄만큼 열심히 일할 것이다. 그 과정에서 하나님이 주신 저마다의 재능을 창의적으로 꽃피울 것이다.

대학 총장으로 장기근속했던 우리 아버지는 교수진들을 '남다른 것을 생각하는 사람들'이라고 표현하곤 했다. 높은 수준의 전문 지식을 가진 사람들은 세상을 보는 시각이 다르다. 그래서 나도 그들을 좋아한다. 풀러 신학대학원(Fuller Seminary)에 오랜 기간 몸담았던 데이비드 허바드(David Hubbard) 총장은 교수들을 '각이 선 사람들'이라고 말하기도 했다. 요즘은 조직 내 부서에서 일하는 거의 모든 사람들이 이런 얘기를 듣지 않는가?

세대교체를 통해 그동안 획일적이었던 조직 문화가 개인의 표현을 중시하는 풍조로 바뀌면서 이제는 일하는 방식이 달라졌다.

스티브 잡스(Steve Jobs)와 그의 애플 동료들이 티셔츠와 청바지를 입고 회의를 하기 전까지 IBM은 자사의 모든 경영진에게 회색 정장과 흰색 셔츠에 어두운색 넥타이 착용을 의무화하라고 지시했다. 그러나 한 세대 만에 반듯하게 정렬한 책상이 놓인 사무실에서 통신 시설을 이용한 재택근무가 대세가 되는 등 시대가 급변하고 있다.

사람들의 일터에 대한 기대치가 극적으로 변화됨에 따라 과거처럼 팀의 결속력을 계속해서 강조하다 보면 오히려 수익이 점점 감소할 것이다. 너무도 오랫동안 조직의 리더들은 독창성보다 팀의 화합을 중시했다. 만일 우리가 속박을 풀고 직원들의 '날이 선 각'과 '남다른 생각'을 즐기기 시작하면, 하나님이 그들에게 주신 그 모든 재능들을 맘껏 활용하여 거기에서 흘러나오는 이점을 만끽할 것이다.

팀에 여전히 중재해야 할 갈등이 있을까?
물론이다!
그렇다면 팀원 간에 존재하는 개인적인 껄끄러운 문제 때문에 팀을 억지로 단합시켜야 할까? 몇 년이 걸리더라도?
물론 아니다!

특히 우리가 젊은 세대와 함께 일할 때, 기존에 하던 대로 팀을 구성하여 통제하면 그들의 성질을 건드릴 뿐이다. 신세대는 모두 함께 힘을 합쳐 일하자는 조직의 규율이 아니라 사명감에 따라 자신을 불태운다.

통제를 풀고 팀의 사람들에게 자신감을 심어줘라. 개인적인 자신감을 가진 사람들이 모인 팀은 훨씬 더 강해진다.

통제를 풀고
팀의 사람들에게
자신감을 심어줘라.
개인적인 자신감을 가진
사람들이 모인 팀은
훨씬 더 강해진다.

2. 공로를 돌려라.

리더들은 어디에서나 찬사와 인정받는 일에 익숙해서인지 모든 사람들이 자기처럼 칭찬받는 삶을 살고 있다고 생각하는 것 같다. 그러나 현실은 그렇지 않다.

주일 오전 예배를 마친 후, 목사가 출구에서 성도들과 인사를 하면 평범한 설교였는데도 "은혜받았습니다, 목사님"이라는 찬사가 연신 쏟아진다. 소수의 방문단에게도 사역 단체의 대표를 소개하면, "반갑습니다"라고만 해도 충분한데 대부분 예의를 갖춰 품위 있게 손뼉까지 친다. 리더들이 정기적으로 외부 사람들을 찾아가 조언을 구하곤 하지만, 이는 어디까지나 "아주 잘하고 있다"라는 뿌듯한 칭찬을 듣고 싶은 것이 가장 큰 이유이다. 심지어 직접 이루지 않은 업적들도 그 단체의 리더라는 이유로 칭찬을 받기도 한다.

우리 대학 소프트볼 팀이 대회에서 우승해도, 화학과에서 상을 받아도, 합창단에서 크리스마스 콘서트를 열어도, 특별히 도와준 것도 없는데도 사람들은 대학교 총장인 나에게 축하를 보낸다. 당신이 나와 비슷한 자리에 있는 사람이라면 같은 일이 일어나고 있을 것이다.

내부에서 사역하는 사람들에게는 아무도 박수갈채를 보내지 않는다. 대중이 인정해 주지 않아도 현장에서 묵묵히 일하는 사람들도 있다. 리더들이 한 무리의 사람에게 박수갈채를 받는다고 나아질 게 뭐가 있을까?

리더들은 이런 부분에 각별히 신경을 써야 한다.

리더들은 이미 인정을 받을 만큼 충분히 다 받았으니 더는 필요가 없다. 리더에게 쏟아지는 스포트라이트를 이제는 다른 데로 돌려야 한다. 팀원들이 이룬 성과만 바라보는 것이 아니라 그 성과를 이룬 개인에게 직원으로서, 그리고 같은 인간으로서 감사의 마음을 진정성 있게 표현해야 한다.

기회를 포착하는 리더십은 손과 발로 현장에서 일하는 사람들에게 초점을 맞춰야 한다. 지도자는 오롯이 지렛대, 혹은 받침대 역할을 하면 충분하다. 사역의 중심에서 일하는 사람들이 저마다 아이디어의 씨를 뿌리고 활짝 꽃을 피우도록 하는 게 리더의 가장 중요한 역할이다.

스포츠 경기를 시청할 때, 야구 중계의 경우에는 대부분 선수를 클로즈업한다. 풋볼 게임에서는 카메라가 코치를 따라다닌다. 경기 종목에 따른 극명한 대조는 두 리더십의 접근 방식의 차이도 똑같이 반영한다.

날마다 사역의 현장에서 사명을 완수하기 위해 열심히 땀을 흘리는 사람들이 야구 감독형 리더가 되어야 한다. 사역 성공의 확률을 높이거나 낮출 수 있는 사람들을 진정으로 가치 있는 사람으로 여기고, 권한을 부여하고, 지원하고, 인정하고, 고마워해야 한다. 그들 없이 성취할 수 있는 일이 얼마나 되겠는가? 이 질문에 대한 답은 당신이 누구보다 잘 알고 있다.

나는 종종 우리 학교 공동체원 모두를 떠올리며 가장 중요한 사람은 총장과 학장이 아니라 배관공과 전기 기술자라는 생각을 한다. 에어컨과 화장실에서 물이 새거나, 컴퓨터와 조명에 필요한 전기가 끊기면 그날은 모든 일을 놔야 한다.

기회가 있을 때마다 직원 개개인의 중요한 공헌에 잊지 않고 감사하는 것은 성공하는 리더가 마땅히 해야 할 일이다. 칭찬을 들을 만한 가치가 없는 사람이라면 당신은 왜 그 사람을 고용해 돈을 지불하고 있는가? 돈도 돈이지만 지도자라면 절대 칭찬에 인색하지 말아야 한다.

한 가지 비법을 말하면, 당신의 팀원들이 당신을 위해 해주는 일들은 생각보다 시간이 오래 걸리는 일일 수도 있다. 이 사실을 공공연히 인정하고 언급해주며 감사를 표해라. 당신이 생각하는 간단한 작업이 누군가를 주말 내내 일하도록 만들기도 한다. 팀 구성원들이 하는 일의 세부 사항을 이해하려고 노력하며 그에 잘 공감하는 것이 성공적인 리더십의 주요 요소이다.

나는 대학교 총장이 되기 전 청년 시절에 청소년 담당 목사였다.

한 번은 아내와 함께 대강절 첫 번째 예배에 맞춰 예배당을 장식하려고 토요일 저녁부터 주일 새벽까지 일했다. 담임목사는 완성된 장식을 보더니 무미건조한 목소리로 "잘 마무리해서 다행이네요"라고 확인하고는 자리를 떠났다.

우리는 기가 막혔다. 그 강단 장식이 얼마나 힘들고 어려운 작업인지 전혀 인식하지 못한 것 같았다. 잠시 후 목사 사모가 들어왔는데, 장식을 본 순간 격찬하며 큰 감사를 표했다.

"두 분이 밤새 꼬박 일하셨겠네요. 너무 아름다워요."

덩달아 신이 난 우리는 이 장식을 위해 어떤 노력을 했는지 술술 다 풀어놓았다.

사역을 하다 보면, 모든 일이 예상했던 것보다 훨씬 더 어렵고 생각보다 시간도 오래 걸리곤 한다. 이것은 모든 조직의 특성이다. 그러므로 당신이 그들의 고충을 헤아리고 있다는 사실을 팀원 개개인이 알게 하라. 그것이 당신이 팀원들에게 보낼 수 있는 가장 큰 찬사이다.

3. 준비하라.

리더의 성패를 가르는 궁극의 요인은 작고 사소한 결정과 행동이다. 기독교 대학교 총장으로서 나는 해마다 12가지 판단 기준으로 우리가 일 년간 이룬 일과 놓친 일을 따져 본다.

나는 매일 세 가지를 우선순위에 놓고 하루 일정을 짠다.

1. 남이 할 수 있는 일은 하지 않는다.
2. 중요한 일은 하루를 넘기지 않는다.
3. 꼭 필요한 순간은 반드시 챙긴다.

첫 번째를 놓치면 두 번째도 못 한다.
두 번째에서 효과가 없으면 세 번째는 실패한다.

- 첫째, 다른 사람이 효과적으로 할 수 있는 일에서는 손을 떼려고 노력한다. 최고경영자로서 내가 할 수 있는 일만 하면 된다. 만일 다른 누군가에게 그 일을 맡겼을 때는 자문 역할 정도만 한다.

이런 결심을 유지하기 위해 내가 꼭 극복해야 할 일이 있다. 사람들에게 맡겨야 하는 많은 과제를 나도 하고 싶어 안달을 낸다는 점이다. 나는 문제를 해결하고 아이디어를 공유하는 일을 좋아한다. 그래서 직원 간의 갈등을 풀어주거나, 조직 내부의 심리적 문제에 끼어들어 간섭하거나, 성경 공부 모임에서 훈장질하고 싶은 유혹을 받는다. 만약에 내가 남의 임무 가운데 일부를 내 것인 양 꿰차고 책임은 그들이 지도록 하면 이는 일 잘하고 있는 사람에게 민폐를 끼치는 것이기에 삼가야 한다.

리더들은 빈번히 팀원 중 누군가 담당하는 업무에 토를 달고 싶어 한다. 그러나 다른 사람이 그 과업을 잘 완수하도록 뒤로 물러서서, 해낼 여지를 줘야 한다. 그리고 그 결정을 통해 당신도 순간순간 보람을 느껴야 한다. 당신이 처음 일을 배울 때, 누군가도 당신에게 그럴 기회를 주었을 것이다. 이제 당신이 저들에게 배울 기회를 줄 차례이다.

- 둘째, 선임 리더의 경우 활동량이 아니라 그 일의 전략적 성격에 따라 일정을 소화해야 한다. 나는 15분간 전화기를 붙들고 향후 수개월 동안 우리의 일을 진척시킬 핵심 인물과 통화한 적도 있다. 아직 계약도 하지 않은 수년 앞의 일을 추진하기 위해 오후에 여러 차례 회의를 소집하기도 했다. 하루 동안 활동한 횟수로만 일의 경중을 따지면 정말 중요한 가치 있는 일은 손도 못 댈 수 있다.

리더는 온종일 일에 파묻혀 지낸다.

그리고 전통적인 계획 수립 방식에 전력을 쏟는 리더들은 주말이면 거의 일을 놓고 지내면서도 평일에는 과정이라는 수렁에 빠져서 허덕인다. 이와는 대조적으로, 기회 포착의 리더십에서는 리더가 신속하게 대응해서 유의미한 성과 차이를

기회 포착의 리더십에서는 리더가 신속하게 대응해서 유의미한 성과 차이를 내야 한다. 그러기 위해서는 일정, 전망, 관계 및 견해에 있어 충분히 유연성있는 생각이 필요하다.

내야 한다. 그러기 위해서는 일정, 전망, 관계 및 견해에 있어 충분히 유연성 있는 생각이 필요하다.

- 셋째, 리더들은 참여할 때는 깊게, 알릴 때는 넓게 해야 한다. 만일 나를 하루 이틀 정도 미행한다면, 내가 거의 모든 일의 사정에 밝은 사람이라는 걸 먼저 알게 될 것이고, 사소한 것까지 세세하게 챙기는 사람이라는 것도 알아차리게 될 것이다. 나는 조직원들을 더 숨 막히게 하는 사람이 아니다. 다만 평형을 유지하는 가운데 도전 과제가 무엇인지 파악하는 데 신경을 쓴다.

나의 관여 정도를 '미시적 인식'이라고 정의하고 싶은데, 이는 사사건건 간섭하며 통제하는 '미시적 관리자'와는 전혀 다르다. 이 둘은 세세하게 이해한다는 공통점이 있지만 그 목적은 서로 다르다.

물이 더 뜨거워지기 전 거품이 일어날 때 문제를 해결하기가 훨씬 더 쉽다. 문제가 터지기 전에 무슨 일이 벌어지고 있는지 알아차리면 다가올 어려움을 사전에 차단하는 데 도움이 된다. 나의 심도 있는 참여는 사람들을 통제하려는 의도가 아니라, 앞으로 일어날 통제 불가능한 상황이 발생하지 않

> 기회 포착 리더의 관여 정도를 '미시적 인식'이라고 정의하는데, 이는 사사건건 간섭하여 통제하는 '미시적 관리자'와는 동기 자체가 전혀 다르다.

도록 대비하기 위함이다.

더욱 중요한 것은, 중요한 결정을 해야 하는 순간을 대비하려면 결정 시점이 되기 전에 미리 사안의 세부 사항을 조사하여 철저히 꿰고 있어야 한다는 것이다. 리더는 사역의 성공과 다른 사람들의 생계에 큰 영향을 끼치는 결정을 해야 할 때, 한가하게 책이나 펴서 목차나 살피고 있어서는 안 된다.

재무 상태를 정확하게 파악하지 않고 시간에 쫓기면서 어떻게 큰 결정을 내릴 수 있겠는가? 이는 캠퍼스 생활을 하는 학생, 학사 운영, 마케팅, 또는 운동 경기에서도 마찬가지이다. 적시에 옳은 결정을 내리거나 바른 행동을 하도록 준비하려면 지속적인 집중 교육이 필요하다.

중대한 결정에 대비하려면 평소에 지속적으로 준비해야 한다. 어떤 분야에서 중대한 문제가 발생할지 아무도 모르기에 각자가 져야 할 책임에 대하여 미리 교육해야 한다.

나는 미리 시간을 내어 정리했으면 될 아주 사소한 문제들을 방치하는 바람에 엄청난 골칫거리로 비화하는 것을 종종 봤다. 때문에 주기적으로 팀원들에게 "이것은 우리를 삼킬 수 있는 작은 화근덩어리이다"라고 말한다.

전 국무장관이자 백악관 비서실장인 짐 베이커(Jim Baker)는 "사전 준비가 나쁜 성과를 예방한다"라는 5-P 지침으로 유명한 인물이다. 그는 작은 일도 놓치지 않는 계획 입안자로서 이 좌우명에 의존하여 광범위한 공식 계획을 주도했다. 그러나 그의 일생을 자세하게 연구해 보면, 특히 냉전 종식을 이끈 부분에서 베이커는 계획도 하기 전에 훨씬 앞서 발 빠르게 사건을 처리했다. 그런 점에서 베이커는 이미 상당한 수준의 기회 포착형 리더였다.

중대한 결정이나 행동에 대해 모든 사람의 시선이 당신을 향하기 전에, 그러한 순간을 미리 준비하라는 베이커 장관의 5-P 지침에는 사역의 모든 측면에서 교육을 철저히 받으라는 나의 권고가 고스란히 반영되어 있다.

또한, 사역이 이루어지는 터전인 외부 환경에 대한 인식을 바로 하기 위한 교육도 받아야 한다. 그렇지 않으면 변화무쌍한 문화와 시장의 변화에 대비하지 못한다.

갖춰야 할 중요한 요소로는 신체적, 정서적, 영적인 균형이 있다.

모든 리더는 피곤하고 스트레스를 받을 때 지혜보다는 감정에 따라 움직이기에 좋지 않은 결정을 내린다. 영육이 지치면 우리가 이끄는 사람들과의 상호작용이 약화되거나, 표정이 굳거나, 돌변하거나, 엄격하게 굴거나, 판단부터 하게 된다.

잠시라도 쉬는 시간을 가지면, 잠재된 충돌과 갈등을 피하는 것 외에 새로운 통찰력과 영감을 얻는다. 쉰다고 해서 소명을 저버리는 것이 아니다. 도리어 매일의 고단함에서 벗어날 수 있다. 쉼을 위해 의도적으로 일터에서 나를 분리하는 것은 사명의 주요 목표와 기회에 대한 관점을 지키면서 리더에게 쏟아지는 가차 없는 요구에 짓눌리지 않는 유일한 방법이다. 급히 쫓기기만 하면 항상 중요한 것을 놓친다.

사역에서 당신이 없으면 절대로 안 되는 그 결정적인 순간을 대비하려면 평소에 신체적, 정서적, 영적 균형을 유지해야 한다. 시급한 순간은 느닷없이 닥친다.

진정한 당신 자신이 돼라

대학교 총장으로서 가까이에서 함께 일한 코치만 해도 수백 명에 달한다. 그들은 하는 일이 복잡하고 많다. 젊은 운동선수들의 자존심과 재능을 열과 성을 다해 관리해야 하고, 경기에서 이기겠다는 각오로 목표를 달성하도록 꾸준히 교육해야 하고, 최고의 선수들이 졸업하고 나면 다시 새롭게 시작해야 한다. 그리고 이 모든 일에 더해 교수진, 관리자들, 학부모들 그리고 후원자들의 요구도 균형 있게 조율해야 한다.

내가 아는 최악의 코치들에게는 '스타 파워' 무대에서 성공한 코치의 스타일과 개성을 모방하려고 한다는 공통점이 있다.

반면, 최고의 코치들에게도 한 가지 공통점이 있다.

그들은 자기만의 방식으로 팀을 각자의 기질, 강점, 그리고 수준에 맞춰 지도한다.

이번 장에서 내가 제안한 리더십 접근 방식은 독립성을 장려하고, 팀원들에게 공로를 돌리고, 최악의 상황을 미리 대비하라는 것이다. 이런 뼈대는 스타일, 지위, 경력을 떠나서 모든 지도자들에게 적합한 소양이다. 그러나 그러한 특성을 실제로 구현하려면 당신의 성격, 은사, 그리고 운영 방식에 잘 맞춰야 한다.

당신은 당신 자신이다. 다른 사람을 모방해 당신의 개성을 바꾸려 하기보다 하나님이 지으신 당신 고유의 모습을 있는 그대로 받아들여라. 당신 자신이 돼라. 그러면 당신은 하나님이 고유하게 설계하신 대로 완성된 최고의 리더가 된다.

제 3 부

사역에서 적용하는 기회 포착의 리더십: 여섯 가지 경향

지금까지 기회 포착의 리더십에 필요한 여섯 가지 재능을 살펴봤다.

리더가 팀원들의 개인적인 특성을 알아차리려고 노력하면 팀원들은 재능이 발달하고 리더는 시야가 늘어날 것이다. 그러면서 성과는 저절로 따라오게 된다.

그러나 여섯 가지 재능에서 끝이 아니다.

이 리더십의 목표는 더 훌륭한 리더를 양성하는데 그치지 않고 사역 전체의 효율성을 강화하는 것에 이르러야 한다. 전통적인 계획 수립 방식에서 벗어나 기회 포

착의 리더십으로 완전히 넘어가지 않는 한, 사역하는 데 있어서 당신이 추구하는 변화는 아직도 갈 길이 먼 상황이다.

그리고 이 길은 결코 당신 혼자서는 갈 수 없다.

이 길과 관련된 모든 이해관계자가 계획보다는 기회를 더 추구하도록 정신 무장이 되어있어야 한다. 범위를 한정하고, 방침을 정돈하고, 일어날 일을 예측하려고 하는 기존의 계획 수립 패턴에서 벗어나도록 팀을 대담하게 만들고 강화하는 데는 많은 시간이 필요하다. 기회를 주시는 하나님을 사람들이 점점 신뢰하기 시작할 때, 새롭게 달라진 사역 문화 속에 여섯 가지 좋은 경향이 차차 나타난다.

단체마다, 사람마다 저마다 갈 길이 다를지라도, 이 여섯 가지 경향은 사역의 방향 전체를 포괄하기에 어떤 조직이든지 문화에 활력을 주고 기회 포착의 리더십이 더 잘 적용되도록 조율에 도움을 줄 것이다. 기회 포착이라는 새로운 운영 방식은 예측하지 않고, 유동적이며, 단계별로 우리가 어디에 있는지 확인할 수도 없다. 시간이 흐르면서 팀의 성격과 고유한 소명에 맞는 통로를 발견하면 그뿐이다.

제12장

더 속도를 내라

일반적으로 승리를 위해선 빨라야 한다.

능력, 강점, 기술이 부족해서 기회를 놓치는 것이 아니다. 대다수 조직, 특히 기독교 사역에서는 결정 속도, 행동이 느려서 기회를 놓친다.

모든 새로운 기회에는 성과를 내거나 무산시킬 수 있는 황금의 타이밍이 있다. 때에 맞춰 정해진 장소에서 가만히 기다리다가는 기회는 날아간다.

관련된 사실을 수집하고, 자료를 평가하고, 팀을 준비하느라 시간만 까먹는다. 새로운 기회가 생겼을 때, 빠르게 대응하는 일은 준비가 필요없다. 기회는 올 때 잡아야지 준비한다고 해서 저절로 잡히지 않는다.

내셔널 지오그래픽(National Geographic)에 나오는 아프리카 야생 동물 사진가처럼 새로운 기회를 기민하게 포착해야 한다. 느긋하게 풀을 뜯는 얼룩말의 모습을 완벽하게 연출하려면 상당히 많은 시간을 공들여야 한다. 지평선에 석양이 질 때 사자에게 쫓기는 치타가 나무 위로 올라가는 장면을 포착하려면 돌발 상황에 순간적으로 반응할 준비가 되어있어야 한다.

기회는 움직이는 표적이다. 최선의 결정을 위해 완벽하게 준비하려고 모든 것을 굳힐 수는 없다. 당신의 접근 방식이 이런 식이라면 준비가 완벽하게 끝났다 해도 기회는 이미 지나갔을 것이다.

우리 대학교에 단기 컴퓨터 코딩 교육 프로그램을 신설하려고 협력사에서 찾아온 세 명의 리더를 만난 적이 있었다. 그들은 이 투자 사업을 시작하는데 다섯 가지 선결 과제를 해결해야 한다고 말했다. 우리 학교 부총장 두 명은 테이블에 앉은 상태로 그들이 말한 다섯 가지 과제 중 세 가지를 해결했다. 90분 만에 세 가지 문제가 해결됐다.

그러나 한 가지 걸리는 일이 있었다.

나는 즉시 다른 모임에 가있는 학장에게 전화를 걸어 우리 쪽으로 올 수 있는지 알아봤다. 25분이 지나고 학장이 도착한 후 네 번째 과제도 풀렸다.

마지막 문제는 훨씬 더 만만치 않았다. 컴퓨터공학과 학과장이 꼭 있어야 했는데 그는 강의 중이었다. 점심시간이 되자 강의가 끝났다. 나는 학과장에게 점심 식사 후 잠깐 우리 쪽으로 와달라는 문자를 보냈고 잠시 후, 그 일 역시 해결되었다.

이 정도의 속도는 우리 팀에서는 흔한 일이다.

그러나 맞은 편에 앉아 있던 고문단은 놀란 기색이 역력했다. 그들의 대표는 전날 정확히 동일한 프로그램을 구상 중인 웨스트 코스트(West Coast)의 한 유명 주립 대학교에 똑같은 과제를 제시했다. 그 대학의 직원들은 다섯 가지 문제를 해결하는데 최소한 18개월이 걸린다고 대답했다. 제도적 절차를 다 거쳐야 문제를 해결할 수 있었기 때문이다. 고문단은 컴퓨터 세계가 너무도 빠르게 변하고 있기에 18개월 뒤에 나오는 답변은 하나마나라고 지적했다.

빨라야 이긴다.

많은 시간과 정보가 있다면 결정 자체는 한층 더 편해질 것이지만, 현실 세계는 그렇게 돌아가지 않는다. 새로운 모험을 위해 일시 중지 버튼을 누르려 한다면 신중하게 생각하라. 다시 돌아오면 기회는 이미 사라지거나, 변경됐거나, 더 불확실해졌을 수 있다.

> 새로운 모험을 위해 일시 중지 버튼을 누르려 한다면 신중하게 생각하라.
> 다시 돌아오면 기회는 이미 사라지거나, 변경됐거나, 더 불확실해졌을 수 있다.

나무늘보보다 빠르게

사역에서 진도가 안 나가는 것은 사람들이 게을러서 그런 것이 아니다. 그것은 조직에 내재되어 있는 DNA 때문이다. 결코 직업윤리의 문제가 아니다.

사랑스럽지만 활발하지는 않은 나무늘보가 천천히 움직이는 것은 근육량이 부족해서가 아니다. 느리게 움직이는 종류의 동물들은 저온의 체온과 적은 양의 양분만 섭취해도 되는 극히 낮은 신진대사율 때문에 천천히 움직이는 것뿐이다. 마찬가지 이유로 사역 역시 '더딘 속도'로 움직이고 있을 수 있다.

나무늘보처럼 느리게 움직이는 사역 단체의 조직 문화 DNA는 이렇게 형성되어 있다.

- 긴급한 것이 없다. 이게 평소의 속도다.
- 변하는 것이 없다. 예측이 가능하다.
- 공격적인 행보가 없다. 유지가 최선이다.
- 결단을 내릴 필요가 없다. 절차만을 따른다.

나는 대다수 단체나 조직은 불확실한 일에 뛰어들어 속도전을 펼치기보다는 평범하게 지내기를 원한다고 확신한다.

우리 대학교 교수 임용에 지원한 한 지원자에게 우리 학교의 빠른 운영 속도에 대해 설명한 적이 있다. 그러자 그 지원자는 DNA에 빗대어 한 가지 사례를 자세히 들려줬다. 그는 지난해 재직 중이던 교육 기관에서 가르쳤던 과정을 내용은 그대로 두고 명칭만 변경하고 싶어 했다. 모든 것은 그대로였고 단지 명칭만 바꾸면 되는 일이었다. 그러나 그 일조차 쉽지 않았다.

"제가 요청한 지 4개월이 지났는데 다섯 개 위원회에서 심의 중이라는 답변만 돌아왔고 지금까지도 답이 없습니다."

그가 생각하기에 고등 교육 기관일수록 더딘 행보를 보이는 것은 근무 기준이 표준 이하이거나 의사결정에 있어 통찰력이 부족하기 때문이 아니었다. 대학을 운영하는 방식에 내재되어 있는 나무늘보 같은 DNA 때문이었다. 대학과 똑같이 느린 DNA가 교단, 기업, 정부 기관, 각종 주택 조합뿐 아니라 봉사 단체와 지역 교회에 이르기까지 널리 퍼져있다. 여기선 뭐든지 느린 것이 일상이다. 속도와는 거리가 멀다.

「뉴클레오티드」(nucleotides)라는 분자들이 DNA가 들어있는 복합체인 핵산을 이루는 것같이, 조직 문화 안에 내재되어 있는 DNA의 네 가지 기본 구성 요소를 재설계해야 한다. 그래야만 나무늘보 같은 사역 단체에 속도가 붙는다,

1. 불안 DNA

우리는 종종 '빨리 가면 나쁜 일이 생기는 거 아닌가?'라는 생각을 하곤 한다. 그래서 자녀에게 운전을 가르칠 때도 서

둘러 빨리 가는 것보다는 느리고 안전하게 가는 것이 낫다고 강조한다. 고속으로 주행하면 통제력을 잃고 사고 나기 쉽다고 귀에 못이 박힐 정도로 잔소리를 해댄다. 저속으로 달린다면 돌발 사태에 훨씬 더 잘 대처할 수 있다고도 말한다.

운전이 미숙한 사람은 당연히 천천히 운전해야 한다. 경험이 부족한 운전자도 속도를 내면 안 된다. 하지만 그것은 비상사태에 잘 대처할 수 있을 만큼의 충분한 운전 실력을 쌓을 때까지만이다. 가끔은 너무 느리게 가는 것이 빠르게 달리는 것보다 더 위험할 수도 있다. 고속도로에서는 반드시 일정 속도 이상으로 달려야 한다. 일단 경험을 쌓고 나면 안전하게 제작된 차량의 성능을 믿고 안전하게 빠른 속도로 주행하면 된다.

최고의 자전거 경주로 유명한 투르 드 프랑스(Tour de France)에서도 끔찍한 충돌이 일어나 라이더가 부상당하거나 죽는 일이 일어나지 않는다. 자전거를 타고 콜 달로스(Col D'Alos)에서 시속 96.6km로 내달리는 사람들은 생명의 위험을 느끼지만, 자동차 운전자라면 그 정도 속도에서는 긴장조차 하지 않는다.

포뮬러 원(Formula One) 경주용 자동차는 멈춰 있는 상태에서 2초 만에 시속 96.6km의 속도를 낸다. 고급 승용차를 몰고 다니는 사람이라도 이런 상황에서는 겁에 질린다. F1 레이서는 시속 289.7km로 달리다 충돌해도 멀쩡히 걸어 나올 수 있지만 일반적인 운전자는 그 속도에서 사고가 나면 거의… 절대로… 살아남지 못한다. 그러나 보잉 747은 시속 289.7km의 속도로는 활주로에서 이륙조차 할 수 없다. 비행기에 탄 승객들은 비행기의 속도가 F1만큼 빠르다고 걱정하지 않는다. 오히려 속도가 느려서 활주로에서 이륙을 못할 때 불안해한다. 기계의 성능에 맞춰 속력을 내면 어떤 사람도 불안해하지 않는다.

속도가 문제가 아니다. 어떤 기체에 타고 있는가가 중요하다. 자동차에 탔는데 자전거만큼 속도가 나면 문제가 있는 것이다. 일의 구성이 어느 정도의 수준이고 얼마만큼 준비됐는지에 따라 지금 속도를 불안해해야 할지, 정상으로 여겨야 할지가 판가름 난다. 빠른 속도를 감당할 수 있도록 조직을 재구축하면 불안의 정도도 줄어들고 선택할 기회의 폭도 넓어진다.

2. 안심 DNA

일부 부서는 고의로 일에 제동을 걸 때도 있다.
"별 탈 없이 잘 진행되고 있는데 굳이 다른 것을 추가하려 드는가?"라고 묻겠지만 모든 일은 그 자리에 가만히 멈춰 있지 않다. 잘되고 있는 일들도 얼마든지 변하게 마련이다. 지금 아무 일도 없는 영역이 안전하다고 믿고 있다가는 언젠가는 분명 낭패를 겪게 된다.

「블록버스터 비디오」(Blockbuster video)는 전 세계에 9,000여 개 매장을 통해 가정용 오락 사업을 지배했다. 1985년에 설립한 이 회사는 직원 6만 명에 비디오테이프와 DVD 대여로 연 매출 30억 달러를 올리며 성장했다.(1)

호황을 누리며 2000년에 들어선 블록버스터의 리더들은, 홈 비디오 서비스를 제공하면서 급성장을 시작한 혁신가들과 마주했다. 이 혁신가들은 자신들의 회사인 「넷플릭스」(Netflix)를 5천만 달러에 사라고 제안했다. 이는 그 거대 비디오 업체의 연간 수익 가운데 1.5%에 불과한 헐값이었다.(2)

넷플릭스 창업자의 자세한 설명을 들은 블록버스터 경영진은 비디오 스트리밍이 자사의 사업 모델을 크게 위협할 것이라고 여기지 않았다.(3) 오히려 블록버스터 경영진은 앞으로도 사람들은 가족과 즐거운 시간을 보내려고 매장을 찾을 거라고 확신했다. 게다가 엄청나게 느려터진 인터넷이라는 높은 장벽의 기술적 문제도 탐탁지 않았다. 그 후 10년 동안 인터넷의 다운로드 속도는 1,300%나 빨라졌고 넷플릭스는 급부상했다. 넷플릭스가 자신들의 사업을 헐값에 사라고 블록버스터 경영진을 찾아온 지 10년 만에 블록버스터는 파산했다.

사람들의 필요와 요구는 끊임없이 바뀐다. 빠른 기술 혁신에 저항하는 것이 우리의 선택일지 몰라도 주변에선 그런 혁신에 발맞춘 대안으로 우리의 고객을 응대한다. 우리와 한 솥밥을 먹던 막역한 사람들이 어느 틈엔가 다른 쪽 고객이 된다.

블록버스터는 순식간에 잊혔다. 그들은 안일했고 근거 없는 예상에 만족해 눈이 멀어 코앞에 다가온 빠른 속도의 변화를 보지 못했다.

3. 겁쟁이 DNA

2018년 12월에 세 군데 캠퍼스에서 이번 장 앞부분에서 언급했던 단기 기술 프로그램인 '코딩 캠프'를 시작한다고 발표했다. 세 학교는 하버드, 예일, 그리고 벨헤이븐이다. 이처럼 한 문장에 세 대학교가 나란히 열거되기가 쉽지 않다. 이 새로운 시장은 미래학자들이 예상하는 것만큼 급격하게 성장하지 않았다. 하지만 나는 우리 학교가 '아이비리그의 거물들'과 함께 혁신의 최일선에 서있다는 것이 자랑스러웠다.

작은 단체의 실무 부서는 속도가 필요한 일은 규모가 크고 유명한 곳에서 감당할 수 있다고 생각한다. 크기도 작고 자원도 부족하다는 핑계로 새로운 일의 시작을 회피하려는 경향이 있다. 일을 그렇게 빨리 처리할 수 없다고 지레짐작하고 포기해버리는 것이다.

나는 그와 정반대 의견을 주장한다.

유명한 기업은 시장도 탄탄하고 수입도 많겠지만 속도는 느릴 것이다. 이에 비해 소규모 조직은 대규모 운영으로는 낼 수 없는 속도로 움직일 수 있다. 그들이 위원회로 모여 회의에 집중하는 동안, 우리는 정예화한 참모와 함께 한발 앞서 일을 시작하고 재정 지원을 결정할 수 있다.

그럼에도 너무 많은 부서가 겁에 질려 기회를 포착하지 못한다. 맑은 정신으로 '할 수 있는 방법'을 모색해야지, '할 수 없다'라고 포기해버리면 인식만 흐려질 뿐이다.

- 규모가 작다는 사실이 우리를 열등하게 만들지 않는다. 우리는 분야별로 세세하게 나눈 소수의 전문가와 협력하며, 다방면에 재능을 가진 사람들로 구성한 최고의 팀을 보유하고 있다.
- 자금 부족이 우리를 무능하게 만들지 않는다. 우리는 쟁여놓은 잉여금 대신 신중한 선택에 따라 일을 빠르게 진행할 수 있는 은행 계좌가 있다.
- 무지가 우리를 무력하게 만들지 않는다. 우리는 자랑스러운 경력을 대체 할 수 있는 진심 어린 섬김이 있다.

우리는 유명한 교회, 대학교, 사역 단체, 기업 등을 보고 그들처럼 되기를 바란다. 그러나 우리에게 그들이 가진 자원이나 영향력이 없다는 것을 곱씹으면서 재빠르게 포착해야만 하는 기회 앞에서도 겁을 낸다.

그러나 이웃의 기회를 탐내지 말라. 하나님께서 당신의 눈높이에 맞춰 특별히 설계하신 아주 적합한 기회를 반드시 가져다주신다는 사실을 믿어라. 그러니 겁이 난다고 주어진 기회들을 놓치지 말라.

이웃의 기회를 탐내지 말라. 하나님께서 당신의 눈높이에 맞춰 특별히 설계하신 아주 적합한 기회를 반드시 가져다주신다는 그 사실을 믿어라. 그러니 겁이 난다고 주어진 기회들을 놓치지 말라.

4. 추정 DNA

우버와 에어비앤비(Airbnb)는 기술의 비약적인 발전으로 생긴 회사가 아니다.

같은 서비스라도 다르게 제공할 수 있다는 자유로운 사고방식을 가진 상식의 틀을 타파한 사람들의 발명이다. 그들은 사람들이 기꺼이 자기 차에 낯선 사람을 태우기도 하고 자기 집 객실에 묵게 할 수도 있다고 믿었다.

추정은 우리의 미래를 억압한다.

1940년대 중반, 타자기의 거인 IBM 사장은 "아마도 세계적으로 필요한 컴퓨터는 5대 정도라고 생각한다"라고 추정했다.(4) 10년 후 「20세기 스튜디오」(20th Century Studios) 사장은 주주들에게 "텔레비전은 향후 6개월이 지나면 모두 사라질 것이다. 사람들은 매일 밤 합판 상자를 쳐다보는 일에 금방 질릴 것이다"라고 말했다.(5)

지금은 웃을 일이지만, 우리의 눈을 가려 새로운 기회를 못 보게 하는 추정 DNA는 지금도 만연해 있다.

2020년 코로나바이러스의 세계적 대유행으로 제재가 내려진 가운데서도 우리는 새로운 일들을 경험하면서 벗어날 방법들을 찾았다.

- 교회는 대면 예배가 아니더라도 사역할 수 있다.
- 실제 만나지 않고 비대면이어도 효과적인 학습이 가능하다.
- 프로 스포츠팀은 관중석이 비어있는 스타디움에서 경기할 수 있다.
- 미국 대통령 취임식에 대규모 군중이 없어도 된다.

부서마다 내지된 DNA에 따라 일을 처리한다.

예배 시간에서부터 마케팅에 이르기까지, 일부 주제는 아는 사람을 제외하고는 공감하기 힘든 추정에 의해서 진행되고 있다. 다수의 좋은 아이디어가 소수의 이해관계자들의 잘못 알고 있는 추정에 의한 관행 때문에 빛을 보지 못하고 있다. 일부 부서에서는 주요 기부자 단 한 명의 추정이 부원들을 아무것도 못 하게 만들기도 한다.

사역마다 다르지만, 리더인 당신은 사람들을 옭아매고 있는 추정이 어떤 식으로 영향을 미치고 있는지 알고 있을 것이다. 그런 추정으로 사역 단체를 꽁꽁 묶는 사람들과의 싸움은 할 일이 못 된다. 어쨌든 토대를 든든히 다져 놓는 것이 중요하다. 미리 마음의 준비를 해놓지 않으면 때가 되었을 때, 중요한 기회를 포착하는 데 필요한 속도를 낼 수 없다.

어떠한 사역 환경에서도 우리는 변화, 성장, 혁신을 위한 길을 준비해 놓아야 한다. 추정을 따라 관행으로 행해지고 있는 일들에 미리 조치를 취하지 않으면 기회는 바람처럼 소리 없이 지나간다.

속도 조절하기

다음의 세 가지 사례는 사역의 세계에서 어떻게 속도를 조절해야 하는지 이해하는 데 도움을 줄 것이다.

1. 빠르게

대학교 총장들은 대부분 예측 가능한 일들을 맡고 있기에 다른 대학의 총장들에게 감출 일이 없다. 동료로부터 "학교가 어떻게 돌아가고 있나?"라고 질문을 받으면 으레 틀에 박힌 대답을 한다.

"최고의 한 해를 보내고 있어. 신입생, 분위기, 재정 다 최고 기록이야. 게다가 교수진에서는 내 인기가 좋아. 풋볼팀도 이겼고."

오래 알고 지낸 총장들과는 이런 자기 자랑 대신 속내를 털어놓고 허심탄회하게 대화하기도 한다.

학회에 참석하기 위해 에스컬레이터에 올라탄 순간 커버넌트 대학(Covenant College) 총장인 친구 나이얼 닐슨(Niel Nielson)과 마주친 적이 있다. 허물없이 지내는 친구를 보니 뛸 듯이 기뻤다. 나는 2년 전 세계적 불황 직후, 나이얼이 그의 후원자 단체에 보내는 편지를 읽은 적이 있다. 당시 위기에 맞서 청지기 정신으로 내린 결정과 이해관계자들과 투명하게 소통하는 방식에 감동했다. 그래서 조금이긴 했지만, 우리 학교도 그와 똑같은 길을 걸었다.

학회에서 인사를 나눌 때 나이얼은 "우리는 최고의 한 해를 보내고 있어…"라고 말했다. 나는 그의 말문을 막고 경고하듯이 "진실을 말해"라고 했다. 그러자 나이얼이 말했다.

"맞다니까. 진짜야. 우리는 어려웠지만 꿋꿋이 버텼고 그새 기부자들이 생겨 빠르게 회복했어."

기독교 단과대학들과 대학교들이 융합한 중요한 교육 기관인, 또한 우리와 자매결연을 한 장로교단의 대학 커버넌트가 성공했다는 소식을 들으면서 가슴이 설렜다.

나는 불황 동안 그가 편지에서 약술한 대로 프로그램은 유지하고 직원은 줄였는지, 또한 직원들이 감축안을 순순히 받아들였는지 물었다. 그는 직원 중 일부는 복귀할 것이고, 나머지는 분교 캠퍼스를 매각해야 해서 좀 더 두고 볼 필요가 있다고 말했다. 그들은 내가 항상 교육 사업을 하고 싶어 했으나 이미 커버넌트 대학이 있어서 포기했던 애틀랜타(Atlanta)와 채터누가(Chattanooga)에 분교 캠퍼스를 운영하고 있었다.

나는 분교 매각이라는 말을 듣자마자 귀가 번쩍 뜨이며 아무 생각이 나지 않았다.

"두 캠퍼스를 매각하는 대신에 사촌지간인 벨헤이븐에 넘기는 건 어때? 우리는 개혁주의 전통과 강력한 성경적 관점으로 계속해서 잘 가르칠 수 있어"라고 말한 후 재빨리 한마디를 덧붙였다.

"그런데 살 돈은 없어."

하나님 나라의 관점에서 세상을 바라보는 나이얼을 나는 참 좋아한다.

단 몇 분 만에 나이얼은 함께 학회에 참석한 그 학교의 학장 그리고 최고 재무 책임자와의 만남을 주선했다. 다음 날 아침, 우리는 함께 커피를 마시며 그들의 캠퍼스와 등록된 학생들을 우리 학교에 양도하는 거래의 틀을 마련했다.

한 가지 문제가 있다면, 우리 대학교 학장에게 말한 것 외에는 그 아이디어에 대한 의견을 누구에게도 말하지 않았다는 것이다. 그러나 이런 기회가 우리의 사명과 그 분야의 전문적 지식에 얼마나 완벽하게 부합하는지 잘 알기에 나는 교수진과 이사회도 반길 것이라고 믿었다. 그리고 실제로 그랬다.

그 후 두 달 동안 이 도전 과제를 수행하기 위한 실행 안을 상세하게 기재해 교수진에게 보인 다음 최종 투표에 부치기 위해 이사회에 제출했다.

이번 일을 경험하면서 내가 맞이한 최고의 순간은 교수진 월례회에서 아이디어에 대해 발표할 때였다. 나는 이런 기회가 어떻게 찾아왔는지 설명했고, 그것이 우리의 사명과 얼마나 잘 맞는지와 잠재적으로 재정에 미치는 긍정적 영향에 대해 간단명료하게 설명했다.

그런 다음 질문과 토론 시간을 요청했지만 무반응이었다.

나는 "너무 급히 서둘렀다"라는 교수진의 질타를 받을까 봐 겁을 먹고는 누군가 운을 떼기만을 기다렸다. 드디어 한 선임 교수가 일어서서 말했다.

"한 가지 질문이 있습니다. 하나님이 우리에게 가져다주신 이런 기회를 잡지 말아야 할 이유가 있나요?"

나는 서두르지 않아야 할 이유가 없었다고 대답했고 안건은 더 이상의 논의 없이 만장일치로 통과됐다.

2. 약간 더 빠르게

2018년 7월 1일, 나의 오랜 친구이자, 교육계 기업가인 마이클 클리포드(Michael Clifford)로부터 한 통의 전화가 걸려왔다. 우리 대학교가 중국 온라인 MBA 프로그램을 개설하는 데 관심이 있는지 문의하는 전화였다. 종교 개종을 엄격하게 제한하는 공산주의 국가에서, 지구 반대편에 있는 학생들을 위해 완전히 온라인으로만 진행하는 프로그램을 개발하고, 다른 언어로 경영학 석사 과정을 이수하게 하고, 그것을 독점적으로 제공하는 일…. 나는 그리스도 중심의 대학교에서 이보다 위험천만한 일은 없다고 생각했다.

우리 대학교는 지금까지 오면서 다양한 기회와 마주했다. 그리고 돌이켜보니, 이전에 찾아왔던 모든 기회는 이 특별한 순간을 위한 준비였음을 깨달았다. 중국에 학위 과정을 할 만한 다른 크리스천 대학교가 없는 것에 비해, 우리에게는 이런 기회를 포착할 수 있는 인력, 실적, 세계관이 있었다.

나는 발 빠르게 핵심 팀을 소집해 선택지를 세분화했다.

다음으로 통찰력을 얻기 위해 캠퍼스 내에 중국에서 일한 경험이 있는 모든 사람을 한자리에 모았다. 그들과의 회의에서 질문, 우려 사항, 장애 요소, 그리고 재정에 관련한 목록을 일목요연하게 작성했다. 이러한 현안들을 여러 팀에 할당하여 구성원들이 세부적인 운영책을 마련하도록 했다. 가장 중요한 것은 이 일이 우리의 사명과 일치했고, 핵심 가치의 내용을 뚜렷이 반영하고 있다는 점이었다.

그들이 이행안을 만드는 동안 나는 이사회의 주요 구성원들과 개별적으로 만났다. 이사회 실행 위원회의 모든 위원과 두 시간에 걸쳐 일대일 회의도 했다. 그들은 상당히 많은 좋은 질문과 식견을 내놓았고, 그들의 견해를 이행안에 추가하기도 했다. 그들은 이것이 중요한 복음 전도의 기회라는데 동의했다. 물론, 겉으로 드러내놓고 하는 전도·제자훈련은 아닐지라도, 공산주의 국가와 여느 자비량 선교사같이 우정을 쌓고 그리스도인의 사랑으로 신뢰를 주는 일을 하라고 우리를 부른 하나님이 주신 분명한 기회였다.

한여름에 일어난 일이라 교수진을 한자리에 모으는 것은 불가능했다.

대신 우리는 교수들에게 영향력이 있는 핵심 교수 몇 분과 함께 회의를 했다. 우리 캠퍼스는 아주 오랫동안 기회를 포착하는 세계에서 살았기에 충돌하는 대신, 기대 속에서 문제를 해결하는 방식으로 일했다.

특히 매우 기뻤던 것은 우리 교무과장에게 최고 학술 조정관이 되는 기회가 생긴 것이다. 그녀는 "어렸을 때부터 중국 선교사가 되는 것이 꿈이었다"라며 거의 울 뻔했다. 이제 중국만 우리에게 오면 됐다.

긴 이야기를 짧게 말하자면, 문의 전화가 온 지 한 달 만에 계약을 체결했다. 다음 달에는 중국어로 교과 과정을 쓰기 시작했다. 또 한 달 후, 중국을 위해 설계한 MBA 프로그램에 첫 번째 중국인 학생들이 등록했다. 그리고 처음 통화한 후 불과 4개월 만에 수업이 시작되었다.

기억하라,

많은 대학교가 과목명 하나 바꾸는 데도 4개월로는 불가능하다. 더욱이 다른 언어로 시작하는 새로운 학위 과정 개설은 그 기간에는 꿈도 꿀 수 없다.

3. 가장 빠르게

어느 날 낯선 사람의 전화를 받았다.

그는 우리 학교가 중국에서 이룬 성공을 알고 있다며 미국에서 일하는 유학생들을 대상으로 특별한 학술 프로그램을 제휴할 생각이 있느냐고 문의했다. 대화 가운데 흥미가 생겨 당장 다음 주에 그 교육 단체의 설립자와 전화로 협의하기로 했다.

중국을 담당하고 있는 우리 학교 부총장도 그 전화 협의에 합류했다. 그들은 지난 10년 동안 두 대학에서 완성했다는 복잡하게 얽힌 프로그램의 개요를 설명했다. 이제 그들이 이룬 성과를 크게 증대시켜 줄 수 있는 열두 개, 혹은 그 이상의 대학교를 찾고 있었다.

대화가 길어질수록 제안이 우리 대학교의 사명과 완벽하게 일치한다는 사실이 한눈에 들어왔다. 나는 끓어오르는 열정을 더 이상 억누를 수 없어 중간에 끼어들어 새 친구에게 말했다.

"일하는 방식과 학문적 뉘앙스가 다른 열두 개의 대학과 굳이 엮일 필요가 없어요. 게다가 그 대학들은 턱없이 느리죠.

당신에게 쉽게 적응하고, 빠르게 움직이며, 이 학술 프로그램을 역대급으로 크게 키우는 데 전념할 수 있는 단 한 명의 동료가 필요한 것 같네요. 그리고 당신은 방금 그 동료를 찾았어요."

또 다른 길지만 짧게 줄인 이야기는 다음과 같다.

며칠 후 우리는 제휴를 마쳤고 곧바로 그 프로그램에 전념했다. 몇 달이 되지 않아 그 설립자를 전임 교수로 영입하여 우리와 함께 일하게 했다. 그들은 이 놀라운 기회에 서명한 후 추가로 제휴할 학교를 찾지 않았다. 우리는 출발하자마자 전속력으로 달렸다.

더 높은 목적을 위해 속도를 내라

속도 그 자체는 목표가 아니다.

기술 회사나 스낵 브랜드와 달리 우리는 시장 점유율을 높이기 위해 속도를 내지 않는다. 또한 비즈니스 세계의 경쟁에서 흔히 볼 수 있는 것처럼 다른 사역 단체를 따라잡기 위해 헐레벌떡 달려가지 않는다.

이러한 사례에서 공통으로 발견할 수 있는 교훈은 황금 기회를 포착하기 위해 내야 하는 적정한 속도는 당신의 사명, 문화, 은사와 새롭게 떠오른 그 독창적인 아이디어가 얼마나 일치하느냐에 따라 달라진다는 점이다.

속도를 낼까 말까 머뭇거리는 망설임이 생기는 이유는 실제로 이행할 수 있는 용기, 성향, 그리고 당신이 이해하고 있는 자기 자신이 가진 사역 능력의 형태 때문이다.

당신이 하는 사역에 대하여 잘 알고 있다면 그 사역에 맞는 속력을 낼 때 비로소 항상 승리할 수 있다.

제13장
_____

안정감 있게
위기에 대응하라

　기회를 포착하려면 속도가 빨라야 하는 것이 기본이다.

　그런데 어째서 대부분의 부서들은 믿을 수 없을 만큼 굼뜨게 행동할까?

　현대 경영의 대가인 피터 드러커(Peter Drucker)는 이 문제를 두뇌와 마음의 갈등으로 요약했다.

　"해야 할 일과 그것을 하기 위해 써야 할 방법은 엄청나게 단순하다. 그러나 기꺼이 그것을 하느냐는 또 다른 문제이다."(1)

　행동 방침을 결정하는 것과 불가피한 위험의 수위를 기꺼이 받아들이는 것은 완전히 다른 두 가지의 도전 과제이다.

　우리가 살아가면서 하는 거의 모든 일에는 어느 정도의 위험이 따른다. 시시각각 마주하는 다양한 위험을 어떻게 받아들여야 할지는 우리가 정하기 나름이다. 그런 결정은 경험적 지식에 입각하기보다는 다분히 감정에 의존한다. 그래서 모든 사람에게는 욱하는 마음에 다투거나, 도피하거나, 얼어붙는 경향이 있다.

　사람들은 과거에 겪은 일, 개인의 기질, 정보 또는 허위정보를 집어넣고 비빔밥처럼 비벼서 저마다의 관점을 통해 창조된 위험과 마주한다. 마음 같아서는 각 부서에 일일이 찾아가서 사람들이 얼마나 익숙하게 상상한 위험을 만들어내는지 조사하고 싶을 지경이다.

　사역에서 반복적으로 실패를 경험해 낙심한 상태라면, 주 예수님이 우리에게 맡기신 자원을 적극적으로 활용하지 못하는 상황이라는 신호일 수도 있다. 어쨌든 예수님은 제자들에게 "나한테 배워놓고 그런 큰 실수를 하냐"라고 탓하지 않으셨다.

　모순처럼 생각될지 모르지만 제한된 자원을 보호하기 위해 가장 먼저 하는 일은 위험 회피이다. 바닥까지 털리기보다는 남아있는 작은 것이라도 지켜보려고 애쓰는 것은 나쁜 생각이 아니다.

　그러나 이런 조심성 있는 태도와는 다르게 마태복음 25장 14~30절에 나오는 달란트 비유는 위험을 무릅쓴 사람들을 가리켜 하나님이 주신 기회에 잘 반응한 '착하고 충성된 종'이라고 평가한다. 예수님께서는 우리가 위험을 달게 받아들이기를 원하신다. 주 예수님의 말씀대로 '악하고 게으른 종'처럼 우리의 보물을 땅에 감추어 두지 말아야 한다.

다음의 여덟 가지 구체적인 행동은 당신과 당신의 팀이 위험을 편안하게 느끼고 관리하도록 도움을 줄 것이다. 위험을 감수하는 사람은 예기치 못한 상황에서도 하나님이 주시는 기회에 재빨리 반응할 수 있다.

1. 동기부터 확인하라.

불행히도 일부 사역 단체의 리더는 위기를 만났을 때 "하나님만 믿으면 돼. 사람은 상관없어"라며 믿음 있는 척을 한다. 정말로 능력 주시는 하나님을 믿는다면 어떤 난관도 극복하고 도전해야 맞다. 그러나 너무나도 자주, 파렴치하게 위험 부담을 다른 곳에 전가하는 사람들이 있다. 아드레날린 분비가 급증하면서 마치 자기에게 대단한 용기가 있는 것처럼 부풀리려는 동기 때문이다.

다른 사람들을 긴장하게 만드는 '위험 부담 유발자'라는 꼬리표가 붙으면 리더십의 유효 기간이 단축된다. 일단 그런 이미지가 고착되면 결국 해고되는 수밖에 없다.

어떤 부서든지 리더가 앞장서야 한다.

그러나 다른 사람들이 합리적인 이유를 들어 걱정을 하고 있음에도 리더 혼자 위험을 무릅쓰자고 주장하는 것은 건강한 리더의 자세가 아니다.

예상했겠지만, 사람들은 불안의 크기에 따라 당신을 비난하지 않는다. 정작 비난은 당신이 마음속에 그린 이상적인 미래가 실현되지 않았을 때 찾아온다.

개인적인 불순한 동기로 위기를 관리하려고 하다 보면 사역을 망치려고 호시탐탐 기회를 엿보는 마귀에게 조종을 당한다.

위험을 심도 있게 생각하기 전에 솔직한 마음으로 동기를 검토해 보라. 속속들이 마음을 살펴보는 것은 밝은 빛 아래 서 있는 것과 같아서 마음속에 이기심이 있다면 금방 발견할 수 있다.

사역의 결과가 최선이냐 최악이냐를 결정하는 유일한 비결은 동기다. 동기가 깊이 있는 자기 성찰이냐 혹은 출세하려는 욕망이냐의 따라서 사역의 결과가 결정된다.

2. 주도하는 지도자가 돼라.

어느 수준까지 위험을 감수해야 하는지는 나를 지지하는 사람이 누구냐에 따라 달라진다. 동기가 바르다는 것을 확인했으면, 지도자는 중심에 서서 위기의 순간에 당당히 맞서야 한다.

위험을 감수하자는 결정은 이사회나 위원회 뒤에 숨어서 할 일이 아니다. 또한 위험의 순간은 일이 잘 풀리고 나면 모든 공로를 인정받기 위해 혼자서 우격다짐으로 밀어붙이라는 신호도 아니다. 균형 잡힌 지도력을 적절하게 발휘하여 마치 회를 거듭할수록 인기가 쌓이는 가수같이 주요 이해관계자들의 지원까지 하나씩 차곡차곡 받아 축적해야 한다.

흥미롭게도, 일이 잘 안 풀리면 신중한 사람들은 당신이 그것을 밀어붙였다는 사실만 기억한다. 그러나 모든 것이 순조롭게 진행되면 많은 사람들이 마치 자기들이 새로운 모험의 우승자가 된 것처럼 으스댄다.

그래도 괜찮다. 이 또한 리더십의 일부이다.

진짜 중요한 것은 늑장 부리다가 '집단적 판단'으로 당신 혼자 위험을 떠안는 사태가 벌어지면 안 된다는 점이다. 안 그러면 기회는 흔적도 없이 지나간다.

3. 다양한 관점을 존중하라.

두려움은 개인적인 영역이라 사람들은 저마다 다른 관점으로 위험을 바라본다.

게다가 자신이 처한 위치에서 잠재된 위험성을 판단한다.

회계 담당자는 당신이 훌륭한 사역의 기회라고 생각하는 일을 직원들의 직업 안정성을 훼손하는 위험으로 판단할 수 있다. 또는 어떤 관리자에게는 당신이 혁신적이라고 믿는 기회가 수년간 전념했던 프로젝트에서 손을 떼라는 위협으로 해석될 수 있다.

이사회와 선임 지도자들의 위험 감수성을 따라 당신 팀의 나머지 인원이 흔들린다면 아직은 위기 대처 능력의 단계가 낮다는 뜻이다. 그렇다면 기회를 포착할 수 있는 무대에 오르기에는 아직 역부족이다. 이는 마치 가정에서 모험심이 강한 배우자가 조심성 많은 사람과 결혼했을 때 생기는 일과 비슷하다. 잘 지내는 사이라도 일을 하다 보면 개인 사이에서 발생할 수 있는 위기의 종류가 수없이 많다. 각자 관찰하는 지점과 경험하는 것이 다르므로 서로의 관점을 존중해야 한다.

결국 기회를 포착하는 부서로 만들려면, 모든 팀의 위기관리 능력의 수준을 새롭게 끌어올려야 한다. 함께 일하는 사람 모두가 모든 위험 관리 결정을 해야 한다는 뜻은 아니다. 만일 그렇게 할 수 있는 상황이라면, 그것은 위험이라고 부를 수 있는 일도 아니다. 팀원들 모두가 위험에 당당하게 맞서는 것만으로도 충분하다. 이렇게 되는 데는 시간이 필요하다는 점을 지혜롭게 생각하고 이해해야 한다. 너무 서두르면, 이해관계자들은 기절초풍할 것이다. 그러면 앞으로 나아가는 길이 훨씬 더 복잡해진다.

4. 사실은 그냥 사실일뿐이다.

사람들은 확실한 정보가 있으면 두려운 감정이 생겨도 이겨낼 수 있다고 생각한다. 그러나 위험을 관리하는 데 있어서 사실은 아무 소용이 없다.

비행기 사고로 사망할 확률은 1,100만 분의 1인 반면, 치명적인 자동차 사고를 당할 확률은 5,000분의 1로, 사실만 따지면 자동차 운전이 훨씬 더 위험하다. 그러나 이러한 사실이 비행기에 대한 누군가의 두려움을 극복하게 만들 수는 없다. 사실은 매우 중요한 정보지만 그것만으로 당신의 부서가 위험을 감수하도록 생각을 바꾸게 만들 수는 없다는 말이다.

어떤 위험에 처했는지 아는 대로 노골적으로 밝히고, 그 위험에 따른 감정적 요소에 정면으로 맞서서 대처해야 한다.

내가 경험한 바에 따르면, 부서들이 위험을 제대로 감수하지 못하게 만드는 가장 큰 요인은 지도자가 오지랖이 넓어 위험과 관련한 자잘한 것들까지 모두 살피려 한다는 점이다. 때로는 너무 많이 아는 것이 좋지 않을 수도 있다. 아는 것도 적당한 선이 있는 법이다. 위험요소를 과하다 싶을 정도로 파다 보면 오히려 그것이 더 위험한 상황을 만든다.

각각의 위험 요소를 솔직하게 설명하고 그것으로 인해 당신이 얼마나 힘들어하고 있는지를 솔직하게 공유한다면 다른 사람들이 두려움에 익숙해지는 데 훨씬 많은 도움이 된다. 나는 대개 새로운 기회의 개요를 설명할 때, 최선, 중간, 그리고 최악의 시나리오를 제시하고 이득이 되는 점과 위험한 점까지 상세하게 알린다.

5. 실패조차도 축하하라.

어린 시절이나 젊은 지도자로서 한창 자랄 때를 추억해
보라.

성장하면서 가장 크게 배운 교훈은 성공했을 때인가?

실패했을 때인가?

위대한 발명가 토머스 에디슨(Thomas Edison)은 "나는 10,000
번 실패한 것이 아니라 10,000가지 해서는 안 되는 방법을 성
공적으로 발견한 것이다"라고 간추려 말했다.(2)

성장은 실패를 통해서 온다.

이와는 대조적으로 부서들은 성공을 축하하는 데는 빠르
고 실패는 수단과 방법을 가리지 않고 감추려고 한다. 시작한
모험이 계획한 대로 진행되지 않으면 부끄러워한다. 혹 남들이
우리의 영성에 의문을 제기하거나, 지도력을 의심하거나, 기금
마련에 방해가 될까 두려워 결과를 조작해야 한다는 말인가?

우리는 좀 더 성숙해져서 실패도 사용하시는 하나님을 알
아야 한다.

팀에게 실패해도 된다고 가르치라.

실패했을 때 박수를 보내라.

그렇지 않으면 절대로 위험 관리 능력이 길러지지 않는다.

현대의 가장 창의적인 발명가인 일론 머스크(Elon Musk)는

직원들에게 이런 식으로 도전을 권장했을 것이다.

"실패는 여기서는 선택사항이다. 실패 없이는 혁신도 없다."(3)

지도자로서 실패를 딛고 일어서지 않으면, 바닥이나 긁는 신세를 면치 못한다.

실패를 걱정하지 말라.

실패는 생각했던 것만큼 그렇게 엄청나게 당신을 해치지 않는다. 나도 경험했지만 모든 실패는 오히려 성장의 도약대이다. 내가 실패를 편안하게 느낀 지는 오래됐지만, 그렇게 되기까지는 많은 시간과 경험이 필요했다.

6. 현실적인 기대를 하라.

모금 방법을 가르칠 때, 나는 항상 새로운 개발 담당자에게 그들의 업무에서 나 같은 사람들이 '위험한 사람'이라고 상기시킨다. 우리는 학회에서 연설할 때, 수백만 달러를 모금한 이야기에 눈이 휘둥그레지는 초보 자금 조달자들을 본다. 비참하게도 그러한 이야기는 일반적으로 성공한 적이 별로 없는 청중에게 열등감과 당혹감을 느끼게 할 뿐이다.

나 같은 일을 하는 사람 중에서는 마이크를 잡고 연설할 때 화려하게 성공한 대목만 똑똑 잘라내서 말하는 사람들이 많다. 그러나 수백만 달러의 모금을 해내기까지 중간중간에 있었던 숱한 거절의 사연들도 함께 이야기해야 한다.

우리가 시도하는 모든 것들이 계획대로 돌아가지는 않는다. 당신의 팀에게 모든 위대한 성공 길에는 처음부터 잘못된 시작, 뼈를 깎는 듯한 노력, 오르막과 내리막 등 상당히 많은 일이 있었다는 것을 이해시켜야 한다. 그들이 승리 속에는 실망들도 뒤섞일 수 있다는 사실을 예상한다면, 이제 그들은 능력껏 일하며 성장할 것이다.

> 모든 위대한 성공에는 위기의 순간이 있다는 사실을 팀원들에게 이해시켜야 한다. 처음부터 잘못된 시작, 뼈를 깎는 듯한 노력, 오르막과 내리막 등. 상당히 많은 일이 사명의 길에 있을 수 있다는 사실을 상기시켜야 한다.

7. 시야를 넓혀라.

시야가 좁으면 한 번의 실패에도 사역이 마구 흔들린다.

하나만 세워놨던 주요 사업 계획이 실패한다면 복구가 거의 불가능하다. 그러나 다섯 개의 신규 사업 계획을 추진하다가 세 개가 중단되었다면 여전히 일은 성공적으로 진행된다. 좁은 시야는 사역에서 생기는 위험을 관리하는 데에 지장을 준다.

우리 회의실은 금속 판박 위에 벽지를 발라놓아서 자석만 있으면 벽 아무 곳에나 종이를 고정할 수 있다. 하나님이 우리에게 새롭고 다양한 기회를 가져다주셨을 때, 우리가 착수한 새로운 중요 기획안들을 벽면 가득히 붙여놓고 우선순위가 변경되면 종이들을 움직여서 그것들을 재결성한다. 그런 다음 이행 여부를 좀 더 면밀하게 논의하면서 중단한 사업 계획은 떼어낸다.

결국, 벽에 붙여 놓은 30개의 사업 계획을 새로운 중요 계획 7개로 줄였다. 성공한 사람들은 자기가 월등히 잘 할 수 있다고 생각하는 일을 시작한다. 그러나 모든 논의를 마무리했을 때는 벽면보다 휴지통에 훨씬 더 많은 사업 계획안이 들어 있다. 그럼에도 좋은 소식은, 나중에 뒤돌아보았을 때 각각의 '실패' 안에 하나님이 우리를 위해 준비해 두신 다음에 올 기회가 들어있었다는 것을 깨닫게 된다는 사실이다.

8. 시장을 존중하라.

기독교 사역 단체도 엄연한 기업인데 사람들은 유독 시장과는 상관없다고 생각하려는 경향이 있다. 그러나 그렇게 하면 안 된다. 우리는 이 세상에 속해 있지는 않지만 여전히 세상 안에 있고, 경제, 미디어, 정치 환경 등을 통제할 수 없다. 우리의 통제 너머에 있는 영향력 있는 요소들은 항상 쉽게 바뀐다.

우리 팀과 함께 위험에 대하여 검토할 때, 나는 우리의 통제 밖에 있는 그러한 요소들이 성과에 영향을 미칠 수 있다는 점을 이야기한다. 부서들은 안정적인 미래를 기획하려는 경향이 있다. 옳은 일이다. 대부분은 우리의 예측이 맞았다.

그러나 우리를 둘러싸고 있는 환경이 변하면 외부의 힘에 의해서 우리도 변화되어야 하므로 낙심하지 말고 맞추려고 노력할 줄도 알아야 한다.

나는 해마다 회합 일정을 잡는다.

이는 우리 학교 이사회, 교수진, 그리고 직원들과 함께 기독교 고등 교육의 범주에서 우리의 통제를 넘어서는 잠재적인 도전 과제를 놓고 대화하기 위해서이다.

이런 도전 과제 중 일부는 구체화할 수 있고, 그러지 못하는 사안들도 많다. 그러나 그들이 우리 직무의 넓은 활약 무대에 관해 생각하도록 돕고, 그러한 사안들을 그들에게 투명하게 알리면, 이해관계자들은 새로운 중요 기획 중 하나가 우리의 통제권을 벗어나 시장 상황으로 인해 진행되지 못한다 해도 놀라지 않는다. 우리 팀은 그때그때 설명을 통해 업무 상황을 자세하게 알리고 있어서 위험에 잘 대처할 수 있다.

우리 대학교는 1990년대 중반부터 속성 교육 과정에 대체 교육 전달 모델을 적극적으로 채택해 부서를 확장했고, 재정에 관련된 규정을 수립했다. 이는 매우 좋은 평판을 얻었다. 25년 넘게 그 모델을 성장시키면서 미국 남동부 전역의 9개 캠퍼스를 시작으로 전일제로 일하는 학생들을 위한 학부와 대학원 학위 과정을 개설했다. 이 캠퍼스들은 번창했고, 우리는 수년 동안 수만 명의 학생을 섬겼다.

그러나 2010년대 중반을 기점으로 야간 과정의 수요가 급격히 줄어들기 시작했다. 이러한 시장의 변화가 생긴 이유는 온라인 교육이 좀 더 정교해졌고, 주에서 무료 커뮤니티 대학을 제공한데다, 우리가 일하는 주요 도시가 출퇴근 시간에 심각한 교통 체증으로 너무나도 붐볐기 때문이다.

우리 학교에서 잘못한 것은 없었다.

사실, 대단히 친절한 교수진과 교직원들 덕분에 대부분의 학교가 쇠퇴하는 동안에도 우리는 오랫동안 유지할 수 있었다. 그러나 일단 재정적 변환점이 다가오자, 시장의 힘에 계속 강하게 맞서야 할지 아니면 방향을 바꿔야 할지 결정해야만 했다.

수년 동안 우리가 이들 캠퍼스에 몸 바쳐 일한 날들이 가슴에 사무쳐 이러한 변화를 지켜보는 것이 너무나도 힘들었다.

그러나 도전하는 현실에 직면했을 때 내려야 할 바른 선택은 분명했다. 따라서 차마 내리기 가장 어려웠던 결정을 내렸다. 두 곳의 분교를 제외한 모든 곳을 폐교했다. 다른 모든 '실패'에서와 마찬가지로, 하나님은 우리를 위해 다음 기회를 준비하고 계셨고, 그 후에 다른 혁신들에 탄력이 붙어 우리는 전체 대학교 중에서 최고 기록의 재적학생 수를 달성했다.

혹 폐교를 근거로 우리가 분교 캠퍼스 모델에서 실패했다고 생각할 수 있다. 그러나 우리는 실패하지 않았다.

전도서 3장 1~8절에 따르면, 그 25년 동안 달린 것은 오히려 대성공이었다.

> "범사에 기한이 있고 천하만사가 다 때가 있나니
> - 심을 때가 있고 심은 것을 뽑을 때가 있다.
> - 헐 때가 있고 세울 때가 있다.
> - 돌을 던져 버릴 때가 있고 돌을 거둘 때가 있다.
> - 찾을 때가 있고 잃을 때가 있다.
> - 지킬 때가 있고 버릴 때가 있다."

정답은 성경에 있다

안정감 있게 위험에 대응하는 것은 단순히 위험·보상 비율의 분석에 기반해 세운 원칙을 따르는 일이 아니다. 이것은 또한 성경적 명령이다.

기회를 포착하는 리더들은 마태복음 25장 14~30절에 나오는 달란트 비유의 교훈에 따라 위험 관리 능력을 발전시키는 사람이어야 한다.

01. 우리가 가진 모든 것은 하나님이 주신 선물이다.

02. 하나님은 우리보다 우리를 훨씬 더 믿어주신다.

03. 하나님은 우리가 필요로 하는 모든 것을 주신다.

04. 하나님은 우리가 받은 은사를 지금 사용하기를 원하신다.

05. 남보다 받은 것이 적더라도 우리는 성공할 수 있다.

06. 적게 받았다고 모자란 것이 아니다.

07. 하나님은 하나님만의 완벽한 일정이 있으시다.

08. 하나님은 항상 훨씬 더 많은 것을 우리를 위해 준비해 두신다.

09. 어떤 노력도 전혀 노력하지 않는 것보다 낫다.

10. 하나님은 위험을 피하려고 그랬다는 변명에 넘어가지 않으신다.

11. 하나님은 더 많이 받을 사람을 정하신다.

12. 하나님은 주기도 하시고 빼앗기도 하신다.

위험을 훨씬 더 안전하게 관리하기 위해, 이 익숙한 구절을 연구해 보자.

"…그 종들을 불러 자기 소유를 맡김과 같으니

각각 그 재능대로 하나에게는 금 다섯 달란트를,

하나에게는 두 달란트를, 하나에게는 한 달란트를 주고 떠났더니"

(마태복음 25:14~15)

종들이 투자했던 돈은 선물로 받은 것이었다.

그 돈은 그들이 번 것이 아니었고 받을만한 자격이 있는 것도 아니었다.

하나님이 우리를 불러 위험에 처하게 두신 것은 그분이 하신 것이지 우리가 한 것이 아니다. 우리의 강점이 리더십에서 우리를 대담하게 만들지만, 절대로 잊어서는 안 되는 사실이 있다. 인생에서 우리가 가진 가치 있는 것 가운데 단 하나도 하나님이 주신 선물이 아닌 것이 없다는 사실이다.

우리의 지도력과 기회가 선물이란 것을 이해했다면, 이제 하나님이 우리에게 주신 것들을 잘 관리하는 청지기가 되기 위하여 하나님을 어떤 수준으로 신뢰할지 정하는 것은 우리의 몫이다. 그분은 우리보다 우리를 더 많이 믿고 계신다. 하나님은 우리에게 가족용 차량의 열쇠를 주신 다음, 우리가 어디로 갈 건지, 언제 돌아올 건지 묻지 않으신다.

성경은 어떤 사람이 선물을 그들에게 '각각 그 재능대로' 나누어 주었다고 말한다.

"각각 그 재능대로 하나에게는 금 다섯 달란트를,

하나에게는 두 달란트를, 하나에게는 한 달란트를 주고

떠났더니"(마태복음 25:15)

성경에 나오는 그 어떤 사람은 세 명의 종 각자의 재능을 속속들이 잘 알고 있었다. 장점이든 단점이든 그는 그들보다 그들을 더 잘 알았고 그들에게 그들이 처리할 수 있는 것만 정확히 주었다. 세 명 모두 각자 성공하기에 딱 맞는 채비였다.

이 비유에서 세 종이 자기가 받은 선물을 다른 두 사람이 받은 것과 어떤 식으로 비교하며 반응했는지는 나오지 않는다. 그러나 아마도 선물을 건네받았을 때 누군가는 놀랐고, 누군가는 실망했을 것이다. 이 이야기에서 분명한 것은 하나님은 균등하지 않은 선물을 주신 것에 대해 사과하지 않으신다는 점이다.

이 형평성에 맞지 않는 선물 분배를 마친 후, 그 사람은 종들에게 지시도, 방침도, 성공 기준도 제시하지 않고 여행을 떠난다. 그들이 무엇을 해야 하는지 알 수 있었던 유일한 방법은 평소 그들이 섬기면서 파악했던 그 사람의 됨됨이였다. 하나님이 요구하시는 것은 그분을 위해서 그저 일만 하는 것이 아니라, 그런 행동을 하신 하나님의 속성을 알아가는 것이다.

그들의 주인은 느리게 터벅터벅 걸으며 계획하고 알아보고 나서 행동하는 사람이 아니라 기회 포착 리더십의 모양새를 지닌 분이 틀림없었다. 이 사실을 간파한 두 종은 기회를 포착하기 위해 재빨리 움직였다. 기다리면서 뭘 할까 궁리할 수도 있겠지만, 하나님은 지금 우리가 그분이 주신 은사를 활용하기를 원하신다. 준비도 안 되어 있고, 자신감도 없고, 장비도 갖추고 있지 않다는 이유로 많은 사람이 행동하지 않는다. 이런 핑계를 대는 사람들이 지나온 자취를 보면 위험에 잘 대처하지 못해 곤란했던 경험들이 있다.

약간의 위험을 감수한 두 종은 투자한 것을 두 배로 늘렸다.

우리가 하나님 나라의 질서를 따르면 투자한 만큼 성과가 나타난다. 그런데 우리가 이루어낸 결과에 추가로 하나님이 주실 풍요가 남아 있다. 그것은 이야기 뒷부분에 나온다.

이 비유에서 내가 가장 좋아하는 부분은 남보다 받은 것이 적어도 탁월한 결과를 낼 수 있다는 것을 밝힌 대목이다. 투자할 돈이 가장 많은 사람만 그 그룹에서 최고가 된 것이 아니었다는 점이 참 매력적이다.

비록 두 종은 각자 돈을 두 배씩 남겼지만, 어쩌면 일할 자본을 60%나 적게 받은 두 달란트 받은 종이 다섯 달란트 받은 종보다 더 크게 성공했다고 볼 수도 있다. 설사 우리만 두 달란트를 받았고, 다른 사람들은 1.5배의 몫을 더 받았다며 하나님이 차별하신다고 느꼈다고 해서 그걸 빌미로 달란트를 더 주지 않으면 아무것도 안 하겠다고 화를 내거나 따질 필요가 없다.

반면에, 한 달란트 받은 종의 자본 조건을 보자.

그는 크게 성공한 종보다 더 엄청나게 적은 것을 받지 않았다. 한 개나 두 개나 거기서 거기다. 그러나 그 종은 불충분하다고 느꼈다. 아울러 위험을 두려워한 나머지, 그가 받은 것을 적다는 이유로 보관만 하려 했다. 그러나 만일 그가 위험을 훨씬 더 안정적으로 관리했다면 다른 종과 같은 비율의 성공을 거뒀을 것이다.

비유는 계속해서 **"오랜 후에 그 종들의 주인이 돌아와"**(마태복음 25:19)라고 말한다. 하나님은 자신의 일정이 있으시다. 하나님은 우리가 항상 적절하다고 생각하고 이해하는 시간표, 또는 하나님이시라면 틀림없이 그렇게 하실 것이라고 얼마나 믿느냐에 따라 움직이시는 분이 아니다.

우리는 즉각적인 행동과 반응을 좋아한다.

뭔가 잘못한 행동이 있으면 지금 바로 벌을 받아야 한다.

잘한 행동이 있으면 즉시 상을 줘야 한다.

오늘 열심히 일하고 내일 돈을 받는다.

때때로 하나님의 나라의 방식을 따를 때 우리 생각처럼 모든 일이 빠르게 굴러가지 않는 것처럼 느껴질 때가 있다. 그러나 그 일은 제대로 잘 굴러가고 있는 중이다. 하나님이 우리를 무시하거나, 잊으셨거나, 우리의 행동에 무관심하다고 생각하지 말라. 모든 것은 우리의 추측일 뿐이다. 어느 것도 진실이 아니다. 하나님은 단지 완벽한 타이밍을 기다리고 계실 뿐이다. 우리가 감수한 위험에 대한 보상은 우리의 시간표가 아니라 하나님의 시간표에 따라 정산된다.

하나님은 우리가 위험을 두려워하여 마비되는 것을 원치 않으신다.

위험을 무릅쓴 두 종에게 **"그 주인이 이르되 잘 하였도다 착하고 충성된 종아 …즐거움에 참예할찌어다"**(마태복음 25:21)라고 했다. 그리고 "네가 작은 일에 충성하였으매 내가 많은 것으로 네게 맡기리니"(마태복음 25:21)라고 말했다.

하나님은 항상 훨씬 더 많은 것을 우리를 위해 준비해 두신다.

주님은 우리 이야기를 달랑 한 장짜리로 쓰시려고 우리를 창조하지 않으셨다. 우리가 이미 받은 것을 충성스럽게 사용하면 더 많이 주겠다고 약속하셨다. 그러나 우리가 위험을 감수하지 않으면, 하나님도 보상을 주지 않으신다.

> 하나님은 우리를 위해 항상 훨씬 더 많은 것을 준비해 두신다.
> 주님은 우리의 이야기를 달랑 한 장짜리로 쓰시려고 우리를 창조하지 않으셨다.

위험을 감수하고 지혜롭게 관리하려고 하지 않았던 '악하고 게으른 종'은 주인이 돌아왔을 때 다른 두 종과는 다른 경험을 했다. 주인이 준 선물을 땅에 감추기로 한 그 종의 결정은 주인이 "굳은 사람(마태복음 25:24)"이란 가정에 근거했고, 그런 다음 그 종은 여러 변명으로 핑계를 뒷받침하려 했다. 그리고 확신컨대, 그가 다른 두 종이 각자 받은 선물을 투자하는 것을 오래 지켜보면서, 그런 자기 합리화가 그의 마음에 점점 더 복잡하고 뿌리 깊게 자리 잡았을 것이다.

이 종은 주인이 자기를 얼마나 신뢰하는지 추호도 이해하지 못했다. 따라서 자기 자신조차 믿지 못해 돈을 은행에 맡기는 아주 작은 수준의 위험도 감수하지 못했다. 만일 당신이 하나님은 인색하다고 믿고 하나님께 꼬투리를 잡힐까 봐 걱정하고 있다면 절대로 위험을 편안하게 다룰 수 없다.

이어서 주인은 실패한 종에게서 돈을 빼앗아 열 달란트 가진 자에게 주며 이렇게 선언했다.

"무릇 있는 자는 받아 풍족하게 되고

없는 자는 그 있는 것까지 빼앗기리라"(마태복음 25:29)

누구에게 그 풍족함을 줄지는 하나님이 정하신다.

두 달란트로 시작한 종은 가장 공격적으로 성공하려고 단단히 작정한 사람이었으니 나 같았으면 그 풍족함 중에서 반 정도는 떼어줬을 것 같다. 그러나 하나님은 그 풍족함을 주고 싶은 사람에게 주시는 분이다.

이처럼 하나님은 우리를 위해 다음 차례에 주실 그 풍족함까지 준비해 두시는 분이다. 받은 것을 잘 사용할 책임은 우리에게 있지만, 그 풍족함을 누가 받게 될지는 하나님이 결정하신다.

위험을 안정적으로 처리해야 한다는 점을 고려할 때, 이 비유의 결론에서 **"주신 자도 여호와시요 취하신 자도 여호와시오니"**(욥기 1:21)라는 말씀이 떠오른다.

우리의 은사, 지도력, 기회에 우리가 충성하지 않으면 하나님께서는 주저하지 않고 그것들을 우리에게서 거두신다.

위험은 필수다

성경은 큰 위험을 부담한 사람들의 이야기가 모여 있는 책이다. 방주를 짓고, 아들을 희생 제물로 바치고, 미지의 길로 여행하고, 감옥에 갇히고, 포로 생활을 하는 등 그런 기회를 붙잡으라는 부름에 응답한 사람들의 이야기 속에는 각자가 발휘한 대담한 용기로 가득하다. 이러한 여러 믿음의 영웅들의 '중요 장면'만 추려서 정리해 놓은 히브리서 11장은 우리에게 위험에 대한 영감을 준다.

히브리서 11장에 나오는 믿음의 위인들처럼 우리도 큰 믿음을 품고 힘차게 나가야 한다는 교훈만 얻는다면 정작 중요한 교훈을 놓치게 된다. 그들은 저마다 직면한 별개의 환경에서 나름의 독특한 리더십을 발휘했다. 그 담론에는 남성과 여성, 청년과 노인, 유명한 자와 무명한 자가 다 들어있다.

비록 그들의 소명과 환경은 독특했지만, 여기에 나온 모든 리더는 공통적으로 믿음에 기반해 어마어마한 위험을 기꺼이 감수했다.

믿음은 하나님을 신뢰함으로 모든 위험을 흔쾌히 무릅쓰는 우리의 의지이다.

"믿음은 바라는 것들의 실상이요 보지 못하는 것들의 증거니"

(히브리서 11:1)

위기는 선택사항이 아니다.

성경에 터 잡은 지도자들에게는 필수 조건이다.

위험이 없는 곳에는 믿음도 없다.

믿음이 없다면, 하나님이 우리를 부르셨다는 이유 때문에 위험을 감수하는 것은 어리석은 짓이다.

위험이 없는 곳에 믿음도 없다. 믿음이 없다면 하나님이 우리를 부르셨다는 이유 때문에 위험을 감수하는 것은 어리석은 짓이다.

제14장

유연하게 실행하라

　우리 대학교에 새로운 수익 창출 시설을 신축하려고 890만 달러를 대출받기로 했다. 1차 관문을 통과해 문서에 서명하고 나니 안도의 한숨이 절로 났다. 결정이 나면 우리는 15년간 날짜에 맞춰 대금을 지급하기만 하면 된다. 장기 대출이 확정됨에 따라 한시름 놓게 되었다.

　재무 이사 한 명과 축하하면서 예상했던 대로 일이 잘되어서 기쁘다고 말했다. 그러자 그는 웃으면서 "하지만 몇 년에 한 번씩 차환해야 하니 이런 계약 증서를 평생 붙들고 살지도 몰라요"라고 말했다.

　확실히 틀린 말은 아니었다. 재정적으로 압박을 받는 기간을 줄이기 위해 돈을 빌려 대출 기간을 연장했다. 이자를 한 푼이라도 깎을 생각으로 은행들을 모아 컨소시엄을 구성하려고 일 년 동안 쉴 새 없이 일했다.

　다행히 하나님께서 우리에게 기회를 주셨다.

우리는 발 빠르게 움직이며 위험을 안정되게 관리했고 그 기회를 'T'라고 칭한 뒤 실행에 옮겼다. 계획대로 일이 잘 풀리고 나는 "이제 됐다"라며 안도의 한숨을 쉬었다. 이 생각이 얼마나 순진한 생각이었는지 알게 되는 데는 시간이 그리 오래 걸리지 않았다. 재무 이사가 예고한 일이 정확히 그대로 일어났다.

세상은 빨라도 너무 빨리 바뀌어 어느 것도 제자리에 그냥 '고정'되어 있지 않았다. 그가 예상한 대로 딱 3년 후 우리는 추가로 또 하나의 건설 계획을 세워야 했다. 15년이면 다 끝날 것이라고 예상했던 기간 안에, 추가로 네 번의 차환을 더 했다.

새로운 중요한 기획을 시작하는 시점에서 우리가 꿈꾸었던 미래는 그 꿈이 무르익어가면서 전혀 다른 모습으로 탈바꿈하기도 한다. 기회를 향해 도약할 때, 리더는 계획의 진행 속도에 맞추어 발로 뛰면서 생각하는 법을 배워야 한다.

전통적인 계획 수립형과 기회 포착형을 비행기 조종사가 어떤 기체를 모는지를 생각해보면 도움이 될 것이다. 단, 비행기 기장석에 앉는다면 어떤 접근 방식이든 다를 것이 없다.

- 계획 수립형 리더십을 따르는 리더는 자기의 역할을 점보제트기 조종사와 비슷하다고 생각하면 된다. 그는 비행 전에 꼼꼼하게 모든 측면을 살피며 준비를 마친다. 그

리고 그 거대한 동체를 지상에서 띄우는데 엄청난 에너지를 쏟는다. 그러나 일단 하늘에 뜨면 실제 비행시간 대부분을 믿을 만한 자동 조정 장치에 맡긴다.

- 기회 포착형 리더십을 따르는 리더는 지속적인 주의력과 조종 능력이 요구되는 전투기 조종석에 앉았다고 생각하면 된다. 기회를 포착하기 위한 비행을 하면서, 좌석 벨트로 몸을 고정하고, 이륙하는 순간 외에는 비행하는 동안 예측이 가능한 일은 거의 없다.

전통적인 계획 수립형 리더들은 고유한 달성 목표만 바라보면 된다. 하지만 기회 포착형 리더들은 이동해야 할 광범위한 진행 방향의 윤곽을 그려야 하고 여정 동안 얼마든지 조정이 가능한 유연한 조직 문화를 구축해야 한다.

유연성을 위한 골격

새로운 기회 포착을 위해 필요한 일을 시작할 때 어떤 식으로 유연하게 대처할 수 있는지를 자세히 설명할 수 있었으면 나도 좋겠다. 그러나 유연성에는 공식이 없으므로 그렇게는 못 한다. 사역, 지도자, 이사회, 팀, 그리고 사업 계획은 각기 다 고유하다.

기회의 무대도 저마다 차이가 있다. 단체마다 중요한 사안이 다르고 복잡한 정도가 달라 조정하는 방법도 제각각이다. 재직 기간, 실적, 신뢰 수준, 주요 팀의 질적 수준 등 이 모든 것이 당신이 처한 고유 상황이다. 게다가, 과거의 성공과 실패는 계획을 발전시킴에 있어서 고려해야 하는 항로 변경의 범위에 큰 영향을 미친다.

'유연성의 공식' 대신 나는 어떤 기회를 실행으로 옮길 때, 어떤 설정을 어떤 점을 토대로 변경해야 할지에 대한 골격을 제안하려 한다.

이 여덟 가지 원칙은 새로운 도전을 이행하는 과정에서 예기치 못한 난기류를 만났을 때 대처할 수 있는 좋은 방법이 될 것이다. 주변 환경은 끝없이 달라지지만, 우선순위의 핵심 이행 사항은 변함이 없다.

이 가치 있는 여덟 가지 원칙이 이상적으로 작동한다면 뜻밖에 찾아온 기회의 보따리에 어떤 것이 들어 있다 하더라도 잘 다룰 수 있을 것이다.

1. 돈을 따라가라.

돈을 조직 리더십의 '더러운 부분'이라고 믿는 사람들은 폭풍에 대처하지 못한다. 돈은 가장 즉각적이고, 전술적이며, 측정할 수 있는 기압계다. 주식 시장의 지표를 보면 미래 경제가 어디를 향하고 있는지 예측할 수 있다. 그런 것처럼 수입과 지출의 추세를 확인하면 부서의 새로운 중요 계획이 악화되고 나서야 나타나는 문제들을 미리 알아차릴 수 있다.

단순히 예산안대로 집행하는 것에 만족하지 말고, 재정적으로 현재 어느 위치에 있는지 그리고 어디를 향해 가고 있는지를 예측하는 확실한 예상 능력을 키우라. 믿을 만한 일종의 계기판 세트를 마련하라는 것이다. 내부에 해당 전문가가 없으면 재정상의 표준 규정을 마련하기 위해 이사회 구성원이나 컨설턴트를 섭외하라. 실력 있는 재무 분석가는 금의 가치를 지녔다.

어려움에 빠진 여러 분교 캠퍼스 건을 처리할 때(13장 참조), 마주한 장애물이 어떤 건지 명확하게 파악할 수 있게 한 것은 장래성에 대한 고찰이 아니라 과거 실적을 토대로 한 추정 수익의 정밀한 조사였다. 팀 전체가 열심히 일했고, 열정적이었기에 당연히 호전되리라 기대했지만 수입과 지출을 수십 가지 다른 방식으로 세분화하여 심층적으로 살펴보니 심각성이 드러났다. 계산한 내용을 두고 리더들이 장난만 치지 않는다면(많이 그러지만), 숫자는 항상 잔인할 정도로 정직하다.

종래의 리더들은 정적인 관점에서 재정에 접근했다. 새로운 회기가 도래하기 몇 달 전에 예산안을 마련한 후, 회계연도의 전체 기간에 그것을 고정해 놓았다. 근본적으로 이런 한물

간 운영 방식으로 새로운 기회를 잡으려면 1년 안에 일어날 모든 새로운 기회, 직원 고용, 제휴 등을 예측해야 한다. 아무 짝에도 효과가 없다.

기회를 포착하는 리더들은 숫자와 좀 더 가까이 지내면서 재무의 틀을 유연성 있게 짜고, 제대로 돌아가는 쪽에 자금을 더 투자해야 한다. 그리고 상황 변화에 맞춰 신속히 자원을 할당할 준비가 되어있어야 한다. 미래를 위한 수익 사업에 쓰일 자금을 확보하기 위해 모든 것을 절약하면서 일감을 찾아야 한다. 그런 다음 여느 투자 전략과 마찬가지로, 다양성을 유지하면서 사역할 기회가 생겼을 때 아낌없이 투자해야 한다.

2. 성공을 준비하면서 문제를 예측하라.

나는 은행가와 변호사 옆에만 있으면 긴장된다. 인간적으로는 그들을 좋아하지만, 냉정하게 말해서 그들의 직업적 태도는 불편하다. 그들은 거의 모든 상황에서 최악의 경우를 따진다. 그들의 일은 문제를 예측하는 것이고 그들 대부분은 어떤 문제든지 매우 잘 처리한다. 그럴 리는 없지만, 심지어 하늘이 무너지는 문제라도 말이다.

반면, 사역하는 대다수의 리더들은 모든 도전 과제를 장밋빛으로 바라본다. 또한 그들이 가는 길에 놓일 수도 있는 거의 모든 장애물을 해결할 자신감도 충만하다. 그런 낙관주의가 없었다면 대부분의 새로운 시도는 생각조차 안 했을 것이고 첫 삽을 뜨는 일도 없었을 것이다.

확실한 이상을 가진 리더들은 모든 모험이 성공할 것으로 기대하지만, 은행가와 변호사는 똑같은 기회를 보고 앞으로 나아가기를 주저하는 수십 가지 이유를 따져 본다. 어느 쪽도 틀리거나 맞는 자세가 아니다. 둘 다 서로에게 필요하다.

미래에 대해 끝없이 긍정적이기만 한 내 취향 덕분에 새로운 기회를 균형 잡힌 시각으로 보려면 은행가와 변호사의 자문이 필요하다는 것을 나는 잘 알고 있다. 도전 과제에 대한 그들의 예측은 내가 날마다 꿈꾸는 새로운 미래를 향해 위험을 무릅쓰고 모험할 때마다 몇 번이고 나를 지켜줬다.

나는 그들에게서 성공을 준비하는 동안 문제를 예측해야 한다는 것을 배웠다. 이렇게 균형이 잡혀야 기회 포착의 리더십에 있어서 한쪽으로 치우치지 않고 고른 관점으로 새로 생긴 기회를 바르게 바라보고 결단력 있게 일을 처리할 수 있다.

3. 훌륭한 인재를 적재적소에 배치하라.

빠른 속도가 가장 중요하다고 주장하는 나지만, 인재 채용만큼은 속도를 늦추고 시간을 써야 한다고 강조한다. 지도자로서 가장 골머리를 앓았던 일은 내가 이사회에 영입한 사람을 파악하지 않고 무턱대고 채용했다가 당한 사건이었다.

리더가 직면하는 문제의 약 95%는 돈 아니면 사람, 둘 중에 하나다.

채용을 잘하면 두 가지 중 가장 복잡한 문제가 최소화
된다.

나는 채용할 때, 특정 기술이나 실적보다 내가 믿을 수 있
는 사람을 찾는다. 가르침을 잘 따르는 마음, 지위와 무관하게
솔선하고 봉사하는 헌신적인 자세, 감성 지능, 높은 업무 능
력, 변화에 적응하는 모험적인 정신 등을 중점적으로 본다. 그
러나 많은 지도자들이 다양한 재주나 신망이 있는 이력서에
반해서 이러한 핵심 가치를 보지 못한다.

나는 벽에 붙어 있는 조직도를 채우기 위해 사람을 고용하
지 않는다.

대신 훌륭한 인재를 찾았다면 그들을 중심으로 일자리를
만든다. 하지만 완벽한 직원(당신과 나를 포함하여)이 없는 것처럼
온전한 일자리도 없다. 모든 직업은 힘들거나, 지루하거나, 시
달리거나, 싫증 나게 하는 측면이 있다. 그래도 누군가의 독특
한 재능을 마음껏 발휘할 수 있는 자리를 공들여 많이 만들
어 놓으면 그들을 이끌면서 생기는 문제가 상당히 줄어든다.

지도력을 발휘하면서 가장 만족스러운 즐거움은 좋은 인
재를 적재적소에 배치했을 때 생긴다. 그동안 열심히 노력하면
서 살아온 사람들을 채용하여, 그들의 강점을 평가하고, 훌륭

히 일할 수 있는 자리에 앉히는 것보다 더 보람된 일은 없다. 때로는 책임을 지워 일을 크게 벌일 수 있도록 해준다. 때로는 그 직원의 편의를 위해 통 크게 업무를 줄여 준다. 가끔은 특출한 재능을 가진 개인을 위해 여러 가지의 과업에서 몇 개씩 추려 그것을 하나로 묶어주기도 한다.

하나님은 모든 사람을 독특한 성향이 있는 존재로 창조하셨다. 그들의 마음을 바꾸려는 대신 그들의 성향, 동기, 독자적인 재능을 확인하고 그들의 강점을 최대한 활용할 수 있는 일자리를 만들라. 업무에 필요한 주요 인물이나 지원자를 이끄는 요인이 무엇인지 확실하지 않다면, 기독교 신앙에 기반하여 매우 정교하게 최적의 성취동기를 확인할 수 있도록 구성한 자가 평가 프로그램인 「트루모티베이트」(TRUMOTIVATE) 같은 도구를 이용하라.

「좋은 기업을 넘어 위대한 기업으로」라는 책에서 저자 짐 콜린스는 "만약에 당신이 기회를 포착하는데 헌신한 리더라면 훌륭한 인재를 적재적소에 배치하는 역할이 중요하다"라고 주장했다.

좋은 기업을 넘어 위대한 기업으로 변모하도록 불을 지핀 경영진은 먼저 버스를 몰고 갈 장소를 알아낸 다음 사람들을 그곳으로 데려가지 않는다. 그들은 먼저 좋은 사람들을 버스에 태우고(그리고 나쁜 사람들은 버스에서 내리게 하고) 그런 다음 운전해서 갈 곳을 생각한다. 그들은 말한다.

"이봐, 나는 우리가 탄 이 버스가 어디로 가는지 잘 모르겠어. 그러나 이것만은 알아. 우리는 버스에 좋은 사람들을 태웠고, 그 좋은 사람들을 알맞은 자리에 앉혔고, 그리고 나쁜 사람들은 버스에서 내리게 했잖아. 그렇다면 어딘가 대단한 곳에 어떻게 가야 하는지만 생각해 내면 되겠네."(1)

훌륭한 목표를 가지고 적절한 순간에 훌륭한 인재를 적재적소에 배치했다고 해서 이제 마음 놓고 자동 조종 장치 스위치를 올려서는 안 된다. 리더는 팀원들이 최선을 다할 수 있도록 권한을 부여하고 실행의 주체를 리더 단일에서 주요 선수들로 구성된 팀으로 전환해야 한다.

4. 멈출 수 있는 용기를 기르라.

사역에 있어서 진행하던 프로그램을 중도에 그만두는 것은 대단히 끔찍한 일이다. 흔히 어떤 프로젝트가 더는 효과가 없다는 것을 알았을 때, 비효율적인 노력을 잠시 멈춰야 한다. 그리고 대안을 찾은 새로운 프로젝트를 시작해야 한다. 성과를 내고 싶은 마음에 두 프로젝트를 나란히 놓고 일을 추진하면서 자원을 투입하면 새로운 시선으로 시작한 일도 제대로 하지 못하고 멈춰야 할 일도 계속하게 돼서 스스로 만든 상자에 갇힌 꼴이 되고 만다. 원래 했던 시도도 멈추지 않고, 동시에 새로운 프로젝트도 옳다고 하는 것은 둘 다 바람직하지 않다. 해로운 구도의 경쟁 분위기를 조장할 수도 있다.

중요한 기획이라 하더라도 수명이 다했다면 그만두어야 한다. 이런 착잡한 심정을 털어내려면 용기와 재치가 있어야 한다. 마음이 여리면 이 힘든 조정을 해내지 못한다. 이 일은 성경적이다. 예수님은 열매를 맺지 못하는 나무를 제거하라고 가르치셨다.

> 중요한 기획이라 하더라도
> 수명이 다했다면
> 그만두어야 한다.
> 이런 착잡한 심정을
> 털어내려면 용기와 재치가
> 있어야 한다.

"아름다운 열매를
맺지 아니하는 나무마다 찍혀
불에 던지우느니라" (마태복음 7:19)

특히 크리스천들은 하던 일을 중단하는 것을 잘하지 못한다.

그 일을 처음 시작할 때, 하나님이 인도하신 것이라고 확신하기 때문이다. 하나님이 한때 이 과업을 하라고 명하신 것인데, 지금은 어떻게 그것이 잘못된 것이었다고 선언할 수 있겠는가?

하나님이 틀린 것인가?

상황에 대한 편협한 신학적 해석으로 프로젝트 포기를 마치 불의한 것으로 여기는 것이다.

당신의 팀이 하나님의 일에 대하여 좀 더 큰 그림으로 볼 수 있게 도우라. 중요한 신규 사역 계획을 배제해야 할 때를 이해하는 것은 뭔가 일을 시작해야 할 때를 아는 것만큼이나 중요하다. 이해관계자들에게도 이런 개념을 주지시켜야 한다.

어떤 특정한 사안을 고려하기 전에 이사회와 팀과 함께 이 원칙에 따라 작업할 것을 권한다. 실제 인원, 자금, 관행, 그리고 우선순위가 미심쩍으면 지금 그리고 있는 그림을 보는 일이 상당히 괴롭다. 우리 이사회는 언제라도 중요한 계획이라면 시작할 용기를 갖고 있다. 또한 어떤 프로그램을 중단해야 할 시기에는 훨씬 더 큰 용기를 낸다.

대부분의 이사회는 미래의 기회를 찾아오는 리더에게 용기를 주는 대신 흠결을 찾으려 하고, 더 경계한다. 이러한 생각을 바꿔야 한다. 리더가 실패했을 때 그를 신뢰하지 못하는 이사회는 그가 성공했을 때도 신뢰하지 못한다. 사역의 실패는 성공과 서로 얽혀있다(즉, 모세, 베드로, 아브라함, 바울).

몇 번을 실패했다 해도 하나님을 신뢰하라. 그 모든 실패는 훨씬 더 건강한 미래의 성공을 향해 전진하는 뜻깊은 발자국들이다.

5. 투명하게 의사소통하라.

숨기는 것 하나 없이 투명하게 의사소통하는 것은 새로운 기회를 이행하는 데 있어서 기초다. 전통적인 계획 수립 방식과 달리, 쓰라린 중단 지점에서도 단순히 결정만 발표해서는 안 된다. 그 일에 스며들어 있던 아이디어, 통찰, 문제, 어려움 등도 공유해야 한다. 이런 수준의 조직 내 의사소통법은 약간의 연습이 필요하다. 이에 다음의 다섯 가지 제안은 사역하는 데 있어서 의사소통과 관련한 색다른 인식을 제공하는데 유익하다.

(1) 좀 더 짜임새 있게 메시지를 다듬어라.

전할 메시지를 준비할 때, 당신이 정중하게 요구하는 행동이 정확하게 무엇인지 제일 먼저 정하라. 목표를 염두에 두고 사안을 좀 더 이해하기 쉽게 설명할 방법을 고려하라. 대다수 지도자들은 '횡설수설'을 되풀이하며 청중을 혼란스럽게 한다. 메시지를 25분이 아니라 5분 안에 전달할 말재간이 있다면 훨씬 더 호응도가 높아진다. 간결하지 않으면 사람들은 가장 중요한 것을 놓친다.

(2) 효과적인 의사소통은 말하는 자가 아니라 듣는 자에게 달렸다.

사람들이 당신이 발표하는 결정을 듣는 데에만 익숙한가? 대화를 왜 시작하려고 하는지 먼저 설명하지 않고 무턱대고 일에 관한 내용을 토론하자고 운을 뗀다면 대중은 혼란스러워한다.

(3) 모든 이해관계자들에게는 반드시 들어줘야만 하는, 그들이 말하려는 의견이 있다.

그들이 우리의 의견을 들어서 아는 것도 필요하지만, 그보다 더 중요한 것은 그들로부터 배워야 한다는 사실이다. 공식적인 의사소통의 자리에서 그런 양방향 대화 방식은 진행 속도가 더디다. 나는 보통 회의 테이블에 둘러앉았을 때보다 여러 사무실에 잠시 들러서 짧은 시간 잡담할 때 더 많은 것을 배운다. 나는 사람들에게 길에서 나를 멈추게 하거나, 이메일을 보내거나, 휴대전화를 걸거나, SNS 등을 이용해 질문하라고 요청한다. 사람들이 각자의 안전지대에서 저들 나름의 방법으로 당신과 쉽고 유연하게 의사소통하도록 만들라.

(4) 어떤 주제든지 마음 놓고 직설적으로 토론해도 되는 문화를 조성하라.

우리 리더십 팀과 함께하는 회의는 자존심이 상할까 봐 걱정되는 사람은 올 곳이 못 된다. 우리는 솔직하게 이야기할 뿐 아니라 밖으로 이야기가 새어 나가지 않도록 철저하게 단속한다. 두 가지 성질이 모두 중요하다. 오직 이해관계자들에게만 당신의 아이디어를 보여주고, 그로 인해 인정받고, 나만 뛰어난 아이디어를 가진 사람처럼 관심을 끄는 일은 어렵지 않다.

그러나 그러는 것이 당신에게 무슨 유익이 있는가?

만약에 팀이 당신에게 솔직하게 이야기할 수 없어서 철이 철을 날카롭게 할 수 없다면, 당신에게는 그 어떤 향상이나 성장도 따라오지 않을 것이다. 당신의 문화가 일방적 소통이라면 충성심과 평범함은 얻을지 몰라도 창의성과 결단력이 모자라 하나님이 주신 기회들을 무산시킬 것이다.

> 만일 당신의 문화가 일방적 소통이라면 충성심과 평범함은 얻을지 몰라도 창의성과 결단력이 모자라 하나님이 주신 기회들을 무산시킬 것이다.

(5) '가정 통신문' 수준으로 아이디어를 전달하여 누구나 자신 있게 말할 수 있게 하라.

사역하는 많은 직원들 배후에는 당신의 사명에 지속적으로 함께 헌신해야 하는 가족이 있다. '가정 통신문' 수준의 쉬운 이야기와 비유로 아이디어를 함께 나누어 그것을 들은 사람들이 당신의 이해관계자들을 사랑하고 지원하도록 만들라. 이런 지표를 유념하라. 직원과 친구가 당신이 없는 자리에서도 사명이나 중요한 기회를 분명하게 설명할 수 없다면 당신의 메시지는 아직 뿌리내리지 못한 것이다.

6. 즐겁게 관리하라.

앞에서 언급했듯이 "나는 리더이지 관리자가 아니다"라는 말은 책임을 지는 자리에 있는 사람이 해서는 안 되는, 가장 잘못된 인식이 들어있는 말이다. 물론 리더는 모름지기 이끄는 자이지만, 그가 하는 대부분의 일은 이행 사항에 대한 관리 감독이다. 때문에 리더가 가장 큰 보람을 느끼는 일은 미래의 비전을 제시하는 일이겠지만 그 영역은 광범위한 사역에서 일부에 불과하다. 그런 제한된 역할은 당신이 공헌한 많은 일 가운데 아주 작은 부분일 뿐이다. 일상에서 행하는 관리 업무가 우리 일의 거의 전부이다. 고맙게도, 나는 관리하는 것이 즐겁다. 그리고 내가 아는 훌륭한 리더들도 마찬가지이다.

성공하길 희망하는 리더라면 사역의 운영적인 부문에 유념해야 한다. 우리는 리더들을 새로운 중요 계획의 나아갈 방향을 설정하는데 가장 큰 공로자로 이해하고 있을 수도 있다. 하지만 정작 성공의 수준을 정확하게 가늠하는 것은 켜켜이 쌓인 관리 업무에 깊이 숨겨진, 작은 것들에 대한 세심한 주의력이다.

특히 기회 포착의 리더십에서는 어떤 기회든지 잡을 수 있고 발전시킬 수 있다. 다만 그 모든 단계의 과정에서 비전이 수없이 꼬이기도 하고 뒤집히기도 하기에 리더의 지도와 언질이 중요하다. 만일 리더가 세부 사항에 주의를 기울이지 않는다면 문제는 다변화한다. 어쩌면 당신의 실력이 별로이니까 현장에 못 들어가는 것 일 수도 있다. 그러니 생각을 달리하라.

7. 모든 일은 예상보다 오래 걸린다는 것을 인정하라.

끊임없이 변화하는 새로운 중요 계획에 관여하다 보면 리더로서 손에 넣고 싶은 많은 현황판과 자료가 있다.

나는 보통 딱 두 문장으로 축약한 정보 요청 이메일을 담당자에게 보냈다. 그러면 그 내용을 출력해 누군가의 서류 접수함에 집어넣는다. 그런데 겪고 보니, 나의 단순한 문의가 때때로 담당자를 몇 시간 또는 며칠 동안 정보를 수집하느라 수고하게 한다는 사실을 깨달았다. 그래서 뭔가 요청할 때는 첫 머리에 "혹시 이것을 쉽게 찾을 수 있다면, 내가 알고 싶은 것은…"이라고 상세히 적기 시작했다.

그들의 시간을 존중하는 것에서 한 걸음 더 나아가, 팀이 매일 무슨 일을 하는지와 어떻게 그것을 하는지 알아보라. 당신은 큰 그림도 알아야 하지만, 또한 잡초 속으로 들어가 그들이 맡고 있는 도전 과제가 무엇인지를 알아보는 일에도 익숙해져야 한다. 때로는 당신의 손을 그 도전 과제 위에 올려놓기도 하고, 또 그들과 보폭을 맞춰 함께 걷기도 하라.

텔레비전 쇼 「언더커버 보스」(Undercover Boss)는 직원들이 일하는 현장 속으로 최고경영자들을 들여보낸다. 업종을 불문

하고 고급 옥상 주택 사무실을 사용하는 그들은 지하에서 일하는 것이 어떤 것인지 체험하면서 깜짝 놀란다.

당신과 내가 이 프로그램처럼 변장을 하고 팀에 몰래 들어가 조사할 수는 없지만, 그들이 맡은 책임이 얼마나 복잡한지 이해하기만 해도 우리는 그들이 하는 일에 관해 충분히 알 수 있다.

기회 포착 리더십의 기쁨은 새로운 도전이 거의 하룻밤 사이에 개념을 잡는 단계에서 실행 단계로 빠르게 이루어진다는 것이다. 리더들은 그 빠른 속도에 고무되어, 이행되는 세부 사항 역시 똑같은 속도로 진행될 거라고 기대할 수 있다. 하지만 이 사실에 유의해야 한다. 속도는 물론 중요하지만, 그렇다고 팀에게 불가능한 일을 무리하게 몰아붙여서는 안 된다.

실행할 때 어느 정도의 노력을 기울이는 것이 적절한지 제대로 평가하면서 일의 속도를 높이는 지도자들에게는 점점 더 많은 기회가 찾아온다. 훗날 지금보다 더한 중대 도전 과제들이 생겨도 그것을 다 감당해낼 팀을 구성할 수 있다. 모든 일은 예상한 것보다 오래 걸린다. 이것이 실행의 특성이다.

> 실행할 때 어느 정도의 노력을 기울이는 것이 적절한지 제대로 평가하면서 일의 속도를 높이는 지도자들에게는 점점 더 많은 기회가 찾아온다. 훗날 지금보다 더한 중대 도전 과제들이 생겨도 그것을 다 감당해낼 팀을 구성할 수 있다.

8. 안정을 유지하라.

사역 단체는 누군가 폭풍을 헤치고 지나갈 수 있도록 안정적으로 방향타를 잡고 있다고 믿고 있는 한 모든 유형의 난관을 뚫고 나갈 수 있다. 이것이 리더십의 '아빠적인 요소'이다. 하지만 '엄마적인 요소'가 훨씬 더 나을 때도 있다. 그래서 리더는 엄마처럼 팀에게 "지금 우리를 인도하는 분은 모든 요소에서 최고의 견해를 가진 하나님이시니, 그분의 완전함을 믿고 의지하자"라며 안정감을 느끼게 해야 한다. 하나님을 신뢰하는 믿음에 뿌리를 내린 훌륭한 리더들은 절대 변덕스럽거나, 경박하거나, 반동적이지 않다. 그들의 리더십은 전지전능하신 하나님께서 인도하신다는 확신이 있기에 언제나 편안해 보인다.

하나님은 당신을 민첩하게 만드신다

본격적으로 일이 진행되면 기회를 따라가며 프로젝트가 실행되는 동안 발생하는 끊임없는 변화와 움직임을 즐겨라. 어떤 식으로 여정이 펼쳐질지 애매모호하겠지만 하나님은 그 가운데 더욱더 유의미한 사역의 대로를 밝히 보여주실 것이다. 그리고 당신은 달성 목표가 기대했던 것과 많이 달라질 것이라는 사실을 발견하게 될 것이다.

열린 마음을 유지하고, 팀에서는 자세한 정보에 근거해 일어날 일들, 재무적인 부분들을 잘 예상하고 조정하라. 하나님이 마련하신 최고로 좋은 미래가 사역의 현장에 점점 더 가까워지는 것을 지켜보라.

제15장

장애물을
사랑하는 법 배우기

'무용, 연극, 음악, 시각 예술', 이 네 가지 기본 예술 교육의 국가 인증을 획득하는 것은 어느 대학교에서도 쉽지 않은 훌륭한 성과이다. 이런 수준으로 운영되는 미국의 대학교는 서른여섯 곳뿐이다. 명백한 기독교 대학교인 우리 학교가 이런 영예의 표상을 얻은 것은 아주 드문 기념비적인 승리였다.

당초 우리는 우리 학교를 세계 최고의 기독교 예술 대학교로 발전시킬 계획이 전혀 없었다. 처음에는 실용적인 대학 경영인으로서 학교의 성장 기회를 모색했다. 나의 목록에서 예술 부문은 맨 나중 순위였다. 예술대 학생들은 워낙 기발하고, 수업은 너무 적고, 교수진은 구하기 극히 어렵고, 시설은 매우 비싸다는 이유가 있었다. 게다가 그리스도 중심의 교육 기관이니 예술이라면 골치를 앓게 될 것이 뻔했다. 우리가 원하지 않더라도 적절한 콘텐츠의 허용 범위를 확대해야만 한다는 게 나의 주장이었다.

그러나 시설비만 빼놓고 나의 계산은 모두 다 틀렸다.

우리를 높은 수준의 학술적 지위에 오를 수 있게 한 무수한 기회는 분명 하나님의 예정하심이었다. 우리는 그분의 인도하심으로 하나님의 영광을 위해 그리스도인들이 예술을 사용하고 상한 예술의 모습을 다시 회복시키도록 훈련하는 대학교가 되기 위해 헌신하고 있다.

예술 분야에서의 모든 시작은 미약했으나 하나님께서 기회를 몰아붙여 주셨다. 덕분에 이런 프로그램들은 우리의 헝클어진 기대를 넘어 원숙하게 자랐다.

무용 프로그램을 시작했을 때, 천장이 너무 낮아 뛰어오르기 동작을 할 수 없어 창고를 개조해 장소를 만들었다. 연극 프로그램은 앞 무대도 없는 상태에서 시작됐고, 화랑도 없이 시각 예술 프로그램을 시행했다. 지하에는 사용하지 않는 실내 수영장이 있었는데 이곳과 맞닿아 있는 여러 개의 방을 개인 지도실로 꾸며 음악 프로그램을 시작했다. 하나님이 문을 하나씩 열어주시면서 우리를 새롭고 중요한 섬김의 영역으로 인도하신다는 믿음을 가지고 앞을 향해 전진했다.

이런 기회들을 구체화하면서 예술은 이 땅에서 펼쳐지는 하나님 나라에 이바지하는 우리 대학교의 특징이 되리라는 확신이 들었다. 또한 창조주 하나님에게서 떨어져 나온 거짓되고 추악하며 병든 세상에 진리와 미학을 제공하는 긍정적인 영향력을 끼칠 수 있다고 생각했다.

그러나 그때 우리는 큰 장애물에 부딪혔다.

국가 인증 기관 4개 부처 전부가 우리에게 시설 개선 명령을 전달한 것이다. 명령을 이행하지 않으면 자격을 박탈하겠다고 했다. 우리는 예술학과 학생들이 사회로 진출하기 위해 필요한 연습만 충분히 하면 되니, 자금이 부족한 상황에서 장소와 스튜디오는 수시로 임시변통하여 사용하면 된다는 해명 자료를 제출했다. 그러나 해당 부처들에서는 우리의 의견을 반려하고 학술적 위상에 부합하는 시설을 확보하겠다고 서약할 것을 통보했다.

장애물이 건물의 벽돌이 되다

우리는 재정상의 이유로 고급스러운 예술 시설을 갖추는 일이 너무 힘에 부쳤다. 신축 건물 계획은 할 수도 없었다. 제한된 인맥이기는 하지만 희생적으로 아낌없이 기부해 주신 분들의 도움으로 1,000만 달러를 들여 새로운 학생회관을 만들었다. 그런 노력에 뒤이어, 네 개의 예술학과를 위해 4,000만 또는 5,000만 달러를 모금하려는 생각은 누가 들어도 비웃음을 살만한 일이었다. 그렇다고 그런 액수의 돈을 빌리는 것은 상황을 더 위태롭게 할 뿐이었다.

하나님이 주신 기회로 꿈을 갖고 출범한 예술 대학은 크고 단단한 벽 같은 장애물에 '쾅'하고 부딪혔다.

개인적으로 매우 큰 실망이었다.

우리는 이 대담한 사명을 받아들였고, 훌륭한 팀을 모았고, 위험을 무릅쓰고 예술을 위해 열렬히 헌신했다. 그렇게 기독교 고등 교육의 특출한 장을 창출했다. 지금까지 많은 실적을 이룬 우리였지만, 이제는 누가 봐도 막다른 지경에 몰린 상황이었다. 몇 달 후 전화벨이 울릴 때까지는 그랬다.

학창 시절 꽤 가깝게 지냈던 친구가 추수감사절을 앞둔 월요일에 전화를 걸어 좋은 소식과 나쁜 소식이 있다고 말했다. 그의 가족이 회사를 매각하는데 한 가지 문제가 있다며 우리가 해결해 줄 수 있느냐고 물었다. 친구의 이야기는 이랬다.

『전날 저녁, 우리는 아버지가 가지고 있는 회사 소유의 보험 증권으로 무엇을 해야 할지 논의하다가 의견이 갈렸다. 그러다 내가 "모두 멈추고 '우리 가족은 돈에 관해 이견이 없으므로 그것을 벨헤이븐에게 양도한다'라고 하자"라는 의견을 냈다.』

친구가 전한 좋은 소식은 우리 대학교가 80세인 친구 아버지의 600만 달러 보험 증권의 수령인이 되었다는 것이다.

나쁜 소식은 우리가 수령인 변경에 따른 해약 반환금을 부담해야 하고, 아울러 연간 보험료를 내야 한다는 것이었다.

나는 재빠르게 지금 50만 달러를 내놓는 것과 언젠가 600만 달러를 받는 것의 이점을 비교한 다음 말했다.

"좋아. 우리 거래하자."

이어서 친구가 흔쾌히 말했다.

"내가 너희에게 25만 달러를 주고 내 동생이 나머지 액수를 맞춰주면 매수 비용은 신경 쓸 것 없이 깔끔하게 정리될 거야."

그렇지만 연간 보험료 18만 달러를 대학교 측이 지급해야 하며, 만약 이를 지키지 못하면 보험이 해지됨을 상기시켜 주었다. 그리고 친구는 "참고로 아버지는 아주 건강하셔"라고 덧붙였다.

나는 친구와의 거래를 책임지겠다는 뜻에서 바로 "알았어"라고 대답했다.

나와 이런저런 이야기를 하던 친구가 이렇게 덧붙였다.

"아버지는 연간 보험료에 쓰라고 너에게 100만 달러를 주실 거야. 그리고 그분 성격상 아마도 힘닿는 한 계속 그러실 거야."

그런데 뜻밖에도 7주 만에 친구의 아버지께서 돌아가셨다. 우리는 생명 보험사에서 600만 달러를 받았을 뿐 아니라, 보험료를 위해 따로 남겨 둔 100만 달러까지 받게 되었다. 거기다 이 모든 일이 일어나기 몇 주 전 친구 아버지께서는 우리 대학교에 와서 내 책상 위에 100만 달러짜리 수표를 놓고 가셨다. 그 선물까지 더하면, 몇 주 만에 친구 가족으로부터 800만 달러를 받은 것이다. 그리고 더욱 놀라운 것은 이 돈을 어떻게 사용하든 상관없다는 보장을 받았다는 것이다.

친구의 어머니는 춤과 미술을 인생의 낙으로 즐기는 분이셨다. 우리는 비록 그 친구의 가족이 준 선물이지만 친구의 어머니를 기리기 위해 대학계에서 몇 안 되는 최신식 무용 시설과 시각 예술 시설을 건립했다. 우리에게는 당장 필요한 다른 일을 위해 그 돈을 사용하거나 저축하는 것이 더 큰 도움이겠지만, 이런 일을 하라고 하나님께서 우리에게 복을 주신 줄로 알고 그런 믿음에 따라 주어진 기회에 맞게 금전을 선용했다.

친구 가족의 놀라운 선물로 무용과 시각 예술 프로그램을 최고 수준으로 끌어올렸지만, 음악과 연극의 시설은 여전히 보잘것없었다. 중요한 공연 장소와 예행연습 장소가 절실히 필요했지만, 신축 비용으로 3,000만 달러 정도가 필요했다.

열정적인 건축가와 유달리 의기소침한 회의를 마친 나는 일찍 집으로 향했다. 그런데 캠퍼스에서 딱 두 블럭 떨어진 곳에서 갑자기 주님이 주시는 감동이 느껴졌다. 나는 근처에 있는 한 교회 주차장에 차를 주차했다. 나의 영적 생활이 '직통 계시'를 받아서 왔다 갔다 하는 유형은 절대로 아니다. 그러나 이런 일시적인 감정은 그런 것과는 완전히 결이 달랐다. 어쨌든 나는 꼭 차를 멈춰야 한다고 확신했다.

교회는 전망 좋은 언덕 위에 높이 솟은 첨탑이 있는 벽돌 건물로, 거대한 예배당과 양쪽으로 연결된 넓은 교육관이 있었다. 나는 이 교회에 사람들이 드나드는 모습을 거의 본 적이 없어 우리 캠퍼스에서 도보로 충분히 갈 수 있는 거리였음에도 관심 없이 그냥 지나쳐왔다.

오후 4시경 교회 주차장에 차를 세우고 목사님을 만났다.

그리고 내 소개를 한 후 바로 이야기를 꺼냈다.

"초면에 죄송하지만, 교회를 매입하고 싶습니다."

목사님이 웃으며 대답했다.

"안 팝니다."

나는 알았다는 뉘앙스로 "물론, 그러시겠죠. 하긴 저도 돈이 없습니다"라고 말했다.

짧은 시간이지만 교회를 둘러보니 대학 예술 센터로 이보다 안성맞춤으로 설계된 시설은 없을 것 같았다. 교회에는 완벽한 블랙박스 시어터로 만들 수 있는 체육관이 있었다. 세탁실과 고성능 환기 시스템을 갖춘 주간보호시설은 의상 제작실로 쓰기에 제격이었다. 우리가 필요로 하는 음악적 측면에서 교회 휴게실은 원형의 독주회 홀이었고, 1970년대 양식으로 길게 이어져 있는 작은 교회학교 방들은 음악 전공자를 위한 이상적인 연습실이었다.

그중에서 가장 눈길을 끈 곳은 놀라운 음향 시설을 갖춘 1,000석 규모의 예배당이었다. 그곳은 내가 상상할 수 있는 가장 아름다운 전통적 스타일의 스테인드글라스 창문으로 둘러싸여 있었다.

　나는 그 교회에 공연장과 음악 프로그램이 거의 입주한 상태인 것처럼 상상했다. 하지만 목사님은 교회를 팔지 않는다고 단호히 말했다. 그러나 우리가 감리교에 뿌리를 둔 한 가족이라는 사실을 확인하고는 서로 친해졌다.

　교회의 정규 예배 참석자는 불과 스물다섯 명으로 줄어있었다. 그러나 나는 그들을 위해서 가을 부흥회에 말씀을 전하러 가기도 했다. 그때마다 교회의 리더들은 "적어도 10년 동안은 교회를 매각할 수 없다"라고 못 박았다. 하지만 다양한 기회로 기류가 바뀌었고 매각을 고려하기 시작했다. 목사님과 나의 교제도 깊어지며 결국 7개월 후, 우리는 그 교회의 소유권을 넘겨받았다.

　대대적인 개조로 새 건물을 짓는 비용의 10분의 1이 들었다. 상세히 계산을 해보니, 우리가 원했던 같은 규모의 시설을 건축할 때는 3,000만 달러가 있어야 했다.

　이 이야기 중에 내가 제일 좋아하는 부분은 우리가 음악당과 예배당으로 사용하는 본당에서 첫 예배를 드린 후에 있었던 일이다.

　나는 그날 그 교회 재직을 우리와 함께하도록 초대했다. 모든 좌석이 꽉 찼기에 학생들은 바닥에 앉아 예배와 기념식을 치르며 멋진 시간을 보냈다. 그 교회 담임목사님은 축도 후 눈시울을 적시며 말했다.

"30년 동안, 하나님께 이 교회를 가득 채워주시기를 기도했어요. 그런데 이런 방법으로 그것을 이루실 줄은 전혀 생각하지 못했습니다."

하나님의 위대한 경륜에서, 주님은 그 교회 시설을 예술 센터로 설계하셨고 대학교가 그것을 가장 필요로 할 때까지 그 교회에서 사용하도록 하셨다.

중요한 교차로

기회를 포착하는 리더들이 막다른 골목에 다다랐다면 아무리 용을 써도 뚫고 나갈 수가 없다. 눈 앞의 길로 가는 일이 힘들어질 때, 쏟아지는 갖가지 도전에 맞서 우리가 할 일은 인내뿐이다. 그러나 그런 장애물들은 방어벽과는 다르다. 기회를 놓고 하나님을 신뢰하는 대신에 해결책만 세우려고 몰두하다 보면, 그 둘의 차이점을 파악하지 못하고 결국은 파국에 이른다.

그대로 밀어붙일 것인지, 아니면 믿고 기다릴 것인지 둘 중 하나는 반드시 선택해야 한다. 이 일 때문에 앞을 가로막고 있는 장애물로 아주 크게 낙담할 수도 있고 때론 크게 흥분할 수도 있다.

우리 예술 대학 시설에 관한 이야기는 막다른 지경에 몰려 고전하는 동안, 하나님이 이에 응답하여 불가능한 일을 일으키셨던 이야기다. 그러나 하나님께서는 우리를 새로운 방향으로 돌릴 목적으로 장애물을 사용하신다. 중단이라는 값비싼 실수를 저지르지 않도록 우리를 보호하시기 위해서다. 거의 항상 그렇다.

> 하나님께서는 우리를 새로운 방향으로 돌릴 목적으로 장애물을 사용하신다. 중단이라는 값비싼 실수를 저지르지 않도록 우리를 보호하시기 위해서다. 거의 항상 그렇다.

또한 장애물은 우리의 기세를 멈추려는 목적만 있지 않다. 장애물이 생기는 때는 항상 의미심장한 조사가 벌어지는 시간이다. 문제 해결에만 몰두하면 하나님이 보낸 것일 수도 있는 메시지를 놓치게 된다.

장애물이 있는 곳은 운영 방식이 교차하는 지점일 뿐 아니라, 영적인 일이 교차하는 지점이기도 하다. 장애물에 가로막힐 때, 리더들은 자기 자신과 이해관계자들을 핵심 질문으로 이끌어야 한다. 우리는 누구를 위해 봉사하는지, 왜 그런 봉사를 해야 하는지 등의 핵심 질문 앞에 우리를 다시 데려다 놔야 한다. 우리에게는 높은 수준의 예술 분야에서 일하는 것이 하나님의 계획이며, 우리가 앞으로 나아갈 수 있도록 문제를 해결하는 일은 그분의 몫이란 것을 다시 새롭게 이해하는 시간이었다.

그런 다음 우리가 장애물에 막혀 잠시 멈춰 있는 가운데 하나님이 우리에게 무엇을 말씀하시는지 깨달아 알게 하셨다. 우리는 다음의 사실을 놓고 깊이 생각하고 있었다.

- 명문 예술 대학이 되기에는 턱도 없는 현재 우리의 열악한 시설을 새로운 방향으로 돌리시려는 하나님의 방법은 아닐까?
- 우리가 새로운 수준으로 도약할 준비를 하기 전에 혹 주님께서 우리 팀을 변화시키려는 것은 아닐까?
- 우리가 이룬 '성취'에 너무 도취하여 혹 하나님께서 받으셔야 할 마땅한 영광을 돌리지 못한 것은 아닐까?
- 예술에 대한 이런 관심이 한철이라서 혹 이제는 그것을 포기해야 할 때가 아닐까?
- 해결책을 위해서 하나님을 그저 기다리고 신뢰하기만 해도 될까?

우리의 경우, 이러한 모든 질문은 어느 정도 적용이 가능했다. 그 장애물로 우리는 잠시 멈췄고 그 시간에 우선순위를 재검토했다. 그리고 우리의 믿음을 다시 공고히 하여 하나님을 온전히 의지하기로 했다.

주님은 직접 내신 길에 목적도 없이 장애물을 허용하시지 않는다.

우리는 이 사실을 확실히 믿는다.

"우리가 알거니와 하나님을 사랑하는 자 곧 그 뜻대로 부르심을 입은 자들에게는 모든 것이 합력하여 선을 이루느니라"(로마서 8:28)

따라서 우리의 여정에 장애물을 만났다면 잠시 멈춰 세 가지 반응을 살펴야 한다.

> 장담컨대, 기회를 포착하는 리더들은 하나님이 일을 불가능하게 만들고 계신다고 생각이 드는 순간에도, 아무리 자신감이 없더라도 이전의 전통적인 계획 수립 방식의 리더십을 따르고 싶지는 않을 것이다.

1. 성공을 검토하라.

나는 수많은 캠퍼스 시설을 짓는 일에 참여할 수 있는 특권을 누렸다.

대학교에서 새로운 건물을 짓는다는 것은 단순히 넓어진 면적 이상의 가치를 갖는다. 즉 가시적인 성공의 척도인 셈이다. 그러나 나는 우리가 열심히 일해서 건설한 모든 것들이 결국에는 헐린다는 사실을 절대로 간과하지 않고 있다.

건물은 수명이 있기에 대차 대조표에서 감가상각을 한다. 아마도 그것들은 70~80년 정도 사용하거나 관리를 잘한다면 100년 또는 그 이상까지는 수명을 연장할 수 있다. 그러나 언제일지는 모르지만 미래의 우리 대학교 총장이 그 자리에 새로운 어떤 것을 지으려고 우리가 열심히 세워 놓은 것들을 불

도저로 밀어내며 축하할 날이 올 것이다.

솔로몬은 고대 세계에서 가장 위대한 건축가였다.

그는 20년에 걸쳐 성전과 왕궁을 지었다.

또한 도시, 공원, 포도원, 보급 센터, 병거성과 군사 시설도 세웠다.

> "···솔로몬이 또 예루살렘과 레바논과 그 다스리는
>
> 온 땅에 건축하고자 하던 것을 다 건축하니라"(역대하 8:6)

오늘날은 솔로몬을 지혜의 본보기가 된 왕으로만 기억하지만, 솔로몬의 이야기는 좋게 끝나지 않는다. 그가 하나님의 시선에서 성공을 검토해 보지 않고 예배당을 건축하며 자신의 가치를 가늠하려 했기 때문이다. 인류 역사에서 가장 지혜로운 사람으로 통하는 그는 전도서 2장 4~6절, 9~11절에 길이 남긴 자신의 조언마저 듣지 않았다.

> "나의 사업을 크게 하였노라
>
> 내가 나를 위하여 집들을 지으며 포도원을 심으며
>
> 여러 동산과 과원을 만들고
>
> 그 가운데 각종 과목을 심었으며
>
> 수목을 기르는 삼림에 물주기 위하여 못을 팠으며
>
> 내가 이같이 창성하여 나보다 먼저 예루살렘에 있던
>
> 모든 자보다 지나고 내 지혜도 내게 여전하여
>
> 무엇이든지 내 마음이 즐거워하는 것을
>
> 내가 막지 아니하였으니

이는 나의 모든 수고를 내 마음이 기뻐하였음이라

이것이 나의 모든 수고로 말미암아 얻은 분복이로다

그 후에 본즉 내 손으로 한 모든 일과 수고한 모든 수고가

다 헛되어 바람을 잡으려는 것이며

해 아래서 무익한 것이로다.”

세상에서의 성공을 이루기 위해 혼자 잘난 듯이 장애물을 멋대로 폭파하다 박살이 나고 사라져버린 상당수의 유명 기독교 리더들의 고백 같지 않은가?

기세가 등등하고, 칭찬이 자자할 때, 장애물은 예수님께서 명시하신 말씀에 비춰 성공을 검토하는 중요한 시간이 된다.

> 기세가 등등하고, 칭찬이 자자할 때, 장애물은 예수님께서 명시하신 말씀에 비춰 성공을 검토하는 중요한 시간이 된다. “너희를 위하여 보물을 땅에 쌓아 두지 말라” (마 6:19)

“너희를 위하여 보물을 땅에 쌓아두지 말라

거기는 좀과 동록이 해하며

도적이 구멍을 뚫고 도적질하느니라

오직 너희를 위하여 보물을 하늘에 쌓아두라

거기는 좀이나 동록이 해하지 못하며

도적이 구멍을 뚫지도 못하고 도적질도 못하느니라

네 보물 있는 그 곳에는 네 마음도 있느니라”(마태복음 6:19~21)

장애물은 우리를 강제로 잠시 멈춰세워 성공에 대한 우리

의 기준을 검토하도록 하나님이 보내신 선물이다.

2. 가볍게 통제하라.

전통적인 리더들은 그들의 환경과 계획을 실행하고 있는 팀의 행동을 일일이 통제하려 한다. 반면에 기회를 포착하는 리더들은 통제를 최대한 느슨하게 해야 한다. 그래야 아직은 불확실하지만 신실하신 하나님께서 앞으로 나아갈 기회를 주셨을 때 신속하게 대처할 수 있기 때문이다.

장애물은 대다수 지도자에게 상당히 큰 불안거리이다.

사역을 얼마나 가치 있게 잘하는지 그 능력을 가늠할 때 전통적으로는 내부 또는 외부에서 발생하는 도전들에 얼마나 확고한 통제력을 행사하는지를 보기 때문이다.

사람이 곤경에 처하면 더 세게 통제하는 것이 자연스러운 반응인데 가벼운 통제라니…. 이는 상식에 반하는 행동이다. 특히 방어벽에 부딪혔을 때 엄격하게 통제하면 그에 맞서는 도전도 강해진다. 장애물에 부딪혔을 때처럼 통제의 고삐를 조이는 것이 아니라, 느슨하게 푸는 것은 훈련이 필요한 기술이다.

골퍼라면 이 설명을 쉽게 이해할 수 있을 것이다.

멋진 샷의 비결은 티타늄 골프채가 아니라, 달걀을 쥐듯이 클럽을 느슨하게 쥐는 기술이다. 공을 세게 치고 싶거나, 마지막 샷이 호수에 빠져 속상할 때는 가벼운 그립을 유지하기가 쉽지 않다.

자신도 모르게 클럽을 너무 세게 쥐려는 반응을 피하는 두 가지 요령이 있다.

• 첫째, 그립을 가볍게 하는 데에만 집중하라.

의식해서 반응을 통제하지 않으면 너무 세게 움켜쥔다. 이 습관이 몸에 익으면 다음으로 넘어간다.

• 둘째, 감정을 조절하여 손의 긴장을 풀라.

리더십과 마찬가지로 골프에서도 시간을 충분히 들여 이 요령대로 잘 할 수 있게 되면 긴장되는 순간에도 일부러 그 요령대로 하려고 집중하지 않아도 가볍게 그립을 잡는 동작이 자연스럽게 나온다.

장애물로 인해 생긴 불명확성을 떠안고 평온하게 지내는 것은 리더들의 중요한 역량이다. 그리고 이 역량을 얻으려면 유감스럽게도 시간과 훈련이 필요하다. 기회 포착 리더들은 경험, 믿을 만한 팀에 대한 투자, 그리고 하나님의 약속을 변함없이 신뢰함으로써 하나님과 시간이 모두 자기 편이란 것을 배워야 한다. 설사 일이 점점 더 불명확해진다 하더라도 불안함 대신 믿음을 가져야 한다는 것을 배워야 한다.

3. 복잡성을 받아들여라.

우리는 노동의 성과를 보려면 계획을 수립해야 한다고 배웠다. 리더십도 이 말처럼 깔끔하게 잘 정돈된 상자 속에 들어 있다면 얼마나 좋을까?

공식대로라면 모든 계획이 표적에 다 명중되어야 맞다. 팀원들은 동료 간의 바람직하고 입체적인 협력으로 모두 전문가가 되어야 한다. 모든 일이 제시간에 이루어지고, 더욱 중요한 일을 다룰 수 있도록 성장하고, 풍성하고, 일관성 있는 성과가 따라와야 마땅하다.

이 책의 앞부분에서 언급했듯이, 전통적인 계획 수립 방식에서 벗어나기까지 내가 따를 수 있는 새로운 모델이 없었기에 나는 몹시도 길고 힘든 여정을 걸어야만 했다. 지금도 난관에 부딪힐 때면, 옛날의 계획 수립 모델로 되돌아가서 사안을 단순화하고, 궁극적인 성과에 집중하고, 복잡성을 무시하려는 경향이 있다. 그러나 조직, 문제, 그리고 사람은 모두 복잡하다. 절대 단순하지 않다.

어려운 시기가 되면 지도자들은 복잡성의 진창에 빠져 허우적거리는 모습을 보여주는 대신, 큰 비전이 출렁이는 파도의 정점에 오르는 모습을 보여주고 싶어 한다. 그러나 '그 모든 것 위에' 오른 듯한 자세를 취할 때 약간 숨을 쉴 수 있는 여유는 생길지 몰라도 상황만 더 악화시킬 뿐이다.

우리가 계속 알아보고 있듯이, 계획을 쭉 뻗은 직선처럼 한 번에 실행시켜주는 완벽한 해결책은 존재하지 않는다. 따라서 장애물을 만나면 가던 길을 멈춰야 할 때이다. 그러나 앞으로 가야 할 경로를 재편성하여 간소화하려는 유혹은 반드시 피해야 한다.

우리의 비즈니스, 정치, 심지어 교회 문화에서조차 흔히 있는 일이다. 사람들은 아무리 복잡한 문제라도 자기들의 리더라면 쉽고 간단한 해결책을 마법처럼 내놓을 거라고 기대한다. 그럼에도 모름지기 리더라면 힘든 시기일수록 반드시 이런 복잡성을 받아들이는 자세부터 취해야 한다.

의료, 사회보장, 인종 갈등, 임금 격차, 국제관계 등의 복잡성은 대중에게 짧은 한마디로 답변할 수 없다. 이에 전도 전략, 지역 사회 주택, 양질의 교육, 교회 행정 등과 관련한 해결책도 짧게 답할 수 없다. 그런데도 리더나 추종자들은 간단한 해결책이 있으리라 기대한다. 만일 우리가 그런 독이 든 미끼를 문다면, 복잡한 문제에 대한 허망한 약속만 담긴 해결책을 내놓게 될 것이다. 이런 해결책은 일차원적인 말장난에도 못 미치는 가치없는 말장난이다.

장애물을 만나면 사역하는 부서들은 몹시 힘든 시간을 보내야 한다.

선택을 하려 해도 다차원적으로 들여다봐야 하고, 사안들은 뒤엉켜 있으며, 감정은 뜨겁게 끓어오르고, 시간에 쫓긴다.

리더들은 이런 복잡성을 수용하는 동시에 이해관계자들에게도 긴장을 푸는 법을 가르쳐야 한다. 이러한 때에는 하나님께서 그분의 방법과 그분의 완전한 속도로 일하시기만을 기다려야 한다.

장애물로 인한 즐거움

장애물에 부딪혔을 때 튀어나오는 본능은 세 가지다.

'맞설까, 피할까, 그대로 둘까.'

이 세 가지 평형추는 하나님의 해결책을 찾는 데 도움이 된다. 그뿐만 아니라 주님과 함께 하는 여정을 위풍당당하게 즐길 수 있게 돕는다. 비록 제대로 다루기에는 힘에 부치는 장애물이라도 하나님과 동행할 수 있으니 그럼에도 여전히 축복 가운데 머무는 좋은 날이다.

제16장

초점 조절

하나님이 또 다른 기회를 가져다주시거나, 항상 해오던 일이 맞는지 의문이 생길 때 우리는 이 일이 하나님의 뜻인지 숙고하며 집중한다.

그러나 기회 포착의 리더십이 본격적으로 탄력을 받으면 주의력을 기울여야 할 일감들이 쏟아지면서 자칫 초점이 흐려질 수 있다.

나도 그런 혼란스러운 시기를 겪은 적이 있다. 조만간 우리가 집중해야 할 다양하고 새로운 기회에 대해 이사회에 개략적으로 설명하려고 준비를 하던 때였다. 동시에 지금 착수하고 있는 새로운 중요한 계획들을 그래프로 나타내려고 했다. 내가 의도한 것은 지금 우리가 착수하려는 계획들이 전부 사명과 연관되어 있다는 것을 화살표로 쉽게 알려주려는 것이었는데 아이러니하게도 그래프의 화살표는 중구난방으로 뻗어 있었다.

이 자료를 본 이사장은 "마치 기회의 소용돌이가 치는 기상도를 닮았다"라며 재치 있게 '토네이도 계획'이라고 이름을 붙였다.

부연 설명을 하자면, 우리는 손에 여러 개의 기회라는 공을 들고 저글링을 하고 있었다. 그 가운데 흔들리는 나무, 날아다니는 파편, 강한 번개, 그리고 바람의 흐름을 하나도 놓치지 않고 잽싸게 살피는 토네이도 추격자처럼 눈동자를 쉴 새 없이 움직이는 중이었다. 앞다투어 주목받는 벤처 기업에서 배운 대로 우리도 어떻게든 재산이 아니라 사람을 지키는 일에 집중하고자 했다. 그게 현재 가장 중요한 일이었다.

이런 급작스러운 변화의 시간을 통해 초점을 조정하는 법을 배울 수 있었다. 물론 민첩성을 유지하는 것은 다양한 문제에 대응하고 시의적절한 결정을 내리는데 필수다. 그러나 본성에 이끌려 "이것도 긴급하고 저것도 긴급한데"라는 생각에 모든 일을 빠짐없이 추진하려고 일일이 신경을 쓰다 보면 정작 가장 중요한 일의 집중도가 떨어진다.

빠르게 움직이고, 유연하게 대처하고, 난관을 극복하는 동안에도 조금이라도 소홀히 하면 안 되는 중요한 일은 바로 초점을 거듭거듭 조정하는 일이다.

다음의 세 가지 멋진 기준에 맞게 초점을 조정하는 훈련을 하라.

1. 운영이 아니라, 결과에 초점 맞추기

2. 문제가 아니라, 사람에 초점 맞추기
3. 즐거운 기분이 아니라, 사기충천에 초점 맞추기

업무량이 급격히 늘어나고, 마감에 쫓기며, 일감이 복잡해지면, 집중력이 떨어져 산만해지기 쉽다. 상황을 쉽게 전환할 수 있는 기회 포착의 리더십에서는 이 세 가지 가치에만 집중하면 된다. 아무리 긴급한 일이라 해도 쓸데없이 밀고 당기기를 하지 않아도 된다.

1. 운영이 아니라, 결과에 초점 맞추기

말씀에서 나온 사명은 사역이라는 과정을 통해서 현실화된다. 운영이라는 시스템이 우리의 헌신에 프로그램, 일감, 그리고 우선순위라는 생명력을 불어넣는다. 마땅히, 효과적이고 시기적절한 방법으로 사역을 발전시키기 위해 리더 대부분이 각자의 몫으로 주어진 책임을 다한다.

때로는 일하기 위해 쉬어야 한다. '살고, 먹고, 숨 쉬고, 자고', 이런 의도는 좋지만, 사역의 특성상 리더는 진을 다 빼면서 때로는 결과를 위해 모든 것을 헌신해야 한다. 우리가 하는 일과 개인적인 삶 사이에는 경계가 불분명하다.

하나님이 기회 주실 것을 바라는 리더라면 자기의 모든 것을 바쳐 사역하는 헌신의 자세는 기본이다. 부름을 받은 임무에 매진하지 않으려면 손 털고 일어나 그 일을 다른 사람에게 넘겨라. 당신의 관점에서, 당신이 잘할 줄로 믿고 하나님이 맡기신 사명은 세상에서 가장 소중한 것이어야 한다. 그런 확신이 없다면, 기부자들에게 당신이 하는 일을 후원해 달라고 요청해서는 안 된다. 더 중요한 것은 하나님께 그 사명에 대해 복을 달라고 구하지 말아야 한다.

그러나 부름에 대한 헌신의 정도만이 리더가 해결해야 할 문제는 아니다.

운영에만 집중하다 보면 목표한 결과가 모호해진다는 사실을 알아야 한다. 이 문제야말로 리더들이 반복해서 겪는 가장 큰 문제다. 운영하다 시급을 다투는 긴급한 일이 벌어지면 그것을 어떻게 해보려고 뭔가를 넣기도 하고 빼기도 한다. 그런데 신중한 재조정 없이, 계속 그런 식으로 사역을 이어가다 보면, 애초에 왜 그 일을 시작했는지 원래의 목적을 잊게 된다. 결과적으로 그런 방식으로 탄생한 '우리의 프로그램, 목표, 그리고 새로운 중요 계획'이 우리가 이루어야 할 본연의 임무를 가리게 된다. 겉은 말짱하다. 하지만 주된 것은 이미 밀려 있고 더 이상 사명이 아닌 그냥 우리 일을 하는데 관심과 힘과 뜻을 둔다.

한 가지 예를 들어보겠다.

중간 규모의 한 교단에서 연례 추수감사절 헌금 모금 행사 기획을 도와 달라며 내게 조언을 요청한 적이 있다. 지난 몇 년 동안의 유형을 검토해 보니, 그들이 섬기는 한 나라에 선교사 파송, 교회 개척, 교육 사업, 그리고 기타 교단 활동을 집중한다는 점이 눈에 띄었다. 그들이 운영하는 주요 활동에 대해 설득력 있게 강조하여 기부금을 받는 것이 그 교단의 목적이었다.

"우리가 하는 일에 지원을 부탁합니다"라는 형태의 전형적인 기금 모금 유형이었다.

나는 아무나 갈 수 없는 그 특별한 나라에서 감당하고 있는 교단의 선교적 노력을 통해 결과를 중심으로 메시지를 준비하라고 권유했다.

우리는 그 교회에 출석하는 사람들뿐만 아니라 선교지 나라 국민의 필요까지 헤아렸다. 또한 그 나라의 정치, 경제, 문화, 교육의 도전 과제를 개요로 작성했고, 아울러 나라 전체의 영적 상황, 종교, 역사, 미전도 종족에 대해서도 비중 있게 살폈다. 그 결과 추수감사절 메시지는 기존 방식의 교단의 프로그램이 아닌, 현지 선교지 사람들의 필요에 초점이 맞춰졌다.

그런 다음 "이러한 필요에 응하기 위해 우리가 이런 일을 해야 한다"라는 간단한 결론으로 메시지를 완성했다. 우리는 파송될 선교사들, 교회 개척, 교육 사업, 그리고 기타 사역을 요약했다. 가장 중요한 것은, 그러한 과정으로 사람들의 삶이 어떻게 변하는지를 강조했다는 점이다. 메시지는 운영이 아니라 전부 결과에 관한 것이었다.

이해관계자들은 부름을 받은 우리가 섬기는 사람들의 삶에 변화가 생기기를 바란다. 그들은 우리의 '사무실', '프로그램', '목표' 등에 기부하고 싶은 것이 아니라, 일부라도 문제를 해결하는 쪽에 기부하기를 원한다. 운영에서 결과로 초점을 전환한 덕분에 그 추수감사절 헌금은 전년도에 비해 3배나 더 많이 모금되었다.

> 이해관계자들은 우리의 '사무실', '프로그램', '목표' 등에 기부하고 싶은 것이 아니라, 일부라도 문제를 해결하는 쪽에 기부하기를 원한다.

운영보다 결과에 초점을 맞추면 외부 후원자 단체의 기부도 증가한다. 그러나 가장 중요한 것은 매끄러운 운영을 추구할 때보다 결과에 초점을 맞출 때 사람들이 더 활력있게 일한다는 사실이다.

내 경우에는, 모든 직원이 일상적인 업무에서 사명감으로 충만한 모습을 보일 때 리더로서 큰 만족감을 느낀다. 하루는 캠퍼스를 걷다가 무릎까지 물이 들어오는 깊은 구덩이 안에 들어가 작업하는 두 명의 직원을 보았다. 그들은 물이 새는 곳을 수리하는 것이 분명했다. 나는 신발에 진흙을 묻히지 않으려고 신경을 쓰면서 물었다.

"무슨 일이에요?"

곧이어 대답이 들려왔다.

"주님을 위해서 작업 중이에요."

그들도 예외가 아니었다. 그들의 소명은 운영이 아니라 결과를 위한 것이었다.

사역 위원회와 상의할 때, 나는 가끔 충격적인 질문으로 말문을 연다.

"여러분이 지금 당장 빠진다면 무슨 차이가 생길까요?"

예상하건대 아마도 그들은 자기가 올린 실적의 크기, 섬긴 사람들의 숫자, 물이 오른 운영 능력, 안정성이 보장되는 탄탄한 역량 등을 집중해서 떠올릴 것이다. 그리고 대부분 그것은 온통 자랑뿐이다.

이때 내가 후속으로 질문을 던진다.

"어떤 다른 부서가 그것을 더 잘 할 수 있지 않을까요?"

그들은 자기만의 독특한 가치, 함께 하는 직원들의 우수한 실력, 그들 프로그램의 강점을 한층 세세하게 거론하며 반응한다. 더불어 대부분은 자기 기관의 역사까지 끌어다가 다른 비슷한 일을 하는 부서들과 차별되는 점들을 열거하려 든다. 고맙게도, 그들은 대체 불가의 존재란 것을 강력하게 알리고 싶어 한다.

이런 부류의 질문은 부서들이 자기들이 받은 소명에 깊이 파고들도록 도움을 준다. 그러나 더 중요한 것은 우리가 소명의 근본에 도달해야 한다는 점이다. 즉, 우리가 하는 일의 운영이 얼마나 당당하고 배포가 큰 지가 중요한 것이 아니라 우리의 소명이 어떤 결과를 내고 있는지가 중요하다.

'매일 하는 일을 탁월하게 잘하고 있는가?'라는 질문이 아니다.

우리가 풀어야 할 문제는 '그것은 얼마나 다른 결과를 가져다주는 일인가?'이다.

우리 대학교의 최우등생 졸업 사정 결과는 학교를 졸업할 때 나오는 것이 아니라 50주년 동창회를 할 때 나온다. 교회의 영향력은 주일에 참석하는 성도 수로만 나타나는 것이 아니라 일주일 내내 지역 사회와 가정 사역에서 펼쳐지는 영향력으로 평가된다.

결과를 확인할 수 있는 질문이 무엇인지에 대해서는 모든 부서가 각기 다른 답변을 내놓겠지만, 가혹할 정도로 솔직하게 묻지 않는다면 유의미한 결과 대신 '우리가 얼마나 운영을 잘했느냐?'를 평가하는 데에만 초점을 두게 된다.

특히 기회가 늘어나고 활동의 소용돌이가 몰아침에 따라 운영상 필요한 요구에만 대응하다 보면 우리의 초점이 영원한 것에서 멀어지고 긴급한 것에만 맞춰진다.

"위엣 것을 생각하고 땅엣 것을 생각지 말라"(골로새서 3:2)라는 말씀에 맞춰 당신의 초점을 조절하는 연습을 하라.(1) 당신의 팀도 이 말씀에 초점을 맞추도록 지도하라. 그렇게 하면 하나님의 나라를 위해 일하게 된다. 팀원들의 전망, 성공, 기쁨, 영향 등 모든 면이 달라질 것이다.

매일 출근할 때 그들은 직장에 온 것이 아니다.

그들은 누군가의 삶에 영향력을 미쳐 결과가 달라지게 하는 하나님이 주신 기회 때문에 나온 것이다. 난관에 부딪혀 어려움을 느끼는 누군가를 매일 구해주기도 할 것이다. 항상 문을 활짝 열어 놓아 절망에 빠진 사람이 찾아와 희망을 얻기도 하고, 예기치 못한 우연한 만남으로 누군가의 인생이 재정리되는 계기가 되기도 한다.

맡은 과제가 무엇이든지 사역하는 사람들에게 하나님께서는 귓속말로 매일 속삭이신다.

"오늘 네가 필요로 하는 사람을 보내 줄게."

정말 대단한 순간이 아닌가! 업무 시간 가운데 90%는 운영상 필요한 일을 하는 데 쓰이지만 (그렇다고 해서 그런 일에만 정신이 팔리면 안 된다) 운영 대신에 결과에 초점을 두면 일하는 즐거움이 생긴다.

2. 문제가 아니라, 사람에 초점 맞추기

리더들은 곤란한 문제를 붙들고 씨름하면서 인생의 나날을 보낸다.

그것이 바로 우리가 하는 일이다. 남보다 뛰어나고 유능한 리더일수록 문제 해결 과정을 무척 즐긴다. 그 수수께끼를 흥미진진하게 받아들이고, 실행 가능한 해결책을 찾으면서 흐뭇해한다. 따라서 성공적인 리더는 문제를 마다하지 않고 문제를 해결하려고 누구보다 먼저 뛰어든다.

문제 해결형 지도자는 시간이 부족하기에 효율적으로 일하기 위해 여러 도전 과제를 저글링 하듯 동시에 다루는 데 익숙하다. 압박이 오면 여러 선택지 중에서 해결책을 도출하는 데 집중하려고 얽매인 모든 것들은 떨쳐내고 '최종 결론'부터 내고 논의해야 마음이 놓인다. 일정이 빡빡할 때, 길게 터놓고 이야기하는 대신 잠깐 서서 회의하는 것으로 문제를 해결한다.

도전 과제를 푸는 일이 시급한 상황에서 온통 문제 해결에만 관심이 쏠릴 수밖에 없다. 그런데 그러다 보면 섬기는 사람들의 감정과 가치를 무시해 거칠게 대하게 된다. 무엇보다 심각한 것은 해결책을 찾으려 몰두하느라 미래의 생활의 활력을 줄 개인적인 상호작용들을 놓친다는 점이다. 문제 해결형 리더들은 아래의 사항들을 놓치기 쉽다.

- 처음 몇 마디만으로도 답이 뻔하다는 것을 아는 경우라도 사람들의 말을 끝까지 들어야 할 때가 있다.
- 그들의 자녀와 배우자에 관해 묻는 것이 그들이 하는 일을 알아보는 것보다 훨씬 더 중요하다.
- 일보다는 사람에 관심을 가지는 것이 훨씬 더 중요하다.

속도가 빨라지고 일감이 늘어나면, 사람을 무시할 가능성이 매우 커진다. 그래서 사역하면서 갖게 되는 인간관계에서 두 가지 자명한 이치에 초점을 맞출 필요가 있다.

- 첫째, 기회는 친밀한 인간관계에 뿌리를 내리고 있다.

나는 하나님이 주신 복 안에서 상상을 뛰어넘는 엄청나게 많은 새로운 기회를 얻었다. 돌이켜보니 그것들 전부는 친밀한 인간관계의 산물이었다. 일부 기회는 해결책을 내는 과정에서 생기기도 한다. 그러나 거의 모든 새로운 기회는 주님께서 적절한 때와 장소에서 만나게 하신 사람들을 통해서 찾아온다.

잘 알려지지 않은 고등 교육의 비밀 중 하나는, 사람들이 교육을 받기 위해 명문대에 가는 것이 아니라는 사실이다. 물론 그곳은 세계적 수준의 학습 환경이지만, 학생들은 다른 엘리트들과 친밀한 인간관계를 맺기 위해 진학한다.

일부는 이런 전제에 동의하지 않을 수도 있지만 아무리 최고의 문제 해결 능력이 있다 하더라도 명문대라는 상아탑에 들어가야 권력과 돈을 얻을 수 있는 문이 열린다는 사실은 누구나 알고 있다. 정치든 비즈니스든 어떤 분야든 마찬가지다.

사역은 그 종류에 따라 다른 방식으로 운영되지만 인간관계는 기회를 확장시키는 엔진이다. 지난 몇 년간 세계의 미전도 종족을 복음화하기 위해 헌신한 기독교 사역 단체 연합이 일으킨 「테이블 71」(Table 71)라는 운동이 있다.

그런 중대한 사역은 빌리 그레이엄 목사님이 후원하는 「암스테르담 2000 전도 대회」(Amsterdam 2000 Evangelism Conference)에서 시작됐다. 토론을 위해 마련된 100개의 테이블 가운데 71번 테이블에 함께 앉은 친구 그룹에서 이 아이디어가 나왔기에 붙여진 이름이다.

훌륭한 리더는 친구들이 많다.

이는 모든 리더의 공통점이다.

실패한 사역 리더들을 보면, 최고의 문제 해결사가 되려고만 하지 조직 안에서의 인간관계는 엉망인 경우가 비일비재하다. 때문에 관계가 껄끄럽고, 사람들 사이의 연결점이 사라지고, 개인별로 흩어져 대립각을 세우게 된다. 결국 기회는 고갈된다.

모순처럼 생각될지 모르지만, 리더의 가치를 가장 빨리 알아보려면 문제 관리 능력을 보면 된다. 그러나 꾸준하게 발휘되는 탁월한 지도력은 인간관계를 통해 드러난다.

모순처럼 생각될지 모르지만, 리더의 가치를 가장 빨리 알아보려면 문제 관리 능력을 보면 된다. 그러나 꾸준하게 발휘되는 탁월한 지도력은 인간관계를 통해 드러난다.

● 둘째, 사역에 있어서 업무 관계는 제한적인 영향을 미친다.

때때로 하나님은 우정의 소중함을 무시한 채 그럭저럭 관계 하나만 잘 맺어도 얼마든지 일할 수 있는 여지를 마련해 두셨다. 그러나 불행히도 너무 많은 리더가 연결되면 뭔가를 얻을 수 있는 사람과만 가까이 지내려고 한다.

업무상의 관계는 예수님이 보여주신 본이 아니다.

때론 이기심이 작용해 사역의 기회를 좁히는 계기가 될 수도 있기에 잘 다루어야 한다. 또한 주변에서는 직접적이고 계산 가능한 수익에만 집중해야 한다고 하루 종일 떠들 텐데 이런 분위기는 지도자들이 반드시 바꾸어야 하는 도전 과제 중 하나이다.

빌리 김(Billy Kim), 김장환 목사는 나의 절친한 친구이자 세계에서 가장 존경받는 기독교 지도자 중 한 사람이다. 그는 교회, 정부, 기업의 최고위층에서 놀라운 영향력을 행사하며 겸손한 마음과 복음 전파의 열정으로 하나님의 나라를 세우고 있다.

그러나 한 명의 선한 미군이 아니었다면 김장환 목사는 그리스도를 알지 못했을 것이다. 또한 1만5,000명 규모의 교회 담임목사도, 극동방송의 이사장도, 침례교세계연맹(Baptist World Alliance)의 회장도, 세계 지도자들의 친구와 영적 상담자도, 그리고 수백만 명에게 복음을 전하는 전도자도 되지 못했을 것이다.

빌리는 1950년에 발발한 한국 전쟁 초기에 다니던 학교가 폭격을 당하자, "어차피 학교에 못 다니게 되었으니 미군 부대에서 일하는 것이 낫다"라고 결심했다. 빌리는 어머니가 양키 시장에서 물건을 팔 수 있도록 허쉬 초콜릿 바, 전투식량(C-rations), 담배 등을 구했다. 그러면서 미군 부대 막사를 청소했고, 장작을 모았고, 난로가 꺼지지 않도록 관리하는 일을 했다.

빌리는 미군들에게서 배운 몇 가지 욕설 외에는 영어를 전혀 못했다. 그러나 십대 한국인 소년의 바른 직업윤리와 밝은 성격에 반한 미군 상사 칼 파워스(Carl Powers)는 그에게 영어를 가르치기 시작했다. 고향 미국에서 중학교 교사였던 칼의 관심을 받으며 소년 빌리(김장환)는 한국인 특유의 체면문화에서 벗어나 진정성 있는 사랑과 형제애를 키우며 성장했다.

빌리의 조국이 전쟁으로 폐허가 되자, 칼은 이 밝은 소년을 혼돈에서 구할 방법을 찾았다. 정치가가 되고자 하는 소년의 열망을 알고 있었기에 칼은 그 소년이 미국에서 교육을 받을 수 있도록 도움을 줄 수 있는 곳을 알아봤다. 전쟁 이후 대한민국을 재건하는 데 소년의 열망이 보탬이 되길 바랐다.

칼은 그의 빠듯한 군인 월급과 교사 월급을 모아 빌리가 미국으로 건너올 방법을 마련했다. 그리고 사우스캐롤라이나에 있는 밥 존스 대학교(Bob Jones University) 부속 중학교에 등록금, 기숙사비 등 일체의 경비를 부담해 등록시킨 후(빌리도 아르바이트를 했지만) 고등학교, 대학교, 그리고 대학원까지 마칠 수 있도록 도왔다.

학부생으로 지내던 어느 날 밤, 한 동료 학생이 요한복음 3장 16절 말씀을 풀어서 이야기하며 빌리에게 주 예수님을 소개하며 복음을 전했다.
이 간증에서 가장 흥미로운 사실은 칼 파워스가 빌리를 미국 유학 보냈을 때 칼은 그리스도인이 아니었다는 것이다. 그리고 칼은 빌리가 입학한 학교가 기독교 신앙을 바탕으로 설립된 학교라는 것도 알지 못했다. 그러나 빌리가 그리스도를 영접한 후 칼에게 복음을 전했고, 칼은 예수님을 구주와 주님으로 영접했다. 몇 년 후 칼은 요단강(River Jordon)에서 김장환 목사의 집례로 침례를 받았다.

칼과 김장환 목사의 이야기에서 주님이 어떻게 현재 우리가 보는 것이나 생각하는 것을 훨씬 뛰어넘는 놀라운 계획을 가지고 일하시는지 깨달을 수 있다. 칼은 돈이 많지 않았지만 잘 알지도 못하는 외국의 어린 십대 소년의 교육에 투자하기로 마음을 먹었다. 칼을 통하여, 하나님은 김장환 목사를 준비시켜 수백만 명의 사람들이 복음을 접할 수 있게 하셨다. 그들의 우정은 어떻게 하나님이 훗날 아무런 대가도 바라지 않고 우리가 투자한 사람들을 사용하시는지 보여주는 더할 나위 없는 증거다.

3. 즐거운 기분이 아니라, 사기충천에 초점 맞추기

사역하는 데 있어서, 우리와 같은 궤도에 올라있는 사람들은 서로 지지하고, 격려하고, 공감할 줄 아는 사람들이다. 그리스도인들은 사랑의 띠로 하나가 되어 다른 사람의 허물을 덮어준다. 그러나 일부 사람들은 교회에서 다소 거칠고, 비판적이며, 엄격하기도 하다. 인정 넘치는 다수보다 비판적인 소수가 우리를 무겁게 짓누르며 예리한 양날의 검처럼 작용한다.

아마도 그런 시비조의 대립이 자주 일어나지 않기에 부서 대부분은 그런 선동하는 자들과는 함께 성공적으로 일할 수 있는 긍정적인 틀을 마련하지 못한 듯하다. 우리는 주로 고객을 응대하는 사람들을 관찰함으로 선동하는 사람들이 만들어내는 부정적인 비평이 어떤 것인지를 배울 수 있다.

미국 백악관 소비자 보호국의 보고에 따르면 불만이 있는 소비자들은 통상적으로 9~15명의 다른 사람에게 자신의 경험을 이야기하며 혹은 20명 이상의 사람들에게 말하는 경우도 있다고 한다. 내 추측으로는 기독교 사역을 하는 우리의 일은 사람의 속 깊은 데까지 건드리기 때문에 그 숫자가 훨씬 더 많으리라 예상된다.

"한 건의 부정적인 후기로 생기는 손해를 만회하려면 대략 마흔 건의 긍정적인 소비자의 경험이 필요하다"라는 경고 문구가 있다.(2) 그래서 칙필레 햄버거(Chick-Fil-A)의 창업자 트루이 캐시(Truitt Cathy)는 "절대로 고객을 잃지 말아라"라고 가르쳤다.(3)

이런 그의 비즈니스 원칙은 잃어버린 양 한 마리에 관한 예수님의 가르침에서 따왔다.

'소비자 10명 중 7명은 회사가 부정적인 후기에 어떻게 대응하는지를 보고 그 브랜드에 대한 의견을 정립한다'는 사실을 인식한 기업들은 주로 불만이 많은 비판가들의 개인적 관심이 무엇인지 파악하면서 조심스럽게 응대했다. 기업은 고객 후기 - 특히 부정적인 후기- 의 최소 25%만 잘 응대해도 35% 이상의 이익을 더 얻는다.(4) 비즈니스 세계에서는 비판자들의 마음을 즐겁게 해주는 것이 중요하다는 것을 잘 알고 있지만, 너무나도 자주, 사역하는 이들은 비판자들을 무시하려는 경향이 있다.

사역에는 항상 비판자들이 있게 마련이다.

나는 주님이 비판자들을 사용하셔서 우리가 겸손과 은혜를 잃지 않게 하신다고 확신한다. 또한 비즈니스에서와 마찬가지로 저들은 우리의 일과 의사소통의 약점을 알려주는 역할을 한다. 그들은 우리에게 양약이지, 퇴치해야 할 악은 아니다. 게다가 비판자들은 설교한 대로 실천할 수 있는 가장 좋은 기회를 우리에게 준다.

비판자들은 훨씬 더 강력하게 따질 수 있는 방법인 이메일을 사용해 거세게 공격하곤 한다.

비판자가 우리를 공격할 경우에는 문제를 해결하려고만 하지 말고 그 사람에게 관심을 보이는 방법을 팀에게 가르쳐라. 우리는 본능적으로 문제를 후딱 해치워서 반대자들의 입을 틀어막고 싶어 한다.

하지만 문제 자체가 아닌 그 개인에게 관심을 보인다면 닥친 현안에 대해서 좀 더 깊이 있게 이해할 수 있다. 따라서 이메일에 답장을 쓰기 전에 당신이 응대해야 하는 그 사람도 누군가에게 금쪽같이 사랑받는 소중한 사람이라는 것과 당신이 보낸 답장을 낱낱이 읽을 것이라는 사실을 기억해야 한다.

그리고 이메일이 나에게 온 것이라고 여기며 답장을 기분 좋게 보내라. 한 걸음 더 나아가서는 당신의 자녀가 받았다는 가정 아래 답변을 작성하라. 전화 통화를 할 때에는 조금도 방심하지 말고 극히 조심해야 한다.

그리고 비판자들의 실망감과 절박함에 공감하라. 문제의 맥락을 파악하고, 당신이 그들의 사연을 제대로 듣고 이해했는지 확인하기 위해서 그들이 한 말을 정리하여 그대로 다시 물어보라. 그들의 여정에 또 다른 걸림돌이 되기보다는 문제를 극복하려는 그들의 노력에 보탬이 되도록 충분히 그들의 의견을 이해해 줘라.

또한 그들의 이야기를 끝까지 듣지 않고서 지레짐작하지 말라. 사람마다 저마다의 사연이 있다. 혹 알게 되면 눈물이 펑펑 날지도 모른다.

당신은 결코 보지 못한 상대방의 상처가 난 자리를 하나님의 은혜로 채우라. 비판자가 바꾸기 전까지는 당신이 먼저 화제를 돌리지 말라. 비판자들이 제 친구들에게 "그들에게 상처받았어"라는 말이 아닌 "그들이 나에게 큰 도움을 받았다고 말했고 그 사람들은 참 대단한 사람들이야"라는 소감을 공유할 때까지, 비판자와의 관계 형성에 투자하라.

하지만 때로는 소통이 아닌 사과만 해야 할 때도 있음을 인식하라.

사역하다 보면, 놓치는 부분이 생길 때가 있다. 그럴 때는 토를 달지 말고 무조건 사과하라. 사과 한마디가 관계를 얼마나 깔끔하게 수습하고, 달라지게 하는지 경험하면 깜짝 놀랄 것이다.

예수님은 제자들에게 비판자를 대하는 틀을 가르치셨다.
　"또 누구든지 너로 억지로 오리를 가게 하거든
　그 사람과 십리를 동행하고… 너희 원수를 사랑하며
　너희를 핍박하는 자를 위하여 기도하라…
　너희가 너희를 사랑하는 자를 사랑하면
　무슨 상이 있으리요
　세리도 이같이 아니하느냐
　또 너희가 너희 형제에게만 문안하면
　남보다 더하는 것이 무엇이냐
　이방인들도 이같이 아니하느냐"(마태복음 5:41, 44, 46~47)

이처럼 반복해서 가르치셨어도, 주님의 제자임을 자처하는 우리도 순간적으로 흥분하며 배운 대로 실천하지 못하곤 한다. 예수님이 체포당하실 때, 주님을 따르던 무리 중 한 사람은 오히려 칼을 들고 싸우려 했다. 그 순간 제자들 사이에 긴장감이 최고조로 올랐다.

예수님께서는 그 긴박했던 순간을 은혜로 수그러지게 하셨고, 귀가 잘린 비판자를 치료하셨으며, 제자에게 무기를 버리라고 말씀하셨다. 부드럽고, 은혜로우며, 사랑으로 비판자들을 대하신 예수님의 반응은 그분이 하신 말씀보다 훨씬 더 그분의 사명이 무엇인지 분명하게 드러냈다.

생산적이냐, 방어적이냐

너무도 많은 지도자들이 흔들의자 공장의 꼬리 긴 고양이처럼 살고 있다. 흔들의자에 정신이 쏠린 고양이는 어느 방향에서 공격이 올지 몰라 주변에 있는 의자들을 보며 불안해한다.

너무도 많은 지도자들이 흔들의 자 공장의 꼬리 긴 고양이처럼 살고 있다. 흔들의자에 정신이 쏠린 고양이는 어느 방향에서 공격이 올지 몰라 주변에 있는 의자들을 보며 불안해한다. 이런 반응을 가진 리더는 생산적이기보다는 방어적이 된다.

결과, 사람, 그리고 비판자에게 초점을 맞추면, 우선순위와 보는 시야가 달라진다. 그다음에는 불안함이 찾아온다. 운영, 문제, 그리고 오직 손뼉만 치는 사람들에게 맞추었던 초점을 다른 곳으로 돌린다면, 일에 대한 식견을 높여 전체를 조망할 수 있고, 전략적인 리더십을 발휘할 수 있는 최선의 기회가 눈에 들어온다.

이런 전환을 통해 사역을 잘 추진할 수 있게 만드는 우선순위가 무엇인지 확고하게 파악할 수 있다. 그뿐만 아니라 당면한 문제를 더 깊이 있게 이해할 수 있다.

제17장

예수님 닮은 사람,
진짜로!

장기적인 계획을 추진하기보다 기회 포착에 집중하는 사역이 되면 원칙적으로는 갈등, 오해, 일하는 방식 등에 충돌이 생기지 않아야 한다.

하나님이 친히 이끄시는 사역인데 모인 사람들도 마치 천사가 되어야 마땅하지 않겠는가?

그러나 언감생심으로 전혀 그렇지 않다!

분명하게 그어져 있던 선이 모호해지므로 얼마간은 관계들이 오히려 뒤틀릴 수 있다. 우선순위가 바뀌고 관계들을 조정하여 새로운 기회에 대응하는 성과중심의 팀을 만들어야 하기에 조직의 체계는 흐물거리며 변하기 쉬운 상태가 된다.

솔직히 말해서, 기회 포착의 리더십을 적용한 일터는 마치 초등학교 4학년 때 처음 경험한 '조별 학습' 현장을 닮은 듯 보일 때가 있다. 심지어 기독교 계통 부서에서도 마찬가지다. 과학 전시회에 출품할 화산을 만드는 일보다, 조원들끼리 사소한 자리 정돈을 두고 옥신각신하거나 작업하기 싫다는 조원들과 우격다짐을 벌이는 등 엉뚱한 일에 에너지를 다 쓴다.

나는 교육계에서 잔뼈가 굵은 사람이다.

평생을 교육계에서 일한 내 경험에 비춰볼 때, 학생이라면 누구나(초등학교부터 대학원에 이르기까지) 조별 과제를 싫어한다. 이유는 과제 자체보다 조원들과의 긴장 관계에 신경을 곤두세워야 하기 때문인 경우가 많다.

나는 학교에서 경험한 조별 학습의 나쁜 장면이 일터로 그대로 옮겨왔다고 생각한다.

- 자기 일을 습관적으로 남에게 떠안기는 소수의 '얌체족'
- 전문가랍시고 툭하면 사람 무시하며 혼자서 잘난 척하는 '꼴값족'
- 남이 끼어드는 꼴을 못 보고 성과를 독식하려는 '안하무인족'

중요한 성과를 내기 위해서는 팀워크가 필요한 법인데, 우리의 견해와 생각에는 '함께 일하는 것'(work together)은 있어도, '함께 있는 것'(being together)은 없다.

내가 가진 교육 사상의 맞고 틀림을 떠나서, 일터가 대부분 이런 상황에 처해 있다는 것은 틀림없는 사실이다. 승진을 위해서라면 인연도 끊고, 텃새가 논리를 능가하고, 매일 밀고

당기면서 시달리다 보니 사람이 사나워질 수밖에 없는 곳이
바로 우리의 일터다.

사역의 현장을 이끄는 리더들은 예수님의 말과 손이 되어
일터를 아주 좋게, 훨씬 더 낫게 만들어야 한다. 그렇게 하려
면 우리의 본질로 돌아가야 한다. 즉, 예수님을 닮아야 한다.

은혜와 진리 - 이것이 전부다!

그리스도의 삶은 워낙에 다차원적이라서 최우선 순위를
정하는 것은 의미가 없다. 그러나 예수님이 십자가 위에서 자
신의 어머니를 맡겼던 사랑하는 제자 요한은 예수님의 생애
를 두 가지 우선순위인 '은혜와 진리'로 요약했다.

"말씀이 육신이 되어

우리 가운데 거하시매

우리가 그 영광을 보니

아버지의 독생자의 영광이요

은혜와 진리가 충만하더라"

(요한복음 1:14)

예수님이 완전한 인간이시며 완전한 하나님이시듯 또한 진
리로도 충만하셨고, 은혜로도 충만하셨다. 50% 대 50%의 비
율이 아니라 100% 대 100%의 비율이다.

그분은 결코 진리에 있어서 흔들림이 없으셨다.

그러니 우리도 흔들려서는 안 된다.

그분은 은혜를 통해 절대 요동치 않으셨다.

그러니 우리도 요동치 말아야 한다.

그리스도 안에서 진리와 은혜는 상호의존적이다. 한쪽에 치우쳐 둘 중 어느 것 하나만 중요하게 여겨서는 안 된다.

그리스도 안에서 진리와 은혜는 상호의존적이다. 한쪽에 치우쳐 둘 중 어느 것 하나만 중요하게 여겨서는 안 된다.

예수님께서 은혜와 진리로 충만하신 것이 분명한데도, 문화, 교육, 설교 등에서 전쟁을 선포하며 무장하라는 호령이 떨어질 때, 크리스천들은 은혜를 잊고 재빨리 진리의 깃발만 치켜든다. 요즘 크리스천들이 은혜의 깃발은 아예 내팽겨친 것이 아닌가 하는 의구심이 들 수밖에 없다.

진리의 기수가 되는 것만으로는 예수님을 닮을 수 없다. 예수님을 닮으려면 우리의 초점이 진리와 신학에만 맞춰져 있어서는 안 된다. 진리와 학문, 진리와 정치, 진리와 제자도, 또는 진리와 프로그램에 맞춰져서도 안 된다. 그렇다. 은혜도 붙들어야 한다. 예수님은 은혜와 진리가 충만하셨다.

요한이 언급한 이 둘의 순서에 주목하라.

요한은 '은혜와 진리'라고 말했다. 아마도 유대인들이 예수님께서 진리로 충만하기를 더 바랐기에 은혜를 앞에 두듯하다. 은혜를 진리보다 앞 순위에 둔 것은 대단히 충격적인 일이다. 거룩함에 이르는 길은 오직 진리로만 갈 수 있는 길이 아니다. 진리에 은혜가 동반되어야 한다. 불행히도 오직 진리에만 초점을 둔 크리스천들은 남에게 너무도 쉽게 상처를 준다. 은혜가 빠진 진리는 자기 의에 불과하다.

사역, 교회, 그리스도 중심으로 세워진 대학교, 그리고 기독교 학교가 진리를 가르치는 것만큼 열의를 다해 은혜를 베푸는 일을 한다면 복음의 현장은 어떻게 발전할까?

크리스천들은 진리를 놓고 격렬히 논쟁하는 데 모든 열정을 쏟느라 은혜를 베푸는 삶에는 관심이 없다. 이것이 사람들을 주님에게서 멀리 떠나도록 부추기는 가장 큰 원인이다. 크리스천들이 은혜롭게 리더십을 발휘할 때 진리가 환영을 받는다.

> 크리스천들이 은혜롭게 리더십을 발휘할 때 진리가 환영을 받는다.

우리는 예수님을 닮아 경건함이 묻어나는 공동체에서 일하게 된다. 100% 진리에 헌신하고, 100% 은혜에 헌신하도록 신세대 크리스천들을 무장시켜 예수님을 완강하게 거부해 희망이 사라진 세상에 소망을 심을 수도 있다. 이 일이 다른 무엇보다 더 중요하다.

은혜는 당신의 사역을 위한 구호도, 프로그램도, 연례행사의 주제도 아니다. 은혜는 그리스도 안에서 사는 삶이고, 예수님을 닮아가는 변화이다. 내 삶에 이런 변화가 없다면 다른 무엇이 중요하단 말인가?

문화는 끝없이 바뀌고 있다. 그런데 우리가 은혜의 저 깊은 곳까지 맛보아 알지 못한다면 그 어마어마한 도전을 당해 낼 재간이 없다. 변하는 문화에 따라 외압이 증가하면 부서들 내부에는 긴장이 고조된다. 굳은 의지로 은혜의 문화를 조성하려는 리더십 없이는 좌절감이 단계적으로 늘어날 뿐이다. 그 결과 다음과 같은 과정을 거쳐 사역팀은 서로에게 등을 돌릴 것이다.

- 압박의 강도가 단계적으로 높아지면서 거칠어진 감정이 인간관계를 장악한다.
- 위험이 점점 커질수록 비난의 이메일이 많아진다.
- 압력이 높아지면서 팀원에 대한 고찰을 한층 더 심하게 한다.
- 자금이 빠듯해질 때 이룰 수 있는 일의 한계가 드러난다.
- 조직 문화는 처치 곤란한 일은 아예 빼놓는 방향으로 바뀐다.
- 요구가 증가하면 문제 해결 대신 결함 찾기가 일상이 된다.

리더들과 그들이 이끄는 부서가 은혜를 베풂을 통해 하나님께 영광을 돌리는 문화를 조성하려고 노력하지 않는다면, 언젠가 반드시 위에 언급된 과정들을 겪게 된다.

그러나 우리의 영향권에 들어있는 사람들부터 은혜와 진리로 충만하신 예수님을 닮아가도록 이끈다면, 앞에 놓인 만만치 않은 미래를 능히 감당할 힘을 얻을 것이다. 우리가 사람들을 오직 진리, 아니면 오직 은혜에만 집중하게 이끈다면 우리는 그들이 불운한 꼴을 당하도록 방조하는 셈이나 마찬가지다.

은혜는 과감하고, 실천적이며, 기도해야 하는 영역이다

바울은 그의 제자 디모데에게 **"너는 그리스도 예수 안에 있는 은혜 가운데서 강하고"**(디모데후서 2:1)라며 강권했다. 바울은 디모데에게 설교, 기도, 구제, 연구, 신학 등에 집중하라고 교훈하지 않았다 - 각각 중요하지 않은 것이 없지만 - 바울은 디모데에게 은혜에 집중하고 앞으로 닥칠 일에 대비해 강한 힘을 키우라고 촉구했다.

바울이 그렇게 원론적인 말로 교훈한 맥락을 이해하는 것이 중요하다.

"디모데야, 지금 당장, 너에게 어려운 일이 닥치기 전에, 네 인생의 중심이신 그리스도 안에 있는 은혜를 확립해야 한다.

안 그러면 곧 벌어질 일을 감당할 능력이 없게 된다."

얼마 후 디모데는 바울이 로마의 끔찍한 감옥에 갇히는 것을 봐야 했다.

바울, 디모데, 그리고 우리가 모진 미래를 잘 대처할 수 있는 유일한 방법은 은혜가 지배하게 두는 것이다. 그러려면 과감한 결단과 연습과 많은 기도가 필요하다. 디모데처럼 우리도 사역의 미래를 감당할 능력이 생기려면 은혜를 크게 키워야 한다.

환난과 위협의 시간을 통과하는 내내 우리를 거뜬하게 지탱해 줄 정도로 은혜의 단계를 키우려면, 우리를 속량하기 위해 희생하신 그리스도로 말미암아야 한다. 그 감당치 못할 크신 은혜에서부터 시작해야 한다. 이런 근본적인 은혜를 붙들지 않으면 우리가 뭘 해도 항상 기대에 미치지 못할 것이다.

교회에 다니는 사람들을 다음의 네 가지 유형으로 구분하기도 한다.

1. 신앙생활을 지루하게 여겨 믿음의 변두리에서 의미 없이 서성이며 장난이나 치는 사람
2. 체면 깎이기 싫어서 남과 비교하며 교회생활하는 사람
3. 뻔한 말씀에 질렸다면서도 신학적으로 별로 중요하지도 않은 토막들까지 파고들어 공부하는 사람

4. 그 크신 하나님의 은혜에 굴복해 능력을 받는 사람

교회가 사람들의 인식을 새롭게 변화시키지 않는다면 큰 문제가 있는 것이다. 그리스도 예수의 은혜 없이는 우리에겐 아무 소망도 없고, 궁핍하며, 무가치한 존재라는 것을 깨닫게 해야 한다. 우리는 오직 예수 그리스도의 은혜로 말미암아 값도 없이 그리고 아무런 조건도 없이 구원을 받았다.

지도자들은 반드시 주님을 영화롭게 하는 은혜의 기준을 마련해야 한다. 만일 우리의 일터에 은혜가 풍성히 채워지도록 애쓰지 않는다면, 사역을 감당할 수 있는 능력도 잃고, 또한 그 소중한 은혜를 선물로 주신 그리스도를 모욕하는 것이나 마찬가지다.

- 함께 일하는 사람들이 실망시켰을 때, 나는 과연 은혜를 풍성히 베풀 수 있는가?
- 우리가 주님께 한 서원을 깼을 때 오히려 그리스도께서 우리에게 넘치도록 큰 은혜를 베풀어 주시지 않았던가?
- 우리가 과잉 반응을 했어도, 화를 냈어도, 대들었어도, 무시하거나 고의로 그분을 모욕했어도, 그분은 우리에게 한결같이 엄청난 은혜를 퍼부어 주시지 않았는가?
- 만일 그리스도께서 우리에게 그토록 큰 은혜를 주시지 않았다면, 우리가 어떻게 남에게 풍성하게 은혜를 베

풀 수 있단 말인가?

만약 '사역에서 지나치게 은혜를 베풀면 어쩌나?'라는 걱정이 든다면, 그런 걱정은 떠올리지도 말아라. 아무짝에도 쓸데없는 걱정이다.

슬기로운 은혜 생활

우리가 배운 세상의 비즈니스 모델에서는 동기를 부여하고 우수성을 끌어내려면 은혜를 함부로 베풀면 안 된다고 가르친다. 내가 보기엔 이 말은 그저 헛소리다. 사역 리더들은 이 모델을 거부해야 한다. 많으면 많았지, 부족하지 않을 은혜 베풀 기회를 발견하려고 두 눈을 부릅뜨고 다녀야 한다.

사역 단체에서 은혜를 베풀면서 일할 수 있는 기준이 될만한 방법의 목록을 제공하지는 않겠다. 하지만 은혜를 베풀면서 어떻게 리더십을 발휘해야 할지를 알려주기 위해 몇 가지 사례를 제시하려 한다.

1. 실력 차이를 최소화하라.

조직은 구조적으로 실력 차이가 존재하기 마련이다. 개인의 임무, 경력, 성격에 따라서 이 사람과 저 사람 사이에 실력이나 영향력이 상당히 다르다. 실력 차이가 현격할 때, 더 풍성한 은혜가 있어야 한다.

신중하지 않으면, 상대가 가진 잠재력은 못 보고 결함을 들추어내는 일에 내 권력을 사용하려는 유혹에 쉽게 빠진다. 은혜로운 시선으로 볼 때만 발견할 수 있는 것들이 있다.

- 어느 날 밤, 모닥불 곁에서 그리스도를 부인하던 베드로 같던 직원은, 머지않은 장래에 오순절에서 성령의 불을 밝힐 수도 있다.
- 자기에게는 힘든 일을 시키지 말라며 다른 사람들을 자주 난처하게 하는 마리아 같은 직원은, 한층 더 높은 목표를 지향하는 사람이 될 수도 있다.
- 천방지축 제멋대로인 요셉 같은 직원은, 만족감을 느끼는 상태에서 벗어나 훌륭한 지도자로 성장할 수 있는 자리로 옮겨갈 수도 있다.
- 사생활에 복잡한 문제가 생겨 일시적으로 주의가 산만해진 직원은, 룻과 같이 되어 사역의 *끈기*와 헌신의 표상이 될 수도 있다.
- 당신 팀의 말을 더듬는 목자가, 출애굽을 이끄는 모세가 될 수도 있다.
- 당신 사역의 몽상가 노아는, 다가오는 홍수를 준비하는 유일한 사람일 수도 있다.

실력이 있으면 어떤 일이든
더 빨리 성취하고
더 효율적으로 일하는 것은 맞다.
그러나 좋은
인간관계를 맺으려면
오랜 기간 공을 들여야 한다.
은혜는 베풀면 베풀수록
인간관계에서만 얻을 수 있는
큰 힘이 된다.

은혜는 안중에도 없고 실력만 좋으면 된다고 여기는 일은 아주 쉽다. 실력이 있으면 어떤 일이든 빠르게 성취하고 더 효율적으로 일한다. 그러나 좋은 인간관계를 맺으려면 오랜 기간 공을 들여야 한다. 은혜는 베풀면 베풀수록 인간관계에서만 얻을 수 있는 큰 힘이 된다.

2. 못 보고 지나친 것을 확인하라.

우리 집은 보통 내가 장을 본다. 한 번은 시간에 쫓겨 급한 마음에 20대 딸에게 함께 장을 보러 가자고 했다. 마트는 붐볐고, 사야 할 물건도 제대로 없었고, 계산대의 줄은 길고 느렸다.

드디어 우리 차례가 되었다. 그런데 계산대의 젊은 직원이 우리의 물건들을 봉투에 담으면서 고등학교 풋볼 선수와 시시덕거리며 미적거리는 것처럼 보였다. 그들이 어찌나 느리게 일을 하던지 보다 못한 내가 끼어들어 대신 계산을 했다.

그런데 그 일은 보는 것만큼 쉽지 않았다. 나는 계산을 제대로 하지도 못했고, 하던 도중 중요한 물건을 빼먹었다는 사실을 알았다. 완전히 엉망진창이었다.

차에서 우리끼리 있을 때 슬기로운 딸이 내게 입바른 소리를 했다.

"아빠, 어른들은 앞치마 두른 사람에게 함부로 해도 되는 줄 알아요. 아빠도 똑같아요. 아까 그 사람들이 얼마나 지독하게 일하는지 아빠는 몰라요."

딸의 말을 듣고 정신을 차린 나는 다음부터는 최대한 편견을 버리고 사람을 바라보게 됐다. 딸의 말이 옳았다. 내가 더 나빴던 것은 식료품점에서 일하는 사람들이 앞치마를 두르는 줄도 몰랐다는 것이다. 이 사실을 깨닫자 소름이 돋았다.

그날 이후 나는 앞치마부터 살핀다. 직원이 앞치마를 입고 있다면(상점과 식당에서), "오늘 하루 어떻게 지냈어요?", "일은 잘 돼요"라고 묻고 "도와줘서 대단히 감사합니다"라고 말한다. 그들에게 약간의 호의를 보인 것뿐이지만 나는 정말 크게 바뀌었다. 그때까지 못 보고 무심코 지나친 것들을 보는 법을 배웠기 때문이다.

당신이 맡고 있는 사역과 일하고 있는 분야에서 무심코 지나쳤던 것들을 약간 시간을 내서 바라보라. 놓쳤던 사람, 놓쳤던 일에 진정성을 담아 관심을 보이는 것만으로도 신령한 은혜가 충만해진다. 또한 이런 태도는 서로 은혜를 베푸는 문화를 조직에 조성하는 데 필수 요소이다.

3. 인색하지 말라.

오래전에 돈을 많이 번 친구가 있는데 그는 번 돈의 거의 전액을 기부했다. 작가인 그 친구와 10년 넘게 연락이 뜸했다. 그러다가 신간을 출간했다는 소식을 듣고는 우리 캠퍼스 예배당에서 특강을 해달라고 초청했다. 그는 부자였기에 일등석이나 개인 비행기를 탈 것이라고 생각해 비행기 표도 보내지 않았다.

나는 학생들이 그에게 많은 것을 배우기를 간절한 마음으로 바랐다. 또한 그가 우리 캠퍼스에서 하루를 보내면, 대학에 재정적으로 도움이 될 것이라고 생각했다. 나는 대학교 총장으로서 목표한 것을 성공적으로 달성하는 일에만 온 신경을 쏟고 있었다.

우리는 오랜만에 만나 기쁜 마음으로 저녁 식사를 하며 회포를 풀었다. 그런데 그 사이 그가 재산을 다 잃었고, 비행기 표 살 형편도 안 된다는 사실을 알고는 큰 충격을 받았다. 그는 재정적으로 회복할 계획을 말하긴 했지만 다른 많은 기업들처럼 성패의 등락은 사람이 예측할 수 없는 영역임을 다시 한번 깨달았다.

예배는 근사하게 잘 드렸고, 그의 특강은 내 예상을 적중했다. 우리의 우정도 새롭게 다시 시작할 수 있어서 참 좋았다.

그를 공항에 내려주면서, 비록 그 해 우리 대학교의 재정 형편이 유난히 빠듯했음에도 절실히 돈이 필요한 것 같은 그에게 1,000달러의 사례금을 얹어주었다(우리는 일반적으로 예배에 오신 강사에게 사례하지 않는다).

그런데 몇 년이 지난 후, 나는 예기치 못한 쪽지 한 장을 받았다.

『로저에게,

기억을 더듬어 보니, 몇 년 전 자네 대학교 예배에서 특강을 했다고 나에게 사례비 명목으로 1,000달러 정도를 줬어. 자네도 기억하겠지만, 그때 나는 금전적으로 무척 쪼들렸다네. 은혜의 하나님이 지금은 건져 주셨지만 말이야. 그래서 자네의 호의에 보답하려고 약간의 이자를 보태서 5,000달러를 동봉하여 보내네. 하나님께서 그곳 벨헤이븐에서 수고하는 자네를 계속해서 복 주시기를 바라네.

추신: 아 참, 이 글을 쓰는 동안 두 번째 기억이 떠올랐네. 자네가 준 그 사례비로 10,000달러를 만들었지 뭐야. 놀랍지!』

이 사건은 은혜를 베푸는데 인색하면 안 된다는 사실을 깨닫게 한 놀라운 추억이다.

4. 한 사람씩 상대하라.

교회는 큰 숫자에 지나치게 감격한다.

주일 출석자가 수천 명에 이르고, 수만 명에 달하는 인원이 복음 전하는 수고를 하고, 방송으로 하는 집회에 수백만 명이 참여한다. 우리는 이런 숫자에 속아서 사역의 규모와 사역의 중요성을 동일시한다.

반면에, 유의미한 은혜의 행위는 한 번에 한 사람에게만 전달되며, 주는 쪽에서 상당한 투자를 해야 한다. 하나님이 보고 계셔서 어느 것 하나 중요하지 않은 것이 없으니 은혜는 매번 크게 차고 넘쳐야 한다.

나는 은혜 충만한 우리 학교의 교수진과 함께 일하는 것을 대단히 영광스럽게 생각한다. 학생 한 사람 한 사람에게 도움을 베풀어 주는 그들의 모습을 오랫동안 지켜보면 매번 놀라울 따름이다. 우리 교수진은 고집불통이라는 소리를 듣는 것을 마치 학자적 자질이 있는 칭찬으로 여기는 학계에서 매우 이례적인 분들이 모여 있다.

지금부터 내가 하는 빈민가 출신의 한 풋볼 선수 이야기는 한 개인에게 은혜를 베풀 때 삶을 변화시키는 강력한 능력이 나타난다는 것을 보여주는 좋은 예이다.

그는 훌륭한 운동선수로서 "운동부니까"라는 선생님들의 배려를 받으면서 학교생활을 했다. 그런 이유로 기초 학력이 턱없이 부족했다. 그에게는 운동 기량을 발휘하는 것만이 자존감의 전부였기에, 풋볼 경기장을 벗어난 성공적인 미래는 감히 생각할 수조차 없었다. 그래서 엄청난 운이 따르지 않는 한, 이 청년은 다시 거친 이웃들이 사는 빈민가로 돌아가 별 볼 일 없는 삶을 살아가야 했다.

그가 우리 대학교로 이적했을 때, 풋볼에 관심이 없던 한 영어 교수가 그를 특별히 눈여겨봤다. 운동선수로서가 아니라, 평생 무시만 당하고 산 사람으로서 말이다. 영어 교수는 이전에 누구도 그에게 말해달라고 한 적이 없는 그의 이야기를 참을성 있게 경청했다. 그리고 그가 상처받은 아이의 마음을 가진 한 우람한 체격의 풋볼 선수란 사실을 발견했다. 영어 교수는 그의 우람한 체격만큼이나 크게 그의 인생을 바꿔 놓기로 마음먹었다.

영어 교수는 풋볼 선수가 영어 수업뿐 아니라, 다른 과목들도 성공적으로 학점을 이수할 수 있도록 개인적 학습을 지도했다. 또한 다른 교수들도 그를 도와주도록 섭외했고 일 년 더 공부할 수 있도록 장학금도 신청해 받아줬다.

풋볼 선수는 아르바이트를 세 가지나 하면서 돈을 벌었지만 겨우 집세와 등록금을 지불하면 끝이었다. 영어 교수는 자신의 사비를 털어 풋볼 선수의 학교에서의 식사비를 대며 자신감을 잃지 않도록 용기를 줬다. 더 중요한 것은, '어린이들을 잘 지도해 여느 풋볼 선수들보다 훌륭하게 성장하도록 돕고 싶다'는 풋볼 선수로서의 꿈을 포기하지 않게 했다.

영어 교수의 노력과 동료 교수들 덕분에 그는 마침내 졸업에 필요한 최소한의 평점을 얻었다. 하지만 그의 꿈대로 출신주에서 교사와 코치가 되려면 석사 학위가 필요했다. 이것이 막다른 골목이었을까? 석사 학위를 취득하려면 또다시 큰 고비를 넘겨야 했다. 이는 마치 영어 교수가 풋볼 선수를 처음만났을 때 불가능하다고 여겼던 학문적 장애물과 같았다. 게다가 풋볼 선수는 대학원 진학을 위해 너무 많은 대학교를 다니며 알아보느라 그나마 가진 돈도 전부 써버린 상황이었다.

은혜를 베풀어야 하는 우리의 책임은 장애물에 부딪혔다고 해서 끝나지 않는다. 상황이 놀랍게 바뀐 것이다. 그의 집과 가까운 한 대학교에서 무급이지만 코치 보조로 일하면 전액 장학금을 주겠다는 조건으로 대학원 입학을 허락했다. 그는 평점 3.0으로 석사 학위를 받았다. 의기양양하게 자부심을 느끼며 고향으로 돌아온 그는 교사가 되었고, 풋볼 팀을 코치하여 부임한 첫해에 연맹 주최 경기에서 우승을 했다. 개인적으로 전달된 은혜가 그의 인생을 수렁에서 건졌고, 많은 변화가 일어났다.

5. 감정을 비우라.

갈등, 마감 시간, 또는 피곤함으로 감정이 격해지면 경건한 마음에서 우러나야 하는 은혜를 베풀 수가 없다. 감정이 고조

될 때, 리더는 기본적으로 완화하는 방향에 초점을 맞춰야 한다. 누군가를 매우 화나게 했던 일도 나중에 감정이 풀리면 해결될 여지가 있다. 일반적으로 기한은 미룰 수 있고, 시간이 모자라면 일을 조금 늦추면 해결된다.

조직 구성원이나 동료가 감정상 부담과 압박감을 느낄 때, 당신이 그 문제를 해결하는 데 도움을 주고 싶어 한다는 바람을 내비치기만 해도 그들의 마음이 조금은 풀린다. 그래서 약간의 여유가 생기면 그때 다시 문제를 해결하면 된다. 다음과 같은 방식으로 리더는 은혜를 베풀 수 있다.

- 혼돈의 시기에는 침착한 대응으로
- 대립의 시기에는 희망찬 대응으로
- 분노의 시기에는 공감의 대응으로
- 탈진의 시기에는 경청의 대응으로

은혜를 베푸는 일은 감정이 고조되었을 때 특히 조심해야 한다. 은혜 베푸는 일이 쉬웠다면 누구나 이미 하고 있었을 것이다.

6. 골고루 스며들게 하라.

당신의 사역 단체에 은혜로 삶을 바꾸는 문화를 조성하려면 진리만큼이나 은혜도 중심에 두어야 한다. 진리를 온 누리에 빈틈없이 전달해야 하는 것과 마찬가지로 은혜도 예외 없이 골고루 베풀어야 한다. 우리가 하는 사역의 모든 부분에 은혜가 스며들게 하는 법을 반드시 배워야 한다.

- 불확실한 중에도 은혜
- 기다리는 중에도 은혜

- 변화하는 곳에도 은혜
- 기회가 있는 곳에도 은혜

- 압박이 있는 곳에도 은혜
- 창조가 있는 곳에도 은혜

- 지혜가 있는 곳에도 은혜
- 섬김이 있는 곳에도 은혜

- 복잡함이 있는 곳에도 은혜
- 판단이 있는 곳에도 은혜

- 예산이 부족할 때도 은혜
- 사랑이 있는 곳에도 은혜

- 불평등이 있는 곳에도 은혜
- 고착이 있는 곳에도 은혜

- 피곤함이 있는 곳에도 은혜
- 신뢰가 있는 곳에도 은혜

- 어려운 시기가 있는 곳에도 은혜
- 순수가 있는 곳에도 은혜

- 성장이 있는 곳에도 은혜
- 인내가 있는 곳에도 은혜

- 마감이 있는 곳에도 은혜
- 유예가 있는 곳에도 은혜

사역 현장을 이끄는 리더의 의무는 하루 24시간, 일 년 365일 내내 은혜 베풀기이다. 이는 그리스도이신 예수님께서 우리에게 먼저 베푸신 은혜에 대한 보답이다.

일터에서의 은혜

믿는 자로서 우리는 그리스도께서 주신 변모시키는 은혜의 능력에 감사해야 한다. 예수님이 제자들에게 **"너희가 거저 받았으니 거저 주어라"**(마태복음 10:8)라고 교훈하신 것처럼 주님이 주신 은혜를 최선을 다해 그대로 전달하기만 하면 된다.

하지만 상당수의 리더가, 심지어 기독교 사역에서조차 은혜가 절실히 필요한 순간에 오히려 그 스위치를 고의로 꺼버리는 경우가 있다. 은혜의 양팔을 벌리는 대신 그들은 팔을 접은 채 거칠고, 까다롭고, 가혹하며, 가차 없이 굳은 표정을 하고 있는 윗사람의 눈치를 살핀다. 그리고 이런 일은 자주 그들의 책상 한구석에 성경책을 펼쳐 놓은 상태에서 벌어진다.

왜일까? 과거의 부실한 리더십 모델과 이론 때문에 은혜의 중요성을 잘못 알고 있기 때문이다. 은혜를 베푸는 일은 결코 '성공, 품질, 생산성, 효율성, 의무 등'에 대한 우리의 책임을 약화시키지 않는다. 우리는 일등이 되려면 모질게 마음먹어야 한다고 수 없이 세뇌당했다. 팀 전체의 능률을 위해 리더가 일부러 은혜를 배제해야 된다는 이론은 과거에나 통하던 허튼소리다!

우리를 불러 리더십의 책임을 맡긴 예수님이, 이제 일하러 갈 시간이 되었으니 그리스도인의 삶의 기초를 다지는 주춧돌들을 저만치 치우라고 하실 것 같은가? 당연히 아니다.
세상의 틀을 무시하라. 은혜가 당신의 리더십의 품질 보증 마크가 되게 할 시간이다.

제 4 부

충격받을 준비를 하라

하나님이 가져다주시는 기회를 포착할 준비가 되었는가?

그렇다면 이제 안전지대를 벗어나야 한다.

당신의 여행은 두려울 수도 있고, 통제하기 어렵다고 느낄 수도 있으며 무엇보다

갈 바를 정확히 알지 못하고 전진해야 한다.

들어본 소리 아닌가? 아브라함의 여정이 그러했다.

그는 "믿음으로 아브라함은 부르심을 받았을 때에 순종하여 장래 기업으로 받을

땅에 나갈쌔 갈 바를 알지 못하고 나갔으며"(히 11:8)라고 했다. 당신은 아마 아브라함과 공통점이 많을 것이다.

- 그는 정착한 지도자였다.
  하나님이 그를 부르셨을 때 아브라함은 늙었고, 새로운 것을 좇기보다는 그가 세운 계획대로 머물려고 온갖 핑계를 댔다.
- 그는 편안했다.
  아브라함이 살던 메소포타미아는 세계 최초의 문명 발생지이다. 하지만 하나님은 그에게 광야를 향해 나아가라고 요구하셨다.
- 그는 뿌리를 내렸다.
  아브라함은 훌륭한 경영인이었고 하는 일이 다 잘 되었다. 그래서 그는 모든 것을 변경하여 미래를 위험에 빠뜨리고 싶지 않았다.

당신과 아브라함은 함께 나눌 수 있는 또 다른 공통점이 있다.
바로 하나님의 인도하심에 순종하려는 열망이다. 하나님이 영감 하신 기회를 포착하여 하나님 나라의 목적을 성취하고자 함이다.
아브라함이 이런 기회를 위해 기도했다는 기록은 없다. 그럴 수밖에 없던 이유는 하나님의 그 강력한 요구가 너무나도 충격적이었기 때문이다.
"너는 너의 본토 친척 아비 집을 떠나 내가 네게 지시할 땅으로 가라"(창세기 12:1)

그와 동시에, 하나님 약속의 막대함은 더욱더 충격적이었다.
"내가 너로 큰 민족을 이루고 네게 복을 주어
네 이름을 창대케 하리니 너는 복의 근원이 될찌라
너를 축복하는 자에게는 내가 복을 내리고
너를 저주하는 자에게는 내가 저주하리니
땅의 모든 족속이 너를 인하여 복을 얻을 것이니라…"(창세기 12:2~3)

기회를 위해 기도할 준비가 되었는가?
당신이 기꺼이 기도한다면 하나님께서 각종 기회를 가져다주실 것이다.
그리고 만일 그렇게 된다면, 충격받을 준비를 하라.

제18장

나는 절대 계획하지 않으리…

"나는 절대로 포기를 위한 계획을 세우지 않는다."

이 짧고 꾸밈없는 글이 리더십에 대한 나의 관점을 완전히 변화시켰다. 고대의 현인이 한 말일 수도 있지만 나는 다른 사람과 대화를 나누는 채팅방에서 이 말을 접했다.

> 나는 절대로 포기를 위한 계획을 세우지 않는다.

사연은 이렇다.

대학교 신임 총장으로 부임한 나는 본교의 인가를 위협하는 수레 한 대 분량의 많은 문제를 물려받았다. 인증 기관들은 단과대학과 종합대학교에 막대한 영향력을 행사한다. 학교는 학문적 성실성, 재정 안정성, 체계적 통제성 등 다층적 종합 계획을 위한 절차를 반드시 충족시켜야 한다. 기관들이 요구하는 표준에 어떤 것 하나라도 결격사유가 있으면 중대한 사태가 벌어지거나 폐교가 될 수도 있다.

이러한 기관들은 전문 자문단에 의해 운영되지만, 동료 대학교 총장들과 학계 인사들이 벤치마크 기준을 설정하고 결정에도 참여한다. 따라서 모든 기관들이 가지고 있는 명성은 이런 공동 지배 구조와 맞물려있어서 각 기관의 인증에 관여할 수 있는 지분을 어느 정도 가지고 있다.

우리 대학교의 문제는 한둘이 아니었다.

가장 복잡한 것은 목표를 지출 계획과 결과와 평가로 연결해 다시 새로운 목표를 설정하는 과정의 반복이었다. 확고한 계획 주기를 마련해야 인증 기관의 기대를 충족시킬 수 있었다. 지침 규정은 모호했지만, 인증기관은 우리의 기존 계획 체제를 좀 더 높은 수준으로 변경해야 한다고 구체적으로 위협했다. 이 도전은 내가 아직 전통적인 계획 수립 모델의 리더십을 따르던 중에 나타났다. 나는 새로운 계획 체계를 구축하는 데 몰두했다. 어떤 체제가 승인될 줄은 전혀 몰랐다.

상당수의 최고경영자들은 길이 막혔을 때조차 도움을 요구하지 않는다. 이 사실을 처음 알았을 때 나는 매우 놀랐다. 나는 그런 부류에 속하지 않는 사람이었기 때문이다.

이 중대한 도전에 직면한 나는 가능한 한 최선의 도움을 받고자 가장 먼저 대학교 총장인 친구 탐 코츠(Tom Corts)에게 전화를 걸었다. 그는 샘포드 대학교(Samford University) 총장이자 인증 위원회 의장이었다. 그는 계획 수립에서 필수적으로 확립해야 할 사항들을 알려주었는데 알고 보니 그가 바로 최종 결정권자였다.

은혜롭게도 그는 자진해서 우리 캠퍼스를 찾아와 도와주겠다고 했다.

인증 기관의 최고 의결권자이자 미국에서 가장 경험이 풍부한 기독교 대학교 총장의 지도를 받게 되다니 너무 좋아서 가슴이 설렜다. 그는 계획 수립에 도움을 주기 위해 자기 대학교의 부총장과 함께 왔다. 우리는 그들의 전문 지식으로 단 하루 만에 인증 기관에 부합할 수 있는 계획 수립 모델을 만들었다.

그러나 그런 조언을 받고도 평가라는 장애물을 통과하지는 못했다. 대신 부총장이 조언한 계획 수립 구조를 재검토한 탐은 나의 인생을 달라지게 한 통찰력 있는 제안을 했다. 그는 우리의 새로운 계획 체계를 요약해 이렇게 말했다.

"기관들의 인증을 받기 위해서는 이런 과정이 반드시 필요하다네. 하지만 총장으로서 나의 경력을 돌이켜 보면, 가장 중요한 발전은 우리가 세운 계획에서 나온 적이 단 한 번도 없어. 하나님은 뜻밖의 기회를 통해 큰일들을 가져다주시지."

그 순간 기존 리더십에 대한 나의 접근 방식이 흔들렸다.

탐의 계획 담당 부총장이 알려준 기존 리더십 모델대로 미래를 위해 계획을 세우는 것이 얼마나 중요한지 확신하려는 순간, 내 마음속에 기회 포착의 리더십이라는 씨앗이 깊숙이 심어졌다.

그날 이후 여러 해를 보내며 거의 모든 크리스천 리더가 어떻게 하나님께서 그들의 길을 인도하시는지 고백할 때마다 탐과 같은 간증을 한다는 것을 발견했다. 대부분 공식에 따라 계획 수립 과정을 진행했지만 그들의 삶에서 극히 중요한 사건들은 거의 계획에 의한 것이 아니었음을 모두가 인정했다.

초대형 교회 목사이자 미국 복음주의 교회 협의체(NAE)의 회장이었던 리스 앤더슨(Leith Anderson)은 두 모델 사이의 팽팽한 줄다리기를 잘 포착해 이렇게 말했다.

"나에게는 계획을 수립하는 유전자가 있는 것 같다. 그러나 반복적으로 나의 계획을 초월하시는 그 놀라우신 하나님의 사랑을 체험한다."

이번 장에서는 기회 포착의 리더십이 얼마나 실시간으로 작동하는지를 설명하기 위해 나의 사적인 이야기를 하려고 한다. 그러나 이런 종류의 경험은 나에게만 해당하는 경험이 아니다. 이와 같은 보배로운 기회들은 전체 범주에서 활동하는 크리스천 리더들의 삶에 보편적으로 분포되어 있다.

새로운 기회가 생겨날 때마다 기회의 계기가 되는 소명, 새로 생긴 중요한 계획, 경력의 변경, 영향력을 끼칠 수 있는 기반의 생성, 그리고 해고까지, 나름의 공통되는 실마리가 있다. 이들 간증의 공통점은 하나님이 주신 기회들을 기뻐했다는 것이다. 그리고 그 기회들은 절대 계획을 통해 찾아오지 않았다.

내가 계획한 적 없는 미래

- 믿음은 오직 하나님만이 채우실 수 있는 위험대로 이동할 것을 요구한다. 그것은 완전한 통제로 우리를 있던 곳에서 이동시키고 그분이 가능하게 하신 계획들만 이루게 한다. 실제로 플랜 B는 없다. - 브라이언 스틸러(Brian Stiller)

- 어떤 저자는 "목사들은 미래를 위한 계획을 세우도록 꿈꾸게 하는 설교를 해야 한다"라고 썼다. 나는 이 말을 따라 설교에 참 많은 공을 들였으나 대부분의 내용은 터무니없는 야망이나 강조하는 데 그쳤다. 하나님이 실제로 주신 복이 내가 꿨던 꿈을 어리석고 보잘것없어 보이게 했기에 헛된 꿈이나 꾸게 하는 설교를 그만두는 데 그리 오랜 시간이 걸리지는 않았다. - 리스 앤더슨(Leith Anderson)

- 8개월 동안, 매일 아침 일어날 때마다 불쾌함을 느꼈다. 내가 내리는 판단들이 문제였다. 그제야 나는 하나님이 나를 위해 확실한 계획을 갖고 계시다는 결론에 도달했

다. - 커크 D. 파니(Kirk D. Farney)

- 담대하게 행동하려면 또한 시간을 갖고 깊이 있게 경청해야 한다. - 레이튼 포드(Leighton Ford)

내가 계획한 적 없는 부르심

- 나는 결코 무언가를 계획한 적이 없다. 그러나 뒤를 돌아보면 나를 리더로 세우시고 많은 기회를 주신 수많은 하나님의 지문 투성이인 내 여정이 보인다. - 데이비드 브릭커(David Brickner)

- 나는 "아니오"를 원했으나 하나님의 뜻에 따라 "예"라고 했을 때, 인생의 방향이 바뀌었다. - 제리 화이트(Jerry White)

- 나는 화이트보드에 순서도를 그려 넣지 않고 바로 기회를 잡았다. 인생길에서 내가 처음 겪는 일도 아니었다. 그것은 그저 무시할 수 없는 기회였다. 거창하게 세운 계획이 그 기회를 가져다주지 않았다. 길이 열리는 기회가 있을 때마다 열정을 불살랐더니 긍정적인 결과로 돌아왔다. - 레스 페럿(Les Parrott)

- 내가 아는 것은 단 한 가지다. "섭리대로 하나님께 전화가 오면 나는 수화기를 들기만 하면 된다." - 알 로푸스(Al Lopus)

- 고등학생 시절 겪었던 실망(dis-appointment)이 알고 보니 내 인생을 위한 하나님의 약속(His-appointment)이었다. - 더그 버드솔(Doug Birdsall)

내가 계획한 적 없는 길

- 신실한 하나님은 나를 이 산에서 저 산으로 옮기셨지만, 나는 그 산들 정상에서보다 그 사이를 지나는 계곡에서 훨씬 더 많이 나 자신에 대해서 배웠다. - 밥 돌(Bob Doll)
- 복음 전파라는 오직 한 가지 목표를 따르면서, 한 번에 한 걸음씩 그분의 부르심에 순종했다. 내 사역 경로의 모든 청사진은 하나님이 그리셨다. - 김장환(Billy Kim)

이들의 이야기는 미래는 당신이 세운 계획대로 되는 것이 아니라는 통찰을 얻게 한다. 작은 꿈 조각 하나가 당신을 어디로 데려가는지 보라. 또한 나의 친구 카르멘 라버지(Carmen LaBerge)의 명언도 소개한다.

"나는 로저의 책을 위해 이런 글을 쓰려는 계획을 세운 적이 없다. 당신도 계획에 따라 이 책을 읽는 것은 아닐 것이다. 그런데 어쨌든 우리가 여기서 함께 만나고 있다. 하나님은 참 위대하지 않으신가? 우리가 이처럼 생긴 기회를 선하게 활용해 함께 나누고, 궁리하고, 꿈꾸고, 성장할 기회를 또 어디서 얻겠는가?"

무계획 준비

수십 년 동안 「M.J. 머독 자선 신탁」(M.J. Murdock Charitable Trust)의 최고경영자였던 스티브 무어(Steve Moore)는 기회의 섭리에 대한 견해를 다음과 같이 요약했다. 그가 이룬 인생의 업적들은 절대로 계획한 일들이 아니었다.

『… 하나님에 대해 알면 알수록 나는 놀랄 수밖에 없었다. 사실, 처음에는 이해할 수도 없고, 진가를 인정받지 못하는 일들이 나중에 놀라운 일들이 된다는 사실을 나는 이제야 깨달았다. 하나님은 너무나도 선하시고 지혜로운 분이다. 이런 분이 우리 삶에 잔인하고, 돌이킬 수 없는 실수와도 같은 일들을 주시겠는가?

하나님의 선하심과 능력을 온전히 이해하고 믿게 되자 내가 알고 있는 것보다 훨씬 더 많은 방식으로 역사하시는 하나님을 바라볼 수 있게 된다. 내 삶에서 역사하시는 하나님을 바라보는 광경이라…. 이 얼마나 놀라운 일인가!

내 인생의 큰 장애물이라고 여겨지던 한 통의 전화가 하나님의 섭리였으며, 친구와의 언쟁은 더 친밀한 관계로 발전하기 위한 계기가 됐다.

좌절됐던 꿈은 오히려 영육을 만족시키는 새로운 비전의 길을 제시하는 나침반 역할을 해줬다.

불편하고 성가시게 여겼던 여행은 사랑하는 사람과 의미 있는 대화를 나누며 평생 걸어갈 길을 위한 포장이었다. 무심 코 누군가 던진 작은 격려의 말 한마디가 나에게는 하나님이 놓으신 희망의 주사였다.

하나님의 길은 대개 내가 가고자 했던 길이 아니었다.

하나님은 하나님 나라의 시간표와 방법에 따라 일하신다. 하나님은 나에게 가장 좋은 것을 주시는 분이시며, 나를 위해 쉬지 않고 일하시는 성실하신 하나님이다. 이 얼마나 놀라운 사실인가!

그런데도 우리는 왜 이런 사실을 느끼지 못하는가?

하나님께 맡기지 않으면 놀랄 기회도 생기지 않는다는 사실을 모르기 때문이다. 이 사실을 아는 내가 세우는 유일한 계획은 하나님이 주시는 기회에 더 놀랄 준비뿐이다.』

무계획 구원

모태신앙은 많은 사역 리더들이 선물로 여기는 축복이다. 모태신앙은 하나님이 당신에게도 주신 매우 중요한 기회이다. 그러나 믿음의 가정에서 태어나지 않은 사람들은 때때로 생각지도 못한 과정을 통해 그리스도의 품에 안긴다. 성경적 화해 연구의 대가인 존 퍼킨스(John Perkins) 박사도 예상치 못한 곳에서 주님을 만났다.

『나는 미시시피주 어느 농장에 있는 소작인들의 오막살이에서 자랐다. 인종 차별에 반대한다는 이유로 체포되어 교도소에서 거의 죽을 정도로 두들겨 맞았다. 내 형이 경찰이 부당하게 쏜 총에 맞고 죽었다는 사실을 알고서는 분노로 가득 찬 삶을 살았다. 내 인생은 이렇게 시작됐다. 이런 나를 하나님이 성경 교사로 만들고, 63년 동안 복음을 가르치고 선포하게 빚으시리라고 나는 상상도 할 수 없었다.

사랑스런 나의 세 살배기 아들이 나를 그리스도께 인도했다.

내 나이 스물일곱 살이던 해에 우리 아들은 「기쁜 소식 클럽」(Good News Club)에서 배운 노래를 내 앞에서 불렀다. 그 노래의 가사는 다음과 같았다.

"예수님은 어린아이들을 사랑해요.

세상의 모든 아이를 사랑해요.

흑인, 황인, 홍인, 백인,

누구든 예수님이 보시기엔 소중하죠.

예수님은 세상의 모든 어린아이를 사랑해요."

이 노래는 내가 난생처음 들은 복음의 핵심 메시지였다. "하나님이 어린아이들을 사랑하신다고?"

나는 하나님 근처에도 가본 적이 없었다.

"심지어 인종에 상관없이 모든 아이를 사랑하신다고?"

예수님이 세상에 왜 오셔야만 했는지 그 이유를 나는 이 노래를 통해 깨달았다. 아들이 배워온 이 짧은 노래 덕분에 나는 복음의 핵심을 듣게 됐다.

아들의 노래로 복음을 들은 나는 더욱더 하나님에 대해 생 각하기 시작했다.

생각하면 할수록, 더욱더 배우고 싶어졌다. 결국 나는 성 경책을 구하러 가까운 서점에 갔다. 당시 나는 기독교 전문 서점이 있는 줄도 몰랐다. 캘리포니아(California)의 몬로비아 (Monrovia)에는 그런 서점이 딱 한 군데 있었다.

서점 주인인 메리 피스터(Mary Feaster)는 나를 반갑게 맞아 주었다. 나는 흑인이고, 당시는 1957년이었다. 인종 차별이 만 연했던 시대였지만 피스터는 나를 따뜻하게 맞아주었다. 그 녀가 브라질 선교사 출신이었다는 사실은 나중에야 알게 되었다.

서점에 들어간 나는 대뜸 성경 교사가 되고 싶다고 말했다. "성경 교사가 되고 싶어서 성경을 사러 왔어요."

이 말을 들은 피스터는 매우 기뻐했다.

"훌륭해요. 당신도 아시겠지만, 성경은 예수님이 중심인물이에요. 다른 모든 인물은 예수님에 대한 이야기를 하기 위해 등장할 뿐이죠. 성경 전체를 알려면 처음부터 끝까지 성경을 전부 읽어야 해요."

피스터의 조언을 따라 나는 성경을 처음부터 읽었다. 아브라함이 나오는 대목에서 하나님은 성경을 통해 나에게도 말씀하셨다.

"내가 네 이름을 창대하게 하고 네게 선물을 주리니 너는 복을 받으리라."

초등학교 3학년까지만 교육을 받은 한 소작인의 아들에게 주 하나님은 복을 주시겠다고 말씀하셨다. 그리고 실제로 약속을 이루셨다. 하나님은 나를 들어 누구도 꿈꿀 수 없었던 아주 먼 곳까지 이르러 복음을 전할 기회를 주셨다.』

무계획 소명

각 분야의 리더들에게는 각자의 소명에 걸맞은 예상치 못한 기회가 찾아온다. 누군가에게는 생각보다 일찍 찾아오기도 하고, 누군가에게는 느지막이 찾아오기도 한다.

「로잔 운동」(Lausanne Movement)의 명예 의장 더그 버드솔(Doug Birdsall)은 고등학교 풋볼 선수로 활동하다 큰 좌절을 겪었다. 더그는 고등학교 3학년 때 스포트라이트를 받을 준비가 된 선발 풀백이었다. 그러나 재능 있는 후배의 등장으로 풋볼에 대한 사랑을 포기하거나, 공격진에서 '하찮은 가드'가 되거나 둘 중 하나를 선택해야 하는 기로에 섰다.

『내 머릿속에 스위치가 켜졌다.
나는 더는 풀백이 아니다.
이제 나는 가드를 할 수밖에 없다!
나는 내가 가진 전부를 걸어보기로 결심했다.
가드의 역할은 주전 선수들을 보호하는 것이다.
가드는 선수들이 경기를 잘하도록 팀을 도울 때 최고의 만족을 느낄 수 있는 자리이다.
풀백을 포기하고 가드에서 최선을 다했던 나는 훌륭한 가드가 어떻게 게임에 헌신해야 하는지를 배웠고 그 방식을 인생에서 훌륭하게 적용하고 있다.
나는 20년 동안 집단 지향적인 사회인 일본에서 선교사로 지냈다.

나의 첫 번째 임무는 일본인 목사들이 각자의 꿈을 실현하도록 협조하는 것이었고, 두 번째는 젊은 선교사들이 각자가 받은 가장 중요한 은사에 맞는 영역을 찾아내는 것이었다. 일본의 사역자들이 제대로 사명을 펼칠 수 있게 돕는 것이 나의 임무였다. 풋볼에서 가드의 역할과 똑같았다.

그 후 10년간 나는 로잔 운동의 지도부에서 "온 교회가 온 세상에 온전한 복음을 전한다"라는 사명의 성취에 이바지하기 위해 온 힘을 다해 헌신했다.

남아프리카 공화국 케이프타운(Cape Town)에서 열린 로잔대회 개회식에서 198개의 나라에서 온 지도자들을 바라보고 있을 때 마음에 한 가지 놀라운 생각이 떠올랐다.

"나는 이곳에서 두각을 나타낼만한 뛰어난 리더도, 뛰어난 학자도, 그렇다고 대단히 유창한 설교가도 아니다. 내 역할은 이들을 보필할 가드이다!"

나의 소임은 4천200명의 '주전 선수'가 - 기성과 신진 지도자들이 - 지구상의 여러 교회를 위하는 일들에 필요한 능력을 익히고, 서로 연계하고, 전략을 세울 수 있는 환경을 조성하도록 협조하는 것이었다.

40년 동안 내가 배운 것은 가드에게 가장 중요한 블록(Block)이었다. 가드가 훌륭히 길을 열어줄 때 다른 선수들이 승리를 향해 빠르게 전진할 수 있다.

내가 고등학생 때 느꼈던 실망감(dis-appointment)은 하나님이 주신 약속(His-appointment)이었다.』

더그의 경험에 고개를 끄덕이는 많은 리더들이 있을 것이다. 우리가 받는 소명은 하나님이 직접 주시는 것이기에 우리가 되고 싶다고 마음에 그리는 역할과는 때때로 매우 다른 모습으로 주어진다.

> 우리가 받는 소명은 하나님이 직접 주시는 것이기에 우리가 되고 싶다고 마음에 그리는 역할과는 때때로 매우 다른 모습으로 주어진다.

내 동생 레스 패럿(Les Parrott)은 뉴욕타임스에서 선정한 베스트셀러 「결혼이 시작되기 전에 구원하기」(Saving Your Marriage Before It Starts)의 저자이며, SYMBIS.com의 창업자이다. 레스는 결혼과 가족을 주제로 작품을 쓰는 뛰어난 작가로 널리 알려져 있다. 그러나 그의 책을 읽은 사람들조차도 패럿이 원래 하려던 일이 작가가 아니라는 사실은 모른다.

『나는 사람들이 결혼 생활을 속속들이 이해하도록 돕는 일에 내 인생을 걸 계획이 전혀 없었다. 나와 아내 네슬리(Leslie)는 결혼 전 상담을 받은 적이 없다. 그러나 결혼한 지 일년 만에 부부 상담 치료를 받으러 다녀야만 했다. 우리는 대학 졸업 후 일주일 만에 결혼했고, 대학원에 다니기 위해 시카고에서 로스앤젤레스로 이사했다. 별다른 준비도 없이 결혼한 우리는 매우 힘든 신혼을 보냈다.

살아있는 경험을 통해 우리는 다른 젊은 연인들도 우리처럼 대부분 아무런 준비 없이 결혼을 앞두고 있다는 사실을 알게 되었다. 그래서 결혼에 관심이 있는 학생들을 위한 주말 행사를 시작했고, 결국 우리가 배운 것을 책으로 쓰기에 이르렀다. 얼마 지나지 않아 우리의 아이디어는 USA 투데이에 기사로 실렸고, 이내 우리는 전국을 무대로 활보하며 결혼에 관해 이야기하게 되었다.

이것은 나의 원래 계획이 아니었다. 아내와의 갈등은 내가 예상한 적도, 계획한 적도, 바란 적도 없는 고통스러운 순간이었다.

그러나 그 고통의 순간이 새로운 기회의 순간이었다. 예상치 못한 기회가 생겨 길이 열렸고, 지속적이고 긍정적인 결과들이 계속해서 내 열정에 불을 지폈을 뿐이다.』

새로운 기회를 통해 가게 된 방향이 하나님이 주신 영감에 따른 것이라는 절대적인 확신이 있어야 흔들리지 않고 소명에 헌신할 수 있다.

크리스천 정치가인 레이튼 포드는 "담대하게 행동하려면, 우리는 어쨌든지 시간을 내어 깊이 경청해야 한다"라는 원칙을 지키며 살았다. 레이튼이 주재하던 중요한 국제회의에서 분열이 점점 커지며 긴장감이 고조된 적이 있었다. 레이튼은 급히 논의를 중단시키고 한 시간 동안 기도하자고 요청했다. 기도를 위해 쉬는 시간 동안 그는 전에 한 번도 계획한 적이 없었던 아주 중요한 비전이 자신의 사명이라고 확신하게 되었다. 순간적으로 든 확신이었다. 이날 이후 레이튼은 개인 사역의 초점을 대규모 경기장 전도 집회 중심에서 개인적인 멘토링 중심으로 전환했다.

『정회 시간 동안, 잉글랜드에서 온 한 젊은 리더가 이사야 43장 18~19절 말씀을 인용하며 기도했다.

"너희는 이전 일을 기억하지 말며

옛적 일을 생각하지 말라

보라 내가 새 일을 행하리니 이제 나타낼 것이라

너희가 그것을 알지 못하겠느냐…"

이 말씀이 내 심장에 비수처럼 꽂혔다.

아내 지니(Jeanie)와 나는 전 세계적으로 두각을 보이는 젊은 리더들을 선별하여 육성해야 할 필요를 느끼고 있었다. 우리는 소명을 확증하기 위해 성경 말씀을 달라고 기도하고 있었다.

그 리더가 기도 중에 인용한 말씀이 바로 하나님이 주신 확증이었다. 기존의 비전을 따라 전 세계에 복음을 전했던 지난 30년은 결과도 좋았고 만족스러웠지만 이제 새 일이 생겼다!』

하나님은 우리를 도우려고 '하나님의 음성'을 대신 전할 대사를 보내주신다. 뜻하지 않은 중에 그들을 만날 때마다 우리는 깜짝 놀라곤 한다.

휘튼 대학(Wheaton College)의 부총장 커크 퍼니(Kirk Farney)는 국제 은행에서 수익이 보장되는 경력을 쌓을지, 교회사 연구를 위해 자신의 열정을 불태울지 선택해야 할 갈림길에 서 있었다.

『미래를 위해 충분히 성찰하기 위해 한 시즌을 쉬려고 마음먹자마자, 하나님은 몇 시간도 되지 않아 믿음직한 동역자 두 사람을 따로따로 나에게 보내주셨다. 마치 내가 이들에게 어떻게 반응하는지 보시려는 것 같았다.

두 사람 모두 평소 명랑했던 내 성격이 지금은 보이지 않는다는 점을 언급했다. 그들은 설령 은행을 그만두더라도 몸을 잘 돌보라고 내 건강을 걱정했고 마지막으로 똑같은 조언을 했다.

"하나님께 모든 것을 맡겨."

하나님이 보내주신 두 동역자를 만나는 사이 난데없이 대형 법률회사의 한 공동 경영자에게 전화가 왔다.

그날 아침에 왠지 모르게 갑자기 내 생각이 났다면서 어떻게 알았는지 이렇게 말했다.

"지금 당신 상황이 어떤지 저는 모릅니다. 그런데 당신이 계속 배우고 사랑하는 일을 하기 위해 대학원으로 돌아가야 한다는 생각이 들었습니다. 그래서 부득이 연락했습니다."

'은행을 그만두고 종교 역사학 박사 학위를 취득하면 어떨까?'라고 잠시 생각했던 기억이 떠올랐다. 나는 이 일을 비현실적인 몽상이라고 치부했지만, 하나님이 보내주신 사람들을 만나고 실제 가능한 일이며, 그것도 기회가 될 수 있다는 생각을 하게 됐다.』

새로운 기회라는 말은 다음에 어떤 일이 일어날지 알 수 없다는 말이다. 그럼에도 훌륭한 리더들은 "새로운 경로로 향하라!"라는 하나님의 부르심에 민감하게 반응한다.

유명 발레단의 수석 무용수인 캐시 티보데오(Kathy Tibodeaux)는 그리스도를 알고 난 후, 자신의 재능을 사용한 무용 사역 발레단을 만들고 싶어했다. 보장된 것이 아무것도 없었지만 그녀는 하나님을 위해 이 일이 너무나 하고 싶었다.

구체적인 계획도, 함께 할 무용수도, 심지어 연습할 장소도 없이, 그녀는 알 수 없는 미래를 위해 무용계 최고의 자리를 포기했다.

『나는 이미 그 지역에서 잘 알려진 유명인이었다.
그래서 내가 이런 극적인 결단을 내렸다는 소식을 듣고는 지역 라디오 방송국에서 인터뷰를 하러 찾아왔다.

그 자리에서 나는 하나님이 나에게 어떤 마음을 주셨는지를 확신에 차 말했다.

그 일을 어떻게 해야 할지에 대한 계획은 없었다. 그렇지만, 내가 춤을 추는 것은 하나님이 주신 은사이고, 이런 은사와 마음을 주신 목적이 분명히 있을 것이라고 믿었다. 놀랍게도 근처에 있는 대학 총장이 출근길에 내 인터뷰를 듣고 연락을 해 무료로 대학의 무용실을 제공하겠다고 말했다.

세계 최초의 기독교 전문 무용단인 「발레 매그니피캣」(Ballet Magnificant)은 이렇게 탄생했다!

수년 동안 우리는 전 세계를 돌아다니며 공연했고, 수천 명의 무용수를 훈련했으며, 심지어 첫 번째 후원자인 벨헤이븐 대학교의 협찬으로 세계 최고의 크리스천 대학생을 위한 전용 무용 프로그램을 개발했다.』

어떤 리더들은 조기 퇴직을 앞둔 인생의 '전환기'를 통해 자기가 받았던 소명을 재설정할 기회를 만난다.

알 로푸스(Al Lopus)는 「크리스티너티 투데이」(Christianity Today)로부터 크리스천이 일하기 좋은 직장 목록 작성을 도와달라는 뜻밖의 전화를 받았다. 당시 알은 기업 고용 만족도 조사의 개척자로서 성공적인 경력을 꾸려가던 중이었다. 그러나 이 전화 한 통으로 알의 인생 소명이 새롭게 바뀌었다.

『오랫동안 비즈니스를 하면서 나는 기독교 팀과 조직은 반드시 세상에서 가장 효과적으로 일할 수 있는 직장으로 타의 모범이 되어야 한다고 믿게 됐다. 그날 걸려온 전화 한 통은 이 믿음을 위한 일을 시작해야겠다는 일종의 신호탄이었다. 전화를 받고 난 뒤 18년이 지난 후 내가 설립한「베스트 크리스천 워크플레이스 협회」(Best Christian Workplaces Institute)는 1,000개 이상의 교회, 기독교 비영리 단체, 그리고 크리스천이 경영하는 기업을 섬기고 있다.

우리는 크리스천 지도자들이 건강한 일터를 창조할 수 있도록 영감을 얻게 하고 돕는다.

나는 주님이 제공하신 기회를 충성스럽게 따랐을 뿐이다. 하나님의 섭리가 내 인생을 호출할 때마다 나는 수화기만 들면 된다는 사실을 배웠다.』

기회가 된 장애물

나는 평소에 위인전을 즐겨 읽는다.

그들의 훌륭한 업적을 기리려는 것이 아니라 그런 업적을 이룬 결과에 이르기까지 그들이 극복한 문제들을 이해하기 위해서 위인전을 읽는다. 우리는 동시대의 다른 리더들의 업적을 보며 그들이 장애물이 생기지 않도록 완벽한 계획을 세웠기에 그런 업적을 이룰 수 있었을 것이라고 생각한다.

그러나 현실은 정반대다. 사람들 누구나가 알만한 리더들은 대부분 업적을 이루기 위해 예상치 못한 수많은 장애물을 끝까지 돌파하며 누구보다 많은 난관을 극복한 사람들이다.

론 블루(Ron Blue)는 금융권에서 엄청난 성공을 이룬 투자의 귀재로 알려졌다. 하지만 인생의 궁극적인 소명을 발견하기까지 수많은 갈림길에서 올바른 선택을 내려야 했다. 용기와 집념이 필요한 일이었다.

그리스도인이 된 후에 그와 아내는 성공적인 경력을 쌓고 있던 금융계를 떠나 대학생 선교 기관인 CRU의 전임 사역자가 되기로 했다. 그들은 자의로 이런 결정을 내렸다. 그러나 하나님은 론 부부의 결정을 통해 그들이 전혀 계획하지 않은 방향으로 이끄셨다.

『나는 2년간 10번 정도 아프리카를 여행했다. 10번의 여행을 마친 후 아프리카에서 열린 한 복음주의적 캠페인에서 강의를 맡았다. 강의가 끝나고 대부분의 사람들은 집으로 돌아갔는데, 아이 다섯 명을 데리고 온 한 주부가 자리에 남아있었다. 그녀는 힘든 상황이었지만 친구나 가족에게 어떤 지원도 받은 적이 없었다. 심지어 나에게서도 말이다.

그 강의를 한 뒤 약 2년이 지나고 그녀가 다짜고짜 내 사무실에 전화를 걸어 따져물었다.

"어떻게 그런 헛소리를 당당하게 가르칠 수가 있죠?"

기절초풍할 노릇이었다.

"무슨 말이에요?"

그녀가 말했다.

"믿으면 풍성한 삶을 얻는다면서요? 지금 내 삶이 풍요로운 것이라면 더는 믿을 것도 없겠네요."

그 일로 우리 부부는 저녁 내내 우리의 진짜 목표, 가치, 그리고 우선순위를 곰곰이 따져봤고 어려운 사람들이 직접 도움을 받을 수 있도록 재정과 관련된 업무를 재정비하기로 했다. 이때까지는 오직 크리스천과만 일하며 기존에 믿고 있는 사람에게만 재정적인 지원을 하고 있었다.

나는 이 방향이 맞는 줄 알았는데 하나님은 2년 전에 만난 여인의 전화를 통해 다른 방향이 맞는다고 말씀해 주셨다. 결론만 얘기하면 40년 뒤 우리 단체는 10,000명이 넘는 이용자를 섬기고 있으며, 연간 1억5,000만 달러 이상을 지원하고, 110억 달러를 관리하고 있다.』

자기 힘으로 어쩔 수 없는 장애물에 가로막힌 수 많은 리더들이 오히려 그 장애물로 인해 새로운 소명을 찾았다.

시얼릿 에이전시(Cirlot Agency)의 설립자 라이자 루저(Liza

Looser)는 금융업계를 위한 최고의 마케팅 회사를 설립했다. 1990년 갑자기 바뀐 은행 법령 때문에 불과 1년 만에 그녀의 매출이 70%에서 5%로 급락했다.

『우리는 빨리 다른 방법을 찾아야 했다. 매우 서둘러야 했다. 「인갈스 선박회사」(Ingalls Shipbuilding)와 맺고 있던 친분에서 그 해답이 나왔다. 전혀 예기치 못한 결과였다. 창립 60주년을 맞은 인갈스 선박회사는 그들이 제작한 선박들 위에 그려 넣은 영웅들의 이야기들을 각색해 달라고 요청했다. 조건이 매우 매력적이었지만, 지금까지 우리 회사가 해오던 일과는 영역이 달랐다. 새로운 지식과 도전이 필요했다. 그러나 당시 상황은 어쨌든 할 수밖에 없었다. 그리고 우리는 해냈다. 신기한 일은 그 다음에 일어났다.

회사가 어려워 어쩔 수 없이 도전했던 일을 통해 우리는 막대한 군사 관련 계약을 따냈다. 이 일도 성공적으로 완수하자 우리의 업무는 항공 우주·방위 산업으로까지 이어졌다. 곧 우리와 일하고 싶어하는 기업체들의 전화가 쇄도했다!

지난 몇 년을 돌이켜 보면 모든 것이 하나님이 주신 기회였다. 비즈니스적인 특권도 그랬지만, 그보다 중요한 것은 이 세상을 좀 더 나은 방향으로 바꾸고 미국과 그 동맹국들을 안전하게 수호하라는 하나님이 주신 소명에 목숨을 건 사람들과 친구가 됐다는 점이다.』

바라던 꿈과는 동떨어진 일을 하다가 오히려 진짜 꿈을 찾은 리더들도 많다.

「고등교육혁신원」(Higher Education Innovation)의 설립자 메리 랜드런 다르든(Mary Landron Darden)은 대학 총장이라는 꿈을 이루기 위해 자신의 계획대로 차근차근 경력을 쌓아가고 있었다.

그녀는 필요한 모든 준비 단계를 밟아갔다. 흠잡을 데 없이 모든 조건을 갖췄다. 그녀는 뛰어난 후보자였지만 총장 임용에서 번번이 탈락했다. 하나님은 그녀만이 할 수 있는 일이 무엇인지 알고 계셨기 때문에 일부러 그녀가 세운 계획을 막으셨다.

『내가 생각한 '고등 교육 리더십'의 핵심은 성공의 길을 걸어가려면 가장 중요한 것이 무엇인지를 미래지향적으로 생각하게 만드는 능력이다.

이를 위해 나는 항상 새로운 고등 교육 모델을 모색하고, 실행하고, 개발했다. 꿈을 이루기 위해 완벽한 경력을 쌓은 내가 계속해서 장애물에 부딪혔던 것은 어쩌면 하나님의 인도하심 때문일 수도 있다.

나만큼 대학의 행정 혁신을 깊이 연구하고 많은 연구 자료와 아이디어를 제공할 수 있는 사람은 없었다. 하나님은 내가 이 일에 헌신하기를 바라고 계셨다.

　지금 나는 급변하는 세상에서 리더와 기관이 세상을 섬기는 방식을 배울 수 있도록 조력하고 있다. 급여가 그리 많은 일은 아니지만 충분한 보람이 있다. 하나님이 새로 주신 역할로 나는 만약 내 꿈이었던 총장이 됐다면 이룰 수 없는 더 놀라운 일들을 새로운 꿈으로 이루고 있다.』

의도하지 않았던 영향력

　유명한 리더들이 쓴 도서, 그들이 출연한 미디어, 학회의 연설 등을 통해 그들의 이야기를 들어보면 한 가지 공통점이 있다. 누구도 자기 앞날을 계획한 적이 없다는 것이다.

　하나님은 처음에는 미천했던 그들에게 뜻밖의 기회를 주셔서 공적인 책임이 있는 자리로 올리셨다. 그중 가장 괄목할 만한 인물은 앞서 잠깐 언급했던 김장환 목사이다.

　하나님이 계획하신 바는 그 누구도 상상할 수 없는 위대한 스토리였다. 그 스토리에 등장하는 주요 인물들인 미군 상사 칼 파워스도, 김장환도, 또는 다른 그 누구도 상상할 수 없었던 일이었다.

　『나는 1973년 서울에서 열린 「빌리 그레이엄 전도대회」

(Billy Graham Crusade)에서 빌리 그레이엄 목사의 설교를 통역했다. 마지막 날 110만 명의 인파가 몰린 기록적인 집회였지만 이는 내가 계획했던 일이 아니다. 그러나 하나님은 이 기회를 들어서 사용하셨다.

이 사건을 계기로 대한민국에 초대형 교회 운동이 일어났고, 이제 한국은 미국 다음으로 세계에서 가장 많은 선교사를 파송하는 나라가 되었다.

45년 넘게 수원중앙침례교회의 담임목사로 섬긴 것도, 최초로 비서구권에서 선출된 침례교세계연맹의 총재가 된 것도 내가 상상할 수 있는 일이 전혀 아니었다. 대한민국 극동방송(FEBC)의 방송 사역을 이끌어 복음의 기쁜 소식을 만방에 전파하는 일, 또한 나의 좋은 벗인 빌리 그레이엄 목사의 천국 환송식에서 진심 어린 마음으로 추도사를 했던 것 등의 특권도 내가 세운 계획이 아니었다.

가야 할 길은 우리의 주권자이신 하나님이 마련하셨고, 나의 역할은 단지 그 길 위에 올라 복음을 전파한다는 한 가지 목표를 가지고 한 번에 한 걸음씩 그분의 부르심에 순종하며 따라가는 것뿐이었다.』

세계에서 가장 큰 기독교 사역인 대학생 선교 단체 CRU의 총재 스티브 더글라스(Steve Douglass)도 자신의 길을 계획한 적이 전혀 없었다. 다만 주님의 부르심에 충성하여 그가 닿을 수 있는 한 되도록 많은 사람에게 복음을 전하려 했을 뿐이었다.

『1970년대 후반에 나는 복음을 전할 기회가 별로 없어서 낙망하고 있었다. 나는 하나님께 전도의 문을 열어달라고 기도하기 시작했다. 그러자 뜻하지 않은 기회들이 찾아왔다. 단 하나도 내가 계획한 일들이 아니었지만 하나님은 효과적인 전도 기회들을 모아주시며 응답하셨다.

기도를 하고 나서 얼마 뒤 「크리스천 여성들의 클럽」(Christian Women's Club)에서 주최한 '남성들의 밤' 행사에 연속해서 초대 강사로 섭외됐다. 크리스천 여성들이 자기 남편을 초청해 예수 그리스도의 복음을 들을 수 있게 하는 행사였다. 개인의 성장에 도움이 되는 말씀을 준비했고, 약 20분간 개인 간증을 하고, 이어서 복음의 내용을 설명한 후, 마지막엔 그리스도를 영접할 기회를 주었다.

그리고 놀라운 일이 일어났다!

나는 캠퍼스에서 이와 똑같은 방법을 시도하기로 했다.

주제는 개인의 성장이 아니었다. '훨씬 더 좋은 학점을 받고 좀 더 재밌게 지내는 방법'이었다. 나는 학생들이 좀 더 캠퍼스 생활을 잘할 수 있는 몇 가지 아이디어를 가르쳤고, 나의 간증을 나누었고, 복음을 설명했고, 이에 응답할 기회를 주었다. 나는 '학점'을 주제로만 약 300번 정도 강의를 했다.

그 결과 수천 명의 학생이 그리스도를 믿기로 결심했다.

이제 하나님이 이 일을 이루시기 위해 나의 무엇을 사용하셨는지 다시 생각해 보라. 나는 전도할 기회가 없어서 낙심하고 있었다. 하나님이 개입해 주시기를 기도했고, 그분은 내가 계획하거나 상상할 수 있는 방법을 넘어서 전도할 기회와 충분한 성과를 낼 수 있는 불가사의한 문을 열어주셨다.』

작가이자 라디오 토크쇼 진행자인 카르멘 라버르지(Carmen LaBerge) 역시 자신의 일을 계획하지 않았다.

『나는 하나님이 내 삶에 일으켜주실 기적을 고대했다. 하나님이 사용하실 준비된 도구로 나 자신을 드리기 원하며, 하나님이 주신 은사를 활용하기 위해 힘닿는 데까지 최선을 다했다.

그러는 과정에서 하나님은 나에게 많은 기회를 주셨다.

'회중 사역, 국가적 사역, 에큐메니컬 사역' 그리고 지금은 라디오 생방송에서 매일 수 많은 사람에게 복음을 전하는 미디어 사역을 하고 있고 또 대학 교수가 됐다. 단 하나도 내가 계획한 일은 없다.

어떻게 이 모든 일이 일어났을까?

순간순간. 매일매일. 매주매주. 매달매달. 매년매년. 10년 또 10년…. 일평생 동안 은혜로 충만한 기회를 하나 경험했고, 또 하나 경험했고, 계속해서 하나님이 주시는 기회를 경험했을 뿐이다. 하나님이 주시는 계획을 붙잡을 것, 이것이 내가 세운 유일한 계획이다.』

「일터에 진리를」(Truth at Work)의 공동 창업자, 레이 힐버트 (Ray Hilbert)도 영향력 있는 플랫폼을 만들려고 계획한 적이 없었다. 틀에 박힌 아이디어를 고집하는 한 친구를 통해 하나님은 레이에게 그가 결코 상상할 수 없는 기회를 주셨다.

『고지식한 친구와의 만남 덕분에 「청소부 밥」(The Janitor)이란 책이 탄생했다. 이 책이 출판될 때만 해도 전 세계에서 거의 200만 명이나 되는 사람들이 읽는 대박이 터질 줄 몰랐다. 꿈도 꿀 수 없었다. 당신도 마찬가지였을 것이다.』

「아파르트헤이트」(남아프리카의 인종 차별 정책)에 맞서려고 노력하는 가운데 아프리카 기업들의 리더가 된 마이클 캐시디 (Michael Cassidy)는 세간의 주목을 받는 영향력 있는 인물이 됐지만, 이 역시 자신이 세운 계획은 아니었다.

『남아프리카 전역에서 긴장감이 고조되자 한 가지 아이디어가 떠올랐다. 범아프리카 정치 지도자로 구성한 팀들을 데리고 극좌파에서 극우파까지 다양한 정당 리더를 만나 함께 기도하자는 생각이었다. 각 정당의 리더들도 인종 문제를 해결하고 국가 번영을 위해 거의 비슷한 생각을 하고 있다는 것을 확인했다. 이들은 사실 같은 마음이었으나 우리에게 속내를 털어놓는 것처럼 서로에게 의중을 비치지는 않았다.

해결 과정은 매우 복잡했지만 간단히 요약하자면, 다가오는 선거를 위해 평화로운 분위기를 조성하려고 애쓰다가 절망한 세 명의 인물 '드 클러크(De Klerk), 만델라(Mandela), 부셀레지(Buthelezi)'는 헨리 키신저(Henry Kissinger)와 전 영국 외무장관인 캐링턴 경(Lord Carrington)이 주도하는 국제 평화 운동가 단체를 소집하기로 했다.

그러나 회의는 24시간 만에 결렬됐다. 키신저는 남아프리카 공화국에 곧 아마겟돈을 방불케 하는 전쟁이 시작되리라 예측했다. 미 국무부의 비공식 보고에 따르면 앞으로 2주 동안 백만 명이 사망할 것으로 전망됐다.

시간이 흘러, 1994년 선거를 불과 몇 주 앞둔 상황에서 우리는 남아프리카 공화국에 있는 사람들끼리 서로 만나서 생각과 마음을 나눠야 한다고 주장했다. 워싱턴 오쿠무(Washington Okumu)가 이에 대해 작성한 글이 기적과도 같은 일을 만들었다. 이로 인해 남아프리카 공화국은 평화로운 선거를 치러 새로운 화합의 역사를 위한 첫발을 뗄 수 있게 됐다.』

리더의 영향력은 직접 손대는 일뿐만 아니라, 다른 사람에게 맡긴 일을 통해서도 나타난다. 글로벌 실리콘 밸리(Global

Silicon Valley)의 설립자이자 「내일의 스타벅스를 찾아라」의 저자 마이클 모는 신생 기업에는 투자해도 차세대 기업가들에게는 투자할 계획이 없었다.

『좀 더 많은 사람들이 미래에 참여할 수 있도록 나의 재능과 플랫폼을 사용하게 해달라고 나는 여러 해 동안 기도하고 있었다. 교육 기술에 대한 투자자이며 열정적인 옹호자인 나는 새롭게 창업하려는 기업인들에게 '대중교육이라는 무기'를 제공하고, 이 일을 꾸준히 실현할 방법을 알고 있는 누군가를 후원하고 싶었다.' 기업가들은 문제를 해결하고 고치는 사람이 되어야 했다.

친구인 마이클 클리포드(Michael Clifford)는 나에게 내가 가진 경험을 활용해 이 문제를 해결할 방법을 찾아보라고 조언했다. 너무나 멋진 조언이었다.

그때 허름한 옛 농장에서 시작된 맥도날드의 창업 초기가 떠올랐다. 이것이 기업가 정신이고, 혁신이고, 교육이고, 경영이고, 그리고 기회였다.

왜 나는 기업가들을 위한 온라인 MBA 과정을 만들 생각을 하지 않았을까?

나에게는 이 일을 함께 할 수 있는 벨헤이븐 대학교라는 완벽한 단짝이 있었다. 나는 로저 패럿 박사와 통화했다. 그리고 몇 주 후 그 캠퍼스에서 우리가 어떻게 이 프로그램을 실행할 것인지에 대해 설명했다. 나의 유산이 다른 사람들에게 그들의 미래를 위해서, 그리고 하나님이 주시는 기회를 발견하는 데 유용하게 쓰일 도구가 되기를 기도한다.』

기회 포착하기

우리는 최선을 다해 세운 계획을 훨씬 능가하는 기회를 하나님이 주실 것이라는 믿음을 가져야 한다. 이런 믿음이 왜 필요한지를 확실하게 보여주는 아주 훌륭한 이야기가 하나 있다.

리스 앤더슨(Leith Anderson)은 미국 복음주의협회의 명예 회장이며 또한 세계적으로 큰 영향력을 미쳤던 한 교회의 원로 목사다.

『내가 섬기던 있던 교회는 3642.17m²(약 1,102평) 대지에 14개의 주차 공간이 있었다. 오래된 건물이기에 계단이 많아 신체적 한계가 있거나 휠체어를 탄 사람은 이용하기 곤란했다. 교회는 현재 교인들을 수용하기에는 부족함이 없었지만, 새신자들을 감당하기에는 협소했다. 우리는 교회 이전을 두고 회중 투표를 했고 82%의 찬성으로 이전을 결정했다. 18%는 반대했지만 그들의 의견도 일리가 있었다.

우리는 15km 떨어진 곳에 있는 마을 세 곳에서 새 건물을 지을 땅 125,453㎡(약 37,970평)를 구입했다. 다소 무리한 선택이 기는 했다.

교회의 구 건물은 시장 가치가 높지 않았고, 땅을 매입하고 신축하기 위해 무리해서 큰 액수를 대출해야만 했다. 신축 건물은 구 건물에 비해 아주 작았지만, 주차 공간이 훨씬 더 많았다. 교회 이전에 부정적인 사람들은 내가 교회를 파괴할 나쁜 목사이고 리더라고 말했다. 그들은 새 건물에는 아무도 오지 않을 것이며 제3의 캠퍼스를 시작하는 초대형 교회가 구 건물을 매입했기 때문에 회중 대부분이 그곳에 남을 것이라고까지 말했다.

꿈인가 계획인가?

나는 언젠가는 1,000명 정도가 출석하는 교회의 목사가 되기를 바랐던 것인지도 모르겠다. 어림도 없는 소리였지만 나는 혹시 꿈이 이루어질까 하는 마음에 계획을 세웠다.

새 건물에서의 첫 번째 주일은 7월이었고, 아무도 오지 않는 악몽까지 꾸었다. 나는 실망한 마음을 추스르려고 몇 가지 계획도 세웠다.

놀랍게도 하나님이 1,500여 명의 예배자를 대동하고 납시셨다.

나는 당황스러웠다. 다시는 반복되지 않을 일회성 개장 행사 같은 이벤트라는 비관적인 생각이 머릿속에 떠올랐다. 그러나 뜨거운 미네소타의 여름 중에도 사람들은 매주 주말마다 계속 교회를 찾았다. 나는 주일 예배를 3부까지만 드리려 했으나 4부로 늘렸고, 결국 7부까지 늘려야 했다.

이든 프레리(Eden Prairie)에 있는 우드데일 교회(Wooddale Church)에는 지금도 수천 명의 회중이 모여 들고 있다(우리가 그 숫자를 게시하거나 발표하지는 않았지만). 미국에서 선정한 '선교 상위 10대 교회' 안에 들었다. 지역의 모든 계층의 사람들이 교인인 수평적인 교회가 됐다. 지방 교육청과 주 의회 그리고 주지사 관저의 공무원, 모든 네트워크 텔레비전 방송국의 앵커, 주요 기업의 최고경영자, 신규 이민자, 새신자들….

많은 구직자들에게 도움을 주어 뉴욕타임스에 기사가 나기도 했다. 그리고 모 교회에서 희망하는 수백 명의 사람들을 떼어서 아홉 개의 위성 교회를 시작했다. 이 교회들은 곧 교인들이 수천 명으로 늘어나 모 교회 캠퍼스보다 훨씬 더 부흥했다.

"목사들은 성도들이 미래를 위한 계획을 세우도록 꿈을 꾸게 하는 설교를 해야 한다"라는 글을 쓴 저자가 있었다. 나는 이 말을 따라 설교에 참 많은 공을 들여 열심히 전했다. 그러나 터무니없는 야망이나 강조하는 내용의 설교를 전해야 한다는 생각에 마음이 불편했다.

하나님이 실제로 주신 복은 내가 꿨던 꿈을 어리석고 작게 보이게 했다. 잘못된 조언을 따라 헛된 꿈이나 꾸게 하는 설교를 그만두는 데는 그리 오랜 시간이 걸리지 않았다.』

오랜 경력이 쌓여야 하는 소명, 단기간의 위기에 대처하는 소명 그리고 하나님이 기회를 가져다주신다는 믿음 사이에는 비슷한 특징이 있다.

코로나19가 세상을 강타하자, 「톰 필립스 협회」(Tom Phillips)와 「빌리 그레이엄 전도협회」는 하룻밤 사이에 그들의 소규모 전화 센터를 탈바꿈시켰다.

『코로나19의 세계적 대유행으로 사람들은 상처받고 두려움으로 가득 찼으며, 동시에 희망을 갈망하게 되었다. 초창기에는 백신도 없었다. 그때까지 우리가 동시에 받을 수 있는 전화는 50통으로 설정되어 있었다. 그러나 하나님께서 두려움의 세계적 대유행을 믿음의 세계적 대유행으로 바꿔 주실 줄 믿으며 통화 가능 회선을 늘리기 시작했다.

우리는 며칠 만에 장비에 투자했고 팀도 모집했다. 어느 날 밤늦게 폭스 뉴스를 통해 첫 번째 광고가 전파를 탔고 3분 안에 660통의 전화가 걸려 왔다. 놀라운 반응이었다. 우리 팀은 사실상 압도당했다. 사람들은 통화가 연결될 때까지 몇 번이고 전화를 걸었고, 어떤 사람은 20~30번이나 다시 전화를 걸기도 했다.

우리 제자훈련팀이 60년 넘게 준비했던 모든 것이 결실을 맺었다. 누구도 꿈꾸지 못했던 일이 일어난 것이다. 단 9개월 만에 30만 명 이상이 전화로 함께 기도했고, 1만8,000명이 그리스도에게 헌신하기로 작정했다. 그리고 약 9,000명이 생애 처음으로 예수님을 구주와 주님으로 믿고 마음으로 영접해 구원의 확신을 가졌다.』

내 경험에 비춰보면, 하나님이 기회를 몰아붙여 주지 않으셨다면 불가능했을 새로운 모험들이 많다.

허든 대학(Houghton College)의 총장 쉬얼리 멀른(Shirley Mullen)은 우정 때문에 최첨단 데이터 과학 학위 과정을 시작하게 됐다.

『그 모든 일은 대통령 자문 위원회에 합류하기 위해 동문 중 한 명에게 연락을 하면서 시작됐다. 대담무쌍한 상상력을 가진 그녀는 우리 대학의 뛰어난 교수진과 팀을 이루었고 뛰어난 영감으로 전공 학과를 만들었다. 결국 우리는 전국에 흩어져 있는 동문을 네트워크로 연결했고 우수한 실적으로 명성을 쌓고 있는 졸업생들을 실시간으로 연결했다. 그녀가 하는 일과 허든 대학에서 받은 교양학과 교육을 통해 하나님은 새롭게 떠오르는 데이터 과학 분야에서 그녀가 개척자가 되도록 준비시키셨다.』

메시야 대학교(Messiah University)의 총장 킴 핍스(Kim Phipps)는 2008년 경기 침체 이후에 필요한 자금이나 예산 없이 하나님이 주신 기회만으로 비용이 많이 드는 대규모 프로젝트를 착수할 수 있었다.

『한 지역사회의 리더가 우리에게 믿을 수 없는 제안을 했다. 좋은 위치에 있는 어떤 기술학교 건물의 넓은 공간이 비어 있다고 알려주며 심지어 18개월을 무료로 빌려주겠다고 했다. 우리는 이 공간을 대학원 프로그램을 확장하는 데 필요한 교실과 전용 실험실로 변경했다.』

휘튼 대학의 총장 필 라이컨(Phil Ryken)은 50년 된 과학관 건물을 음대 건물로 리모델링하는 과정에서 큰 난관을 만났다. 그러나 하나님은 이 난관을 통해 '시카고의 랜드마크이자 새로운 보석'이라고 불릴 만한 최첨단 복합 음악원으로 만들 기회를 주셨다. 이것은 절대로 계획한 일이 아니었다.

『낡은 아머딩 홀(Armerding Hall)을 허물어야 할 때였다. 반세기 동안 휘튼 대학을 위해 많은 수고를 한 건물이었지만, 우수한 음악 프로그램이 절실히 필요한 상황이었다. 우리는 사명을 완수하는데 필요한 양질의 음악 교육이 가능한 새로운 음대 건물을 짓기로 했다. 3차원 모델로 완성한 우리의 계획을 예비 기부자들에게 보여줬으나 모금 활동이 위태로울 정도로 사람들은 디자인에 별로 감흥이 없어 보였다. 어쨌든 건물을 완성하려면 멋드러진 몇 장의 도면보다 훨씬 더 필요한 것이 있었다. 바로 자금이었다.

우리는 건물의 디자인을 다시 한번 살펴보았다. 건축가와 음악가 모두 창의력을 발휘할 요소들이 더 많이 보였다. 우리는 객원 음악가를 초청해 모금회를 개최했는데 그 사람의 연주가 어찌나 훌륭했는지 그 자리에 모인 기부자들, 그리고 음악을 사랑하는 학생들의 심금을 울렸다. 덕분에 충분한 자금으로 성공적인 재건축을 할 수 있었다. 아무도 예상하지 못한 일이었다.

오늘날의 아머딩 음악 예술 센터는 잠언 16장 9절 말씀의 증거이다.

"사람이 마음으로 자기의 길을 계획할지라도

그 걸음을 인도하는 자는 여호와시니라."」

틴데일 대학교(Tyndale University)의 전임 총장 브라이언 스틸러(Brian Stiller)는 파산 직전의 교육 기관을 구하러 와서 새로운 기회를 포착한 뛰어난 리더이다.

『부임 2년 차에 우리는 심각한 재정적 위기를 겪었다.

9월의 어느 주일 오후, 우리는 대학으로 가는 길에서 방향을 틀어 226,624㎡(약 68,554평) 규모의 다른 캠퍼스를 지나갔다. 이 캠퍼스는 성 요셉 수녀회의 소유였다. 아내 릴리(Lily)가 그 캠퍼스를 가리키며 말했다.

"여보, 언젠가 주님이 당신에게 저 곳을 주실 거예요."

이 말이 나에게는 결정적인 기회였다. 아내의 이 말은 우리 앞에 놓인 기회를 포착하기 위해서라면 어떤 문제도 반드시 해결하겠다는 팀의 결단력을 키우는 근거가 되었다. 캠퍼스를 통째로 옮기는 것은 위험이지만 우리는 기회로 여겨 감수하며 도전했다.

현재 틴데일 대학교는 일류 신학대학원을 포함해 완벽하게 부활했고, 아내가 말한 아름다운 캠퍼스에서 학생들은 행복한 대학생활을 보내고 있다. 비극이라고 생각되던 일이 사실은 소중한 기회였다.

35년 동안 사역을 해오면서 내가 얻은 교훈은 다음과 같다.

'믿음은 의지를 갖고 실천해야 한다. 우리의 능력으로는 도저히 성취할 수 없는 위험 지역으로 들어가야 한다. 위험은 오직 하나님만이 채울 수 있는 공간이다. 그 안에서 우리가 통제할 수 있는 것은 아무것도 없다. 그래서 그분이 가능하게 하실 때만 계획이 이루어진다. 사실 플랜 B는 없다.』

뜻밖의 리더십

사역자 리더들이 걸어온 리더십의 길을 조사해 보면 많은 경우에서 역할은 별로 중요하지 않다는 사실을 알게 된다.

데이비드 브리커(David Bricker)는 전문 음악가가 될 계획이었지만 하나님은 그를 유대인에게 복음을 전할 리더가 될 재목으로 키우셨다.

『나는 이 일을 결코 계획한 적이 없지만 돌이켜 보면, 하나님은 분명하게 나를 인도하고 계셨다. 알게 모르게 리더십을 키울 수 있는 상황으로 하나님은 나를 인도하셨다. 돌아본 내 삶에는 하나님의 지문 자국이 가득했다.

리더십을 발휘할 수 없는 환경에서 오히려 놀라운 기회들이 꾸준히 생겼다. 이겨낼 수 있는 적당한 과제를 하나님이 차근차근 주시는 것 같았다. 이러한 각각의 기회로 효과적인 리더십의 다양한 기술을 쌓아나갈 수 있었다. 그러나 그 어떤 것도 내가 계획한 일이 아니었다. 그것은 내 삶에서 리더십을 점점 더 강하고 장대하게 연주하신 하나님의 편곡이었다.』

「네비게이토 선교회」(Navigators) 초대 총재로 선출된 제리 화이트(Jerry White)는 명망 있는 자리의 리더가 되고 싶어하지 않았다. 그러나 하나님은 무엇이 최선인지 알고 계셨다. 제리는 하나님이 주신 기회에 순종했고 선교회의 틀을 새롭게 바꾸어 위대한 국제적 사역이 되도록 훌륭히 이끌었다.

『네비게이토 선교회의 리더가 된 나는 오랜 군 생활 경력이 사역에 누가 될까 봐 전전긍긍했다. 특히 해외에 있는 직원들이 나의 오랜 군 복무 이력과 미국의 우주 계획에 참여했던 이력을 오해할까 봐 걱정이 됐다.

내가 군인이었다는 사실이 다른 많은 나라에서는 평판에 도움이 되지 않을 것 같았다. 하지만 13년 반 동안의 현역 복무를 마친 후 예비역 신분으로 네비게이토 선교회에 합류하게 된 것은 오히려 하나님의 인도하심이었다.

나는 국제 총재로 선출된 후 곧바로 공군 대령으로 예편할 계획이었다. 현역 복무 중에 마지막으로 맡았던 주요한 기밀 임무를 수행하던 중 소장 계급의 오랜 친구로부터 전화를 받았다. 현역으로 남아서 준장 직책인 사령관의 예비 보좌관 임무를 맡아달라는 것이었다.

"톰, 미안하지만 난 못해. 네비게이토 선교회를 이끄는 책임을 맡은 지 얼마 안 돼서 시간이 없어."

퇴임을 앞둔 론 새니(Lorne Sanny) 총재에게도 군대의 지휘관이 될 기회를 거절했다고 말하자, 그는 잠자코 듣기만 할 뿐 별 반응이 없었다.

다음 날 아침 론이 내 사무실에 와서 짧게 한마디를 했다.

"제리, 하나님이 무엇을 준비하고 계실지 모르면서 그렇게

급하게 거절하지 마세요."

내가 듣고 싶었던 말은 그게 아니었다. 내 이력이 해외 직원들에게 어떻게 보일지 나는 정말로 신경을 많이 쓰고 있었다. 또 사역이 아닌 다른 일에 허송세월을 할까 두려웠다. 군인으로서의 업무가 네비게이토를 이끄는 나의 능력에 영향을 미칠까 봐 불안했다. 아내 메리(Mary)와 나는 이 문제를 놓고 다시 기도했다.

결론적으로 나는 그 임무를 맡기로 했고 1년 후에 준장으로 진급했다. 나는 그야말로 승승장구했다. 그리고 군대에서의 경험은 네비게이토 같은 대규모 조직을 이끄는 법을 배우는데 헤아릴 수 없을 만큼 소중한 경험을 선물했다. 나는 사람들의 이목을 끄는 리더가 되는 일에는 전혀 관심이 없다. 내 인생에는 준장이 될 계획도 없었다. 그러나 하나님은 분명한 목적을 통해 새로운 기회들로 내 삶을 이끄셨다.

총재가 되고 장군으로 진급한 지 4년이 되었을 때, 외아들이 잔인하게 살해되는 참사가 일어났다. 메리와 나, 우리 가족은 물론이고 네비게이토 전체 회원 그리고 나와 가까이 지내는 공군부대원들에게까지 큰 충격을 받았다.

우리는 완전히 산산조각이 났다. 모두 마음에 큰 상처를 받았다. 믿는 자, 믿지 않는 자 할 것 없이…. 사람들이 우리 부부를 위로하기 위해 몰려들었다. 이 역시 내가 계획한 일이 아니었다. 그러나 하나님은 이 일조차도 하나님 나라의 유익을 위해서 새롭게 사용하셨다. 너무나 가슴 아픈 일이지만 이일 역시 네비게이토가 새롭게 변신하는 데 좋은 영향력을 미쳤다.

"아니요"라고 대답하고 싶었을 때마다 오히려 "예"라고 순종한 것이 내 인생의 방향을 바꿔 놓았다.』

남부 캘리포니아에 있는 크고 역사적인 교회의 담임목사 폴 시더(Paul Cedar)는 대규모 건축 프로젝트가 한창 진행 중일 때 뜻밖의 전환기를 맞았다.

『어느 날 저녁, 교단 위원회 위원장이 전화를 걸어 "총회장을 해볼 생각이 없냐?"라고 물었다. 뜻밖의 질문을 받은 나는 "전화 주신 것은 고맙지만 신분을 바꾸는 일을 고려할 형편이 아닙니다"라고 설명했다. 사실 나는 교단 총회장직에 관심이 없었다. 그것으로 대화가 끝난 줄 알았는데 계속해서 연락이 왔다.

많은 기도와 금식의 시간을 가졌다. 그리고 일 년 후, 아내 지니(Jeanie)와 나는 주님께서 우리가 주님 뜻에 순종하기를 바라고 계신다는 결론에 도달했다. 주님은 우리가 교단과 함께 열매 맺는 사역을 하기를 원하셨다. 우리가 그 일에 순종하자 주님은 우리가 두고 온 심히 사랑하는 교회와 양무리에게도 계속해서 복을 주셨다.』

구직과 해고는 완전히 다른 차원의 경험이다. 그러나 그 가운데서도 하나님은 기회를 가져다주신다. 우리가 변화해야 한다는 사실을 깨닫게 하려고 하나님은 가슴이 철렁 내려앉는 어려움을 주신다. 설사 그것이 고통스럽다 해도 반드시 필요한 일이다.

세계에서 가장 큰 투자 회사의 최고 전략가인 밥 돌(Bob Doll)은 다른 사람들이 다 해고되어도 마지막까지 생존할 것으로 여겨지던 사람이었다. 그는 CNBC와 그 외 여러 텔레비전 프로그램에 단골 게스트로 출연하기도 했다.

『2012년, 나는 계획이 있어 직장을 그만둔 것이 아니다. 나는 해고되었다. 이런 일이 일어날 거라고는 상상도 못 했다. '내 인생이 여기서 끝인가?'라는 생각까지 들 정도로 충격이 컸다. 길을 잃은 기분이었다. '지금까지 해왔던 일, 그 일이 없는 나는 누구인가?'라는 생각에 혼란스러웠다. 성인이 된 후 처음으로 내 인생이 뜻대로 흘러가지 않는다고 느꼈다. 특히 A형 남자에게는 어렵지만 필요한 영적 교훈이었다.

직장, 경력, 직위는 모두 물거품이 됐다.

이익을 얻기 위해 앞뒤 안 가리고 했던 일들은, 결국 나도 모르게 얻으려 했던 자기 의로 구하는 믿음이었다.

신실하신 하나님 외에는 누구도 줄 수 없는 '평안, 삶의 의미, 만족'을 얻어 보겠다고 나는 그토록 열심히 일했다. 그러나 해고되고 생긴 여유로운 시간 덕분에 나는 내 인생의 깊은 곳까지 속속들이 파고들 수 있었다. 현실을 직시하면서 내 마음 깊숙한 곳까지 완전히 까뒤집어 볼 기회였다. 그 과정을 통해 나 역시 그리스도의 몸에 속한 지체라는 사실을 믿게 됐고 서로를 위해 기도하는 가운데 풍성한 교제와 은혜를 느꼈다. 내 평생에 이루어야 할 하나님의 소명이 무엇인지 내가 가장 소중히 여기는 것을 놓친 뒤에야 명확히 깨달았다.

다시 해고를 당해선 안되겠지만, 그 당시에 나는 무엇과도 바꿀 수 없는 교훈을 얻었다. 신실하신 하나님은 우리를 이 산 정상에서 저 산 정상으로 옮겨주시만, 우리는 높은 정상보다 정상에 오르기 위해 내려갔던 계곡에서 하나님과 우리 자신에 대한 훨씬 더 많은 것을 배운다.』

당신의 이야기 : " 앗싸"

사역을 하며 미래에 마주쳐야 할 일들을 미리 내다볼 수 있다면 아마도 기가 질릴 것이다. 경로는 불분명하고, 장애물은 엄청나게 많고, 선택지는 거의 안 보이고…. 앞을 바라보면, 양손을 치켜들고 "으악!"이라고 비명을 지르게 될지도 모른다.

미래에서 눈을 떼고 뒤를 돌아 당신이 지나온 길을 보라.

하나님께서 얼마나 많은 순간 당신과 다른 리더들이 장애물로 가득한 미로를 안전하게 빠져나오게 하셨는지 찬찬히 생각해 보라. 이런 관점으로 주님이 어떻게 개입하셔서 당신을 감싸 안으시고, 덮으시며, 모든 막힌 벽을 뚫고 지나가게 하셨는지 자세히 되새겨 보라. 앞이 아닌 뒤를 돌아보면, 살아온 날들이 수정같이 맑게 들여다보인다.

그 시절 당신이 머물렀던 자리를 자세히 살펴보면, 과거의 시련들이나 미래에 생길지도 모를 기막힌 문제들이 대부분 다 거기서 거기란 사실을 깨닫는다. 이런 관점으로 하나님이 앞으로 당신을 어떻게 인도하실지 확신하기 위해 종종 뒤를 돌아보라. 비명인 "으악!"이 아닌 환호인 "앗싸!"가 절로 나올 것이다.

이 모든 리더의 이야기는 당신의 이야기이기도 하다. 당신 역시 계획한 적 없는 깜짝 놀랄만한 기회들로 도전을 극복하고 인생이 뒤바뀌는 이야기의 주인공이 될 수도 있다. 흔들림 없이 당신의 앞길을 예비하시는 그 놀랍고 경이로우신 하나님으로 인해 충격받을 준비를 하라.

> 흔들림 없이 당신의 앞길을 예비하시는 그 놀랍고 경이로우신 하나님으로 인해 충격받을 준비를 하라.

행동하는 기회 포착의 리더십

골리앗은 가질 수 없었던 기회!

다윗의 세 형은 사울 왕이 이끄는 이스라엘 군대와 함께 블레셋과 싸울 준비를 하고 있었고, 다윗은 집에서 허드렛일이나 하고 있었다. 그는 아버지의 양을 돌보면서, 또한 사자와 곰으로부터 연약한 양 떼를 보호하는 데 사용할 목자의 가장 강력한 무기인 무릿매 사용 기술을 몸에 익혔다.

아버지가 다윗에게 "형들과 군대 지휘관들에게 먹을 것을 가져다주라"라고 심부름을 시켰을 때, 그는 골리앗과 싸울 계획이 추호도 없었다.

그 시간은 리더십을 발휘하도록 하나님이 선택하신 기회였다.

그 도전 이후 다윗의 인생 방향은 완전히 달라져 이스라엘의 세대교체를 이루는 왕이 되었다.

여러모로 유명한 이 이야기에는 기회 포착 리더십의 기본 원칙이 담겨 있다.

- 다윗은 빠르게 행동했다.

다윗은 다른 사람들이 두려운 마음에 얼어붙었을 때, 주저 없이 앞으로 뛰쳐나갔다. 두 진영은 한 달이 지나도록 대치만 하는 중이었다. 기회 포착의 리더들은 위험에 익숙한 이들이라 그럴 때는 오히려 속도전을 펼쳐야 한다는 것을 알고 있다.

- 다윗은 다른 사람을 따라 하지 않고 하나님이 주신 고유의 장점에 집중했다.

자신의 기량을 잘 알고 있던 다윗은 골리앗과의 힘의 차이에도 기죽지 않았다. 사울 왕이 내준 갑옷도 입기를 거부하고 손에 익은 무릿매를 무기로 사용했다.

기회 포착의 리더들은 자신의 강점이 무엇인지를 알고 그 강점을 잘 활용해 사명을 완수한다.

- 다윗은 계획하지 않은 놀라운 승리를 거뒀다.

다윗은 골리앗을 이길 자신이 있었다. 그러나 그렇게 쉽게 이기리라고는 예상하지 못했다. 다윗은 골리앗과의 전투가 쉽게 흘러가지 않을 것이라고 예상해 돌을 다섯 개나 챙겼다. 그러나 실제로는 하나만 사용했다. 일격에 골리앗이 쓰러졌기 때문이다. 기회 포착의 리더들은 하나님이 주시는 뜻밖의 기회에 민감하게 반응해야 한다. 또한, 일어날 일들을 예상하며 민첩하게, 유연성 있게, 준비하고 조정해야 한다.

● 다윗이 앞장서서 혼자 싸웠다.

골리앗을 죽이기 위해 다윗은 홀로 적지를 향해 터벅터벅 걸어갔다. 그가 이길지 질지, 아군과 적군 모두 두 눈을 동그랗게 뜨고서 지켜봤다. 기회 포착의 리더들은 항상 최전방에서 이끈다.

● 다윗은 확신 있는 믿음으로 기회에 다가갔다.

다윗은 하나님을 신뢰했다.

"여호와께서 나를 사자의 발톱과

곰의 발톱에서 건져내셨은즉

나를 이 블레셋 사람의

손에서도 건져 내시리이다"(사무엘상 17:37)

50kg의 육중한 갑옷을 입은 위엄 있는 골리앗의 모습을 보고 이스라엘 군대 전체는 두려움에 벌벌 떨었다. 그런 골리앗의 눈에 다윗은 기도 안 차는 아주 하찮은 적으로 보였을 것이다. 그러나 진정한 기회는 하나님이 주신다. 기회 포착의 리더들은 올바른 기회를 가져다주실 하나님을 신뢰한다.

다윗이 무릿매 한 방으로 거인을 무찌른 엄청난 사건은 가장 자주 언급되는 성경 이야기 중 하나이다.

비즈니스에서 스포츠에 이르기까지 '다윗과 골리앗'이라

는 문구는 일어날 것 같지 않은 성공을 묘사하는 상징이 되었다. 이 영웅적인 이야기가 주는 메시지는 모두가 알듯이 '승산이 적은 사람도 얼마든지 이길 수 있다'는 것이다.

그러나 이 이야기의 요점은 그것만이 아니다!

이 멋진 무용담에서 얻을 수 있는 진정한 교훈은 하나님이 다윗의 편에 계셨기 때문에 골리앗에게는 기회가 없었다는 것이다.

이 전쟁은 하나님에게 속한 것이지 다윗에게 속한 것이 아니었다.

우리도 골리앗과 같은 거대한 장애물로 길이 막혔을 때, 다윗처럼 믿음으로 '빨리 달리며' 하나님을 믿음으로 돌파해야 한다(사무엘상 17:48).

다윗은 넘지 못할 도전을 마주하거든 하나님의 능력이 얼마나 크고 위대한지 삶을 돌아보라고 애원한다.

"여호와는 나의 반석이시요 나의 요새시요

나를 건지시는 자시오

나의 하나님이시요 나의 피할 바위시요"(시편 18:2)

하나님은 우리가 온 마음과 몸으로 느끼는 것보다 훨씬 더 강력하신 분이다. 우리는 하나님처럼 뛰어난 리더십을 발휘할

> 하나님이 다윗의 편이라서 골리앗에게는 기회가 없었다.

수 없다. 하나님의 인도하심을 따르
지 않을 때 우리는 실수를 저지른
다. 다윗 역시 마찬가지였다.

> 하나님은 우리가 온 마음과 몸으로 느끼는 것보다 훨씬 더 강력하신 분이다. 우리는 하나님처럼 뛰어난 리더십을 발휘할 수 없다.

다윗의 리더십은 하나님을 경외
하는 마음으로 겸손하게 모든 염려
를 주님께 맡긴 데서 시작했다. 그
러나 왕의 자리에 올라 신분, 권력, 그리고 큰 재산을 축적하
다가 정작 자기를 선택하신 하나님과의 관계가 느슨해졌다.
뜻하신 바가 있어 골리앗을 쓰러뜨리게 하시고 그를 높은 자
리까지 올리신 하나님보다 왕의 권력에 기댔던 다윗은 바닥
으로 곤두박질쳤다.

골리앗과 싸우는 다윗처럼 하나님은 거대한 장애물과 맞
서게 하심으로 우리에게 기회를 주신다. 우리를 믿기에 하나
님은 이런 기회를 주셨고, 하나님을 믿을 때 이런 기회를 붙잡
을 수 있다.

마주한 난제에 어떻게 대응하느냐에 따라 우리의 리더십,
주님을 향한 우리의 신뢰, 그리고 우리 사역의 미래가 판가름
난다.

골리앗과 단독으로 맞서야 했던 가장 힘든 시련의 날에도
하나님은 다윗에게 승리를 주셨다. 하나님만 붙들고 있다면

가장 힘든 시련의 날에도
하나님만 붙들고 있다면
두려워할 이유가 없다.

두려워할 이유가 없다는 사실을 알고 있던 다윗은 사울과 군대 앞에서 이렇게 선포했다.

"또 여호와(하나님)의 구원하심이 칼과 창에 있지 아니함을

이 무리로 알게 하리라

전쟁은 여호와께 속한 것인즉

그가 너희를 우리 손에

붙이시리라"(사무엘상 17:47)

당신의 사역을 가로막고 있는 골리앗들을 족족 물리치고 승리를 거두며 존귀와 영광이 오직 하나님에게 속한 것임을 만인이 알게 하라.

사역에서 리더십이 보여줄 수 있는 가장 선하고 아름다운 방법이다.

명심하라, 골리앗에게는 기회가 없었다!

참고자료

제3장 큰 개념 – 범선 대 동력선

1. Roger Parrott, The Longview: Lasting Strategies for Rising Leaders (Colorado Springs: David C. Cook, 2009).

제4장 배에 익숙해지기 대 뱃멀미하기

1. When Money Goes on Mission: Fundraising and Giving in the 21st Century (Chicago: Moody Publishers, 2019).

제6장 계획 없이 이끄는 것이 계획이다

1. Donald Kraybill, The Upside-Down Kingdom (Harrisonburg, VA: Herald Press, 2018), 17.

2. Jim Collins, Good to Great: Why Some Companies Make the Leap and Others Don't (New York: HarperBusiness, 2001), 22.

3. Ibid, 21.

4. Ibid, 27.

5. Jim Collins, "등급 5 리더십," Jim Collins, 접속일 July 2, 2021. https://www.jimcollins.com/concepts/level-five-leadership.html.

6. Lewis Carroll, Alice's Adventures in Wonderland (Project Gutenberg, 1991), 제6장, https://www.gutenberg.org/files/11/11-h/11-h.htm.

7. Ralph Waldo Emerson, Nature (Boston: James Munroe & Company, 1849), 14. 구글 이북

제8장 문제 해결 그 이상의 의사결정

1. Roger Parrott, The Longview, 92-93.

2. Ibid.

제10장 미래 지향적 평가의 실행

1. "미국의 반유대주의 : 그랜트 장군의 불명예," Jewish Virtual Library : A Project of AICE, https://www.jewishvirtuallibrary. org/general−grant−s−infamy.

2. Roger Parrott, The Longview, 122.

3. Ron Chernow, Grant (New York : Penguin Press, 2017), 643.

제12장 속도 내기

1. Christopher Harress, "블록버스터 비디오의 슬픈 마지막 : 우상적이던 브랜드가 온라인 거인 넷플릭스와 훌루와의 경쟁에서 밀려 큰 화제 속에 단돈 50억 달러에 청산되다", International Business Times, December 5, 2013, https:// www. ibtimes.com/sad−end−blockbuster−video−onetime−5−billion− company− being−liquidated−competition−1496962.

2. Minda Zetlin, "블록버스터가 넷플릭스를 5천만 달러에 인수할 수 있었으나 최고 경영자는 그것을 웃기는 회사로 여겼다.", September 20, 2019, https://www. inc.com/minda−zetlin/netflix−blockbuster− meeting−marc−randolph−reed− hastings−john−antioco.html.

3. Marc Rudolph, That Will Never Work : The Birth of Netflix and the Amazing Life of an Idea (New York : Little, Brown and Company, 2019).

4. John H. Lienhard, "번호 1059 : 컴퓨터 발명하기", The Engines of Our Ingenuity, https://www.uh.edu/engines/epi1059.htm.

5. "격변하는 영화계 : 입장객 4년 만에 감소, 극장 관계자 생각, 그림, 전쟁, 지루한 TV보다 훨씬 낫다고 말해", The Wall Street Journal, February 14, 1951 : 1. ProQuest.

제13장 안전하게 위험 관리하기

1. Peter Drucker, "효과적인 실행을 위한 요소," Harvard Business Review, June 2004, 58-63.

2. Erica R. Hendry, "천재적 생각을 한 토마스 에디슨이 당신에게 해 주는 7가지 실패 이야기," Smithsonian Magazine, November 20, 2013, https://www. smithsonianmag.com/innovation/7−epic−fails−brought− to−you−by−the− genius−mind−of−thomas−edison−180947786/.

3. "일론 머스크의 최신 로켓 발사는 성공적인 실패이다," The Economist, December 10, 2020, https://www.economist.com/science−and− technology/2020/12/10/elon−musks−latest−rocket−launch−is−a− successful−

failure.

제14장 실행을 위한 유연성

1. Jim Collins, "첫 번째 누구 – 버스에 딱 맞는 사람을 태우라," Jim Collins, accessed July 7, 2021, https://www.jimcollins.com/article_ topics/articles/ first-who.html.

제16장 초점 조절

1. 골로새서 3:2.

2. Andrew Thomas, "고객 후기가 그토록 중요한 것을 증명하는 비밀스런 비율," Inc.com, February 26, 2018, https:// www.inc.com/andrew-thomas/the- hidden-ratio-that-could-make-or- break-your-company.html.

3. Alicia Kelso, "작고한 칙필레 창업자에게 배우는 비즈니스," September 8, 2014, QSR Web, https://www.qsrweb.com/articles/ business-lessons-from-the- late-founder-of-chick-fil-a/.

4. Kristen McCabe, "51가지 고객 후기 통계를 통하여 다시 생각하기," Learn Hub, September 28, 2020, https:// learn.g2.com/customer-reviews-statisti

망망한 바다 한가운데서 배 한 척이 침몰하게 되었습니다.
모두들 구명보트에 옮겨 탔지만 한 사람이 보이지 않았습니다.
절박한 표정으로 안절부절 못하던 성난 무리 앞에 급히 달려 나온 그 선원이
꼭 쥐고 있던 손바닥을 펴 보이며 말했습니다.
"모두들 나침반을 잊고 나왔기에…"
분명, 나침반이 없었다면 그들은 끝없이 바다 위를 표류할 수 밖에 없을 것입니다.

우리는 삶의 바다를 항해하는 모든 이들을 위하여
그 나침반의 역할을 하고 싶습니다.
우리를 구원하신 위대한 주 예수 그리스도를 널리 전하고 싶습니다.

"하나님은 모든 사람이 구원을 받으며
진리를 아는 데에 이르기를 원하시느니라"
(디모데전서 2장 4절)

기회 포착의 리더십
Opportunity Leadership

지은이 | 로저 패럿(Roger Parrott)
번 역 | 오찬규
정 리 | 이성은
발행인 | 김용호
발행처 | 나침반출판사

제1판 발행 | 2022년 5월 25일

등 록 | 1980년 3월 18일 / 제 2-32호
본 사 | 07547 서울특별시 강서구 양천로 583
          블루나인 비즈니스센터 B동 1607호
전 화 | 본사 (02) 2279-6321 / 영업부 (031) 932-3205
팩 스 | 본사 (02) 2275-6003 / 영업부 (031) 932-3207
홈 피 | www.nabook.net
이 멜 | nabook365@hanmail.net

ISBN 978-89-318-1637-2
책번호 차-1000

값은 뒤표지에 있습니다.